1. 西王母画像砖（四川博物院藏，胡邠摄影、供图）

2. 犍陀罗弥勒佛立像（纽约大都会博物馆藏）

3. 悬泉置遗址（吴俊瑞摄影、供图）

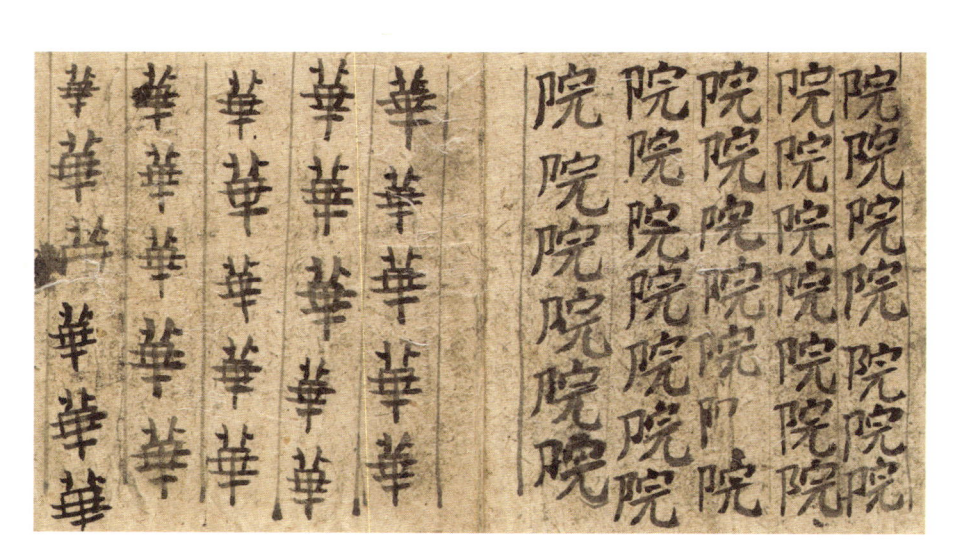

4. 藏经洞出土的习字本

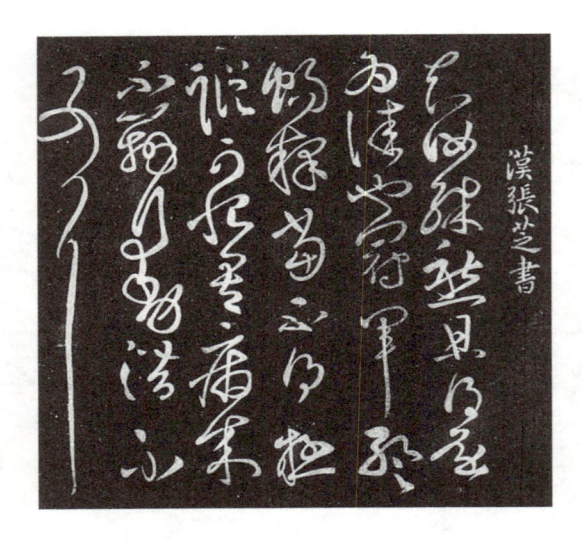

5. 张芝《冠军帖》(宋《淳化阁帖》)

6. 莫高窟记

7. 仙岩寺古地图

8. 城城湾遗址（马德摄影、供图）

9. 圆券形龛一尊佛像（莫高窟第257窟，中心柱东向面，北魏，宋利良摄影，图像资料由敦煌研究院提供。）

10. 一铺七尊像（莫高窟第322窟，西壁佛龛，彩塑，初唐，吴健摄影，"图像资料由敦煌研究院提供"）

11. 中心佛坛（莫高窟第205窟一铺，初唐，吴健摄影，图像资料由敦煌研究院提供）

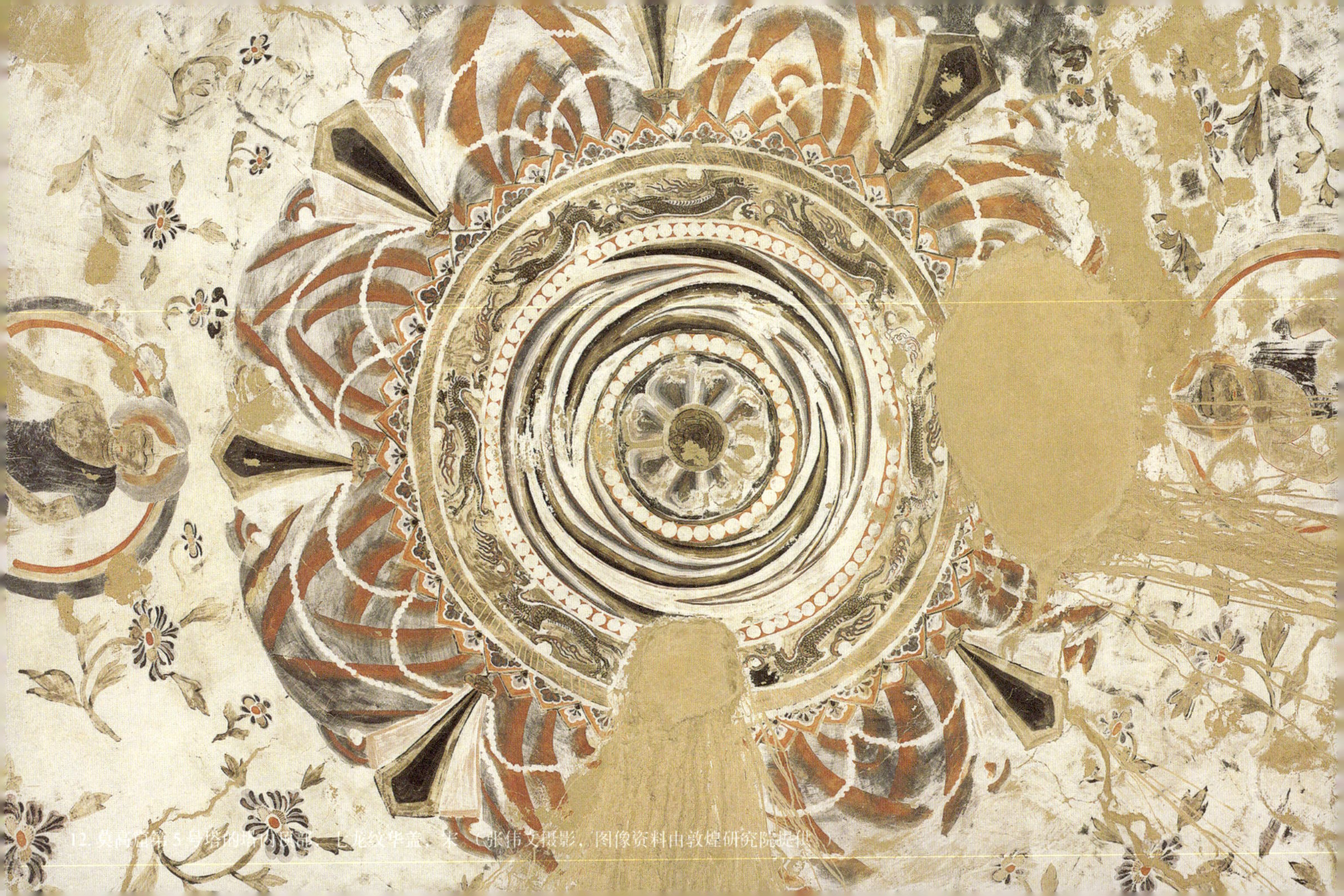

13. 榆林窟第 2 窟，西壁北侧，水月观音之玄奘取经（孙志军摄影，图像资料由敦煌研究院提供。）

14. 榆林窟第 3 窟，西壁南侧：普贤变中的玄奘取经（敦煌研究院文物数字化研究所制作，图像资料由敦煌研究院提供。）

15. 东千佛洞第 2 窟中的玄奘取经图之一（瓜州县博物馆临摹。）

16. 东千佛洞第 2 窟中的玄奘取经图之二

17. 藏经洞出土的毗沙门天王像

18. 汉藏和亲图（榆林窟第 25 窟，北壁，弥勒变中的嫁娶图，中唐，吴健摄影，图像资料由敦煌研究院提供。）

19. 张议潮统军出行图，局部（莫高窟第156窟，主室南壁，张议潮统军出行图。敦煌研究院文物数字化研究所制作，图像资料由敦煌研究院提供。）

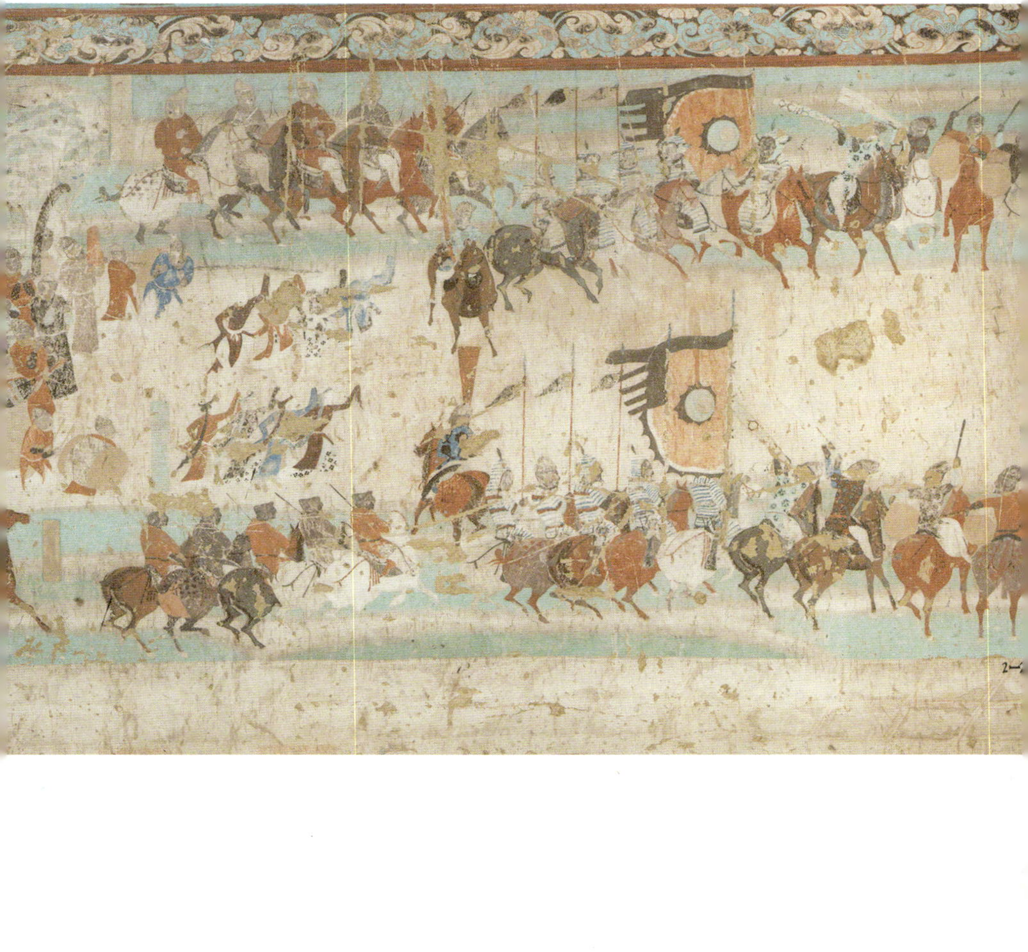

20. 曹元忠（榆林窟第19窟，主室甬道南壁，曹元忠供养像，五代，孙志军摄影，图像资料由敦煌研究院提供。）

21. 曹元忠夫人翟氏（榆林窟第19窟，主室甬道北壁，凉国夫人供养像，五代，孙志军摄影，图像资料由敦煌研究院提供）

22. 冶铁图（榆林窟第 3 窟，主室东壁，冶铁图，敦煌研究院文物数字化研究所制作，图像资料由敦煌研究院提供。）

23. 粉本实物（莫高窟藏经洞出图）

24. 千手千眼观音菩萨（莫高窟第 3 窟，主室南壁，千手千眼观音变。敦煌研究院文物数字化研究所制作，图像资料由敦煌研究院提供。）

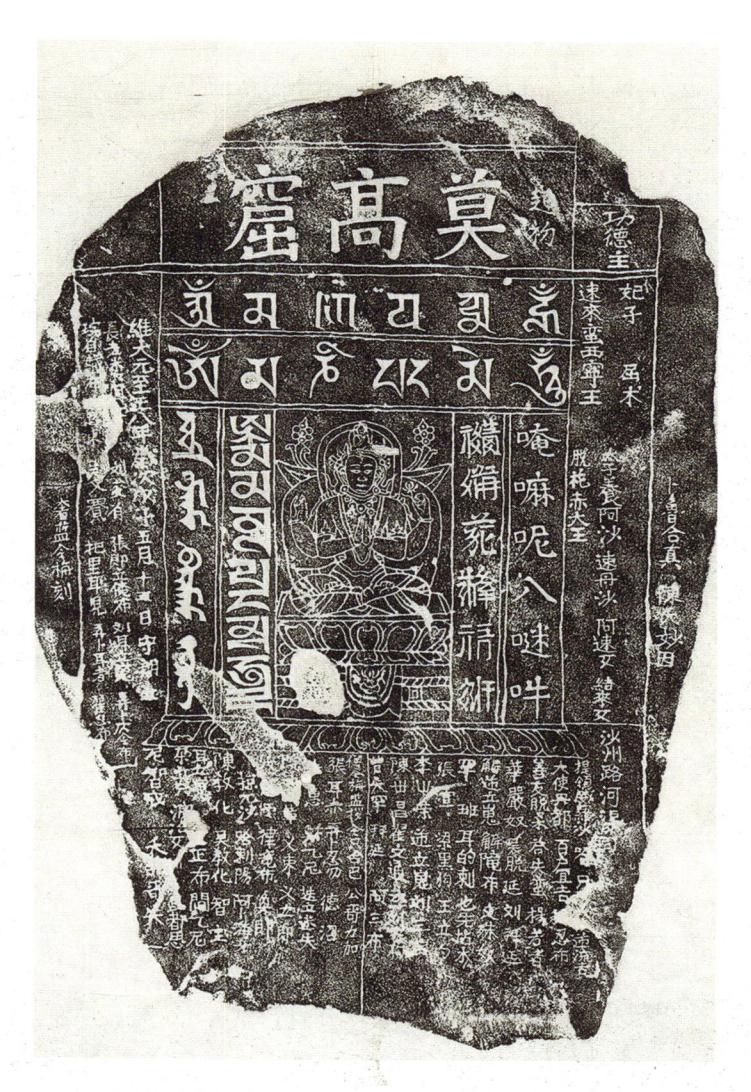

25.《六字真言碑》拓片

26. 象牙佛

A WIDE-FIELD HISTORY OF DUNHUANG

敦煌大历史

邢耀龙 —— 著

图书在版编目（CIP）数据

敦煌大历史 / 邢耀龙著 . -- 北京：北京联合出版公司，2022.12（2025.8 重印）
ISBN 978-7-5596-6531-7

Ⅰ . ①敦… Ⅱ . ①邢… Ⅲ . ①敦煌学—文化史—通俗读物 Ⅳ . ① K870.6-49

中国版本图书馆 CIP 数据核字（2022）第 202922 号

敦煌大历史

作　　者：邢耀龙
出 品 人：赵红仕
责任编辑：牛炜征
封面设计：TT Studio

北京联合出版公司出版
（北京市西城区德外大街 83 号楼 9 层　100088）
三河市中晟雅豪印务有限公司　新华书店经销
字数 212 千字　880 毫米 ×1230 毫米　1/32　10 印张
2022 年 12 月第 1 版　2025 年 8 月第 7 次印刷
ISBN 978-7-5596-6531-7
定价：65.00 元

未经许可，不得以任何方式复制或抄袭本书部分或全部内容
版权所有，侵权必究
如发现图书质量问题，可联系调换。质量投诉电话：010-82069336

目录

推荐序　　普及敦煌文化的惊喜之作　1
自序　　　敦煌：中国历史的一枚纺轮　5

第一章　最早的敦煌人　9
谁是最早的敦煌人　10
三苗的生存挑战　14
三苗为何变成西戎　17
移民创造敦煌　22

第二章　丝路开启与佛教东传　27
玉石之路　28
冒顿的崛起　31
月氏的西迁　35
贵霜帝国与犍陀罗艺术　38
佛教的东传　41

第三章　汉匈战争与河西四郡　45
将星出世　46
河西之战　49
四郡的名称渊源　53
汉武帝的星链计划　55

第四章　天马传说与汉武帝的伟业　59

渥洼池里出天马　60
马蹄金与汉武帝的心思　64
李广利的惨胜　68
汉朝的"马联网"　73

第五章　悬泉置里的汉帝国　77

大汉边境国宾馆　78
公主的信　83
汉朝的环境保护法　86
汉王朝的数据库　90

第六章　张芝父子与分裂时代的开启　93

草圣的养成　94
张芝父子与董卓　98
河西儒学的脉流　103

第七章　敦煌石窟的开凿　111

佛教的早期传播　112
最早的敦煌石窟　115
作为范式革命的敦煌艺术　118
古人的虚拟现实　123

第八章　三大石窟背后的历史脉络　129
鸠摩罗什与凉州模式　130
从凉州到平城　133
昙曜的两次危机　135
佛教与皇权的矛盾　138
从平城到洛阳　142

第九章　隋朝的佛教与炀帝西巡　145
隋朝皇帝的佛教渊源　146
帝国的弥合剂　151
文化特区敦煌　154
隋炀帝西巡　156

第十章　玄奘取经与孙悟空的"诞生"　161
玄奘的成长经历　162
一路向西　164
玄奘遇上石槃陀　166
孙悟空的"诞生"　169
玄奘与皇室的关系　172
玄奘与榆林窟的开凿　175

第十一章　唐蕃互动与敦煌石窟　177
吐蕃崛起　178
瓜州保卫战　181

　　　　大唐致癌物出世　　184
　　　　安史之乱与河西局势　　187
　　　　吐蕃文化的影响　　189

第十二章　家族秩序下的敦煌　　195
　　　　归义军的诞生　　196
　　　　到大唐去　　199
　　　　兄弟相残　　200
　　　　曹氏的家族技能　　202
　　　　曹氏祖先的"来头"　　203
　　　　"模范丈夫"背后的秘密　　204
　　　　河西慕容氏的渊源　　206
　　　　回鹘的历史影响　　209

第十三章　西夏的天命　　211
　　　　党项的渊源　　212
　　　　西夏崛起　　214
　　　　宋夏竞争　　215
　　　　"理工男"的壁画技术　　217
　　　　壁画新高峰　　220
　　　　翻译的力量　　222
　　　　玄奘取经图的深意　　224

第十四章　凉州会盟与八思巴　　227
　　　　蒙古征服河西　　228

卑微的画师　　232
凉州会盟　　234
八思巴与忽必烈　　237
一座庙抵十万兵　　239

第十五章　历史分流时刻的敦煌　　245

抢戏的傅友德　　246
营建嘉峪关　　249
海陆丝路的交替　　250
中西方历史的分流　　254
敦煌的复苏　　255
石窟里的道家与儒家　　257
左宗棠的守护　　261

第十六章　王道士与藏经洞　　263

王圆箓来了　　264
藏经洞封闭的原因　　269
藏经洞文物的流散　　273
如何评价王道士　　275

第十七章　另外一个道士的故事　　281

郭元亨来到榆林窟　　282
守护象牙佛　　284
死里逃生　　287
重见天日　　291

第十八章　守窟人的日常　297
　　敦煌守护神常书鸿　298
　　守窟人的赓续　300
　　守窟人的一天　304

附录1　　敦煌大历史年表　309
附录2　　敦煌、瓜州历史古迹一览　312

推荐序
普及敦煌文化的惊喜之作

敦煌是文化宝库，是学术海洋；"敦煌学"是"显学"，也是冷门绝学。"为往圣继绝学"，是一份沉甸甸的责任和担子，需要的是甘坐冷板凳的清苦精神，也要有为历史负责任、敬畏历史的虔敬态度。同时我相信，从事敦煌研究是一份有特殊荣耀的职责，是一份值得骄傲的工作，这是敦煌特有的历史定位、文化现象、艺术地位、学术魅力所决定了的。

其实，"敦煌学"应该是个广义的大概念，不应是狭义的"冷门绝学"；"敦煌学"不应只是象牙塔里少数人问津的高深学问，也应该是广阔社会里的普世知识。唯有如此，才符合敦煌作为人类文化遗产、丝路明珠、文化宝藏、艺术殿堂等诸多神圣而至高的荣誉称号。敦煌作为人类历史遗留下来的一份独特的文化遗产，其历史面貌保存之完好、历史信息之丰富，说独一无二也不为过。正因为如此，敦煌也是全世界爱好历史、热爱艺术、钟情文化的人们所向往的圣地和乐园，每年有数百万人来到敦煌，接受传统文化的教育，品味浓厚历史的味道，感受神圣艺术的熏陶，惊叹敦煌的伟大。

面对博大精深的敦煌文化，学者们在从事专门性的学术研究的同时，也会想到敦煌文化的普及性问题。从文化弘扬的角度来讲，这一问题就显得更加紧迫。敦煌学的研究成果汗牛充栋，但如何把它们转化为普及性的知识，如何惠泽更加广大的普通民众和爱好者？只有解决了这些问题，学术研究的成果才能落地，才能真正实现文化惠民。

读完邢耀龙的《敦煌大历史》书稿，我有一种惊喜和惊叹。惊喜，是因为终于看到有人在普及敦煌文化方面走出一条很独特的路子；惊叹，是因为作者的眼光和笔法颇为老练，不像初学者所为，颇有后生可畏的感觉。

读这本书稿时，首先能够感受到一位在敦煌文化遗产地工作的一线人员对其所面对和守护着的艺术宝库的纯粹感情。作者先是在瓜州县文物局工作，后来到敦煌研究院做"守窟人"，和千年石窟日夜相伴，时间长了肯定是有了感情。当然对石窟的感情，不是那种普通的人之间的感情，一定是渗透进骨髓的文化浸淫，是历史和艺术感染下的精神之恋。作者的文字中处处流淌这种文化的遗传基因。他的这种感情，我是能够理解的，因为我和他有同样的经历，有同样深刻的敦煌情感。我们常说的干一行爱一行，大概也是这个意思吧。但是要把对自己职业的热爱转化为普世的知识，也不是谁都能做到的。

其次，这本书的构思方式和对历史问题的思考，颇有其独到的一面。作者能够关注历史大背景，关心历史现象的前因后果、来龙去脉，且往往有自己对相应历史现象的不同思考与理解。书中所涉及的一些问题看似不起眼，或者是大家耳熟能详的历史，但作者力求有所突破，渗透进了自己长期的观察与思考。虽然有的观点大胆了些，但作为一本面向广大爱好者的普及作品，这些思考凸显了作品的个性，使之更有历史参与感和说服力，也提高了阅读的吸引力。

读这本书时，还有一个强烈的感受，就是作者在历史与现实之间的轻松转换，能够以特殊的笔触把看似平常甚至枯燥的历史情节讲得有声有色，阅读的带入感十足。我们常说要把历史写活了，邢耀龙才华横溢，加上他对写作对象饱满的感情，看似不经意中颇有驾轻就熟戏说历史的笔法。整本书读来朗朗上口，一气呵成，文学感十足，但始终不失历史的沉重。

至于全书体现出的作者对历史材料的熟稔，组织材料的能力之强，包括对一些最新学术问题的敏感，都说明作者是花了大量的时间阅读了难以统计的敦煌学、历史学、考古学、艺术学的专著、论文。这为本书的学术严谨性奠定了基础。

敦煌是伟大的，但敦煌仍然需要更多的人来阅读、理解并接受。弘扬光大敦煌文化是一项社会性任务，相信这本书的出版在这方面会有积极正面的影响。

邢耀龙在学习之余，能够把日常所思所想汇总成这样一部作品，实难能可贵，应该给予肯定。他本人勤奋好学、善于思考，不拘泥于传统的羁绊，富于创新精神，痴迷于敦煌文化，扎根文物一线，百尺竿头，更进一步，前途不可限量。

是为序。

沙武田 谨识

2022 年 8 月 24 日于西安曲江自宅

自序
敦煌：中国历史的一枚纺轮

"你知道敦煌吗？"

每个热爱敦煌的人，大概都有这个想法：在中国大地之上，难道还有人不知道敦煌吗？

答案是肯定的。那是在从武汉到福建的火车上，一对农民工夫妇正坐在我的对面，脸上流露出领到工资的喜悦。攀谈之际，女人问我的来处，我语气中略带骄傲地说"我从敦煌来"。女人看向男人，然后两人一起向我投来不解的目光，就像北极熊第一次遇见企鹅。

那一刻，我的内心惊诧不已：怎么还有人不知道敦煌？在绿皮车漫长的摇晃中，我仿佛一杯红酒，逐渐醒悟过来。有人说："世界上再广为人知的事物，也有一亿人不知道或不接受，而更多的时候是十亿人。"在这个世界上，人类认知丰富得你无法想象，而敦煌并不在所有人类个体的意义之中，我们不能因为热爱而一叶障目，不能因为别人还不知道而心生嗔怒或轻视。

当我们从这种"障目"的情绪中解脱出来，理性地去面对敦煌时，敦煌对于中国究竟意味着什么呢？

曾经，塞尔维亚一个不知名的青年，出现在特定的场合，就将全人类带入"一战"的苦难之中。于中国历史而言，敦煌也像一个小人物，它在数千年里不断地出现在特定场合，引发了诸多变革，也让宏大历史的具体线索落在了这块土地上。敦煌不仅仅有壁画和塑像，壁画和塑像只是敦煌历史的图像语言之一，而语言本身也不是历史，它所承载的具体的人和事才构成了敦煌的本来面目。

从"人"出发，我们可以看到：对炎黄二帝所代表的中原秩序不断发起挑战的三苗人，在三危山下筚路蓝缕，开创了敦煌的地理、经济和人口基础；秦汉历史的重要人物匈奴冒顿单于，在敦煌祁连间的月氏部落里当人质时磨炼了坚毅的性格并树立了统一草原的雄心；被匈奴赶出故乡的月氏人，在异乡开辟新的家园和文化，他们创造的犍陀罗艺术又传回到敦煌，成为中国文化的组成部分；汉武帝通过河西四郡建构的国家安全防线，奠定了后世中国疆域的格局；敦煌暴利长的"天马奇迹"和遍布帝国的交通网，提高了整个民族的凝聚力和向心力；渊泉县的草圣张芝一家，不仅引发了三国时代的风云，也成为魏晋时代的儒学和风骨的先声；昙曜不仅开创了中国石窟艺术的格局，也在宗教改革之中让佛教陷入危机；隋炀帝吸收了从河西儒学和佛学传承而来的精神，使之成为统一南北后的重要弥合剂；玄奘在瓜州度过取经之路最艰难的时刻，他的人格魅力和思想在此后的历史中不断产生影响；榆林窟玄奘取经图的出现，透露了中华民族共同体孕育的具体过程……

凡此种种，就是敦煌历史的特性。敦煌是中国历史上的一个边境小城，像一枚看似微不足道的纺轮，但大历史的很多线索却都在这里丝丝入扣。风往往起自青蘋之末，那些社会中微末的振动，往往是下一个时代的星火，这个道理被敦煌一次次证实。

这本书中的"敦煌"指的是古代敦煌的地理范围，因为敦煌与河西走廊的历史往往很难分开，所以部分章节也涉及整个河西地区的讨论。历史是层累的，作为一个广义上的敦煌人，我的生命，就是敦煌历史在一个具体的人身上的延续。因此，这本书中，我常常把敦煌历史的相关事件投射到今日之我的身上，希望借此让读者了解敦煌历史对于如今敦煌人的塑造。这是一个有趣的方法论，因为历史创造的最伟大的作品，就是一个个具体的人。怎样的历史就会塑造怎样的人，所以，如果你能仔细地审视自己，就能看到历史在你的血液里奔腾的样子。作为一个敦煌人，我打算带你认真阅读一座我生活着的小城，也试图在这个过程中画出一张不太一样的中国历史的剖面图。

我曾经是敦煌石窟的一名讲解员，是敦煌这个数千岁老人的后世子孙和转述者。敦煌已经不能发声，而我作为它的转述者，必须保持专业和审慎，才能代它把千年之语说得平和而睿智。因为我知道，如果它可以开口说话，一定不会炫耀辉煌的大唐，也不会怅然感叹耻辱的晚清。它会用温柔的目光抚过每一个来敦煌的人，语义悠长。

在某年七夕的傍晚，值班结束之后，我独自走在榆林窟上方的戈壁滩上，与"敦煌"有过一次题为"观照"的对话：

> 我是一只夜猫子，等待着
> 乐僔再一次爬上沙丘
>
> 敦煌，等待着一个
> 爱猫的人

对话结束在广袤的无人区，我一个人拥有这方无远弗届的天地，如此厚赠，还能有什么其他欲念？

2022 年 4 月

第一章

最早的敦煌人

谁是最早的敦煌人

公元前 126 年，在西域喝了十三年西北风的张骞，终于回到了长安城。

此时，他极为不舍地放下诱人的白斩鸡，就一把鼻涕一把泪地讲述自己在河西走廊的荒野生存，汉武帝和朝臣们用崇拜的眼神盯着这个刚刚从自然界逃出来的"自然之子"，托着腮，听了整整一个上午。

这是居住在中原的汉人第一次知道敦煌山川形势、人民物产的场景。在张骞之前，中原有没有人去过敦煌呢？答案肯定是有的，河西走廊本来就是十分便利的地理大通道，中亚和东亚之间的互动在先秦之前早已络绎不绝，但因为这些人绝大多数都是不识文字的商贾、百姓和北方民族，所以并没有留下十分可靠的记载。

那么，谁是最早的敦煌人？这个问题是否无法追溯呢？

其实，这个问题的答案之一就藏在《尚书》之中。《尚书》

的意思就是上古之书，是儒家最经典的教科书"六经"之一，也是我国最早的一部史书，所以很多上古历史的谜题都需要从这本书里寻找线索。《尚书》是我国上古时代历史文献的汇集，究竟是由谁所作，至今不得而知。秦始皇下令焚书时，伏生将《尚书》藏在自家的墙壁里，才为天下保住了这本书。后来，汉文帝派提出"推恩削藩"的名臣晁错到济南郡的伏生家里学习《尚书》，受伏生的影响，司马迁和班固都认为《尚书》是孔子所作。就在《尚书·舜典》中，有一条关于敦煌最早移民的记载，即"窜三苗于三危"。"窜"是一个贬义词，如抱头鼠窜、流窜、逃窜，这里的"窜"是"使其流窜"的意思，也就是说舜把三苗部落流放到了三危这个地方。

　　读完这则史料，我们有三个问题需要解答：一是三危在哪里，二是三苗是什么人，三是为什么要把三苗迁移到三危。

　　关于"三危"的具体地理位置，学术界有多种看法：一说是今甘肃敦煌附近的三危山，二说是甘肃天水附近的鸟鼠山，三说在今陕甘川三省交界嘉陵江附近，四说在川甘交界岷江、岷山一带。但主流观点则认为，"三危"就是敦煌的三危山，那此山为什么叫"三危山"呢？这跟西王母有关，《山海经·西山经》中记载："三危之山，三青鸟居之。"三危山位于今天莫高窟的对面，它的特点是三座主峰巍峨耸峙，因此称三危山。这里提到的三青鸟是上古神话中西王母的神兽，古代认为三危山就是三青鸟的筑巢之地。两晋著名史学家郭璞在注《山海经》时说："三青鸟主为西王母取食者，别自栖息于此山也。"也就是说，三青鸟是西王母的外卖快递员，当西王母肚子不饿的时候，三青鸟一般在三危山里休息。三危山是敦煌的第一名山，敦煌的历史与它相伴相生，在我们后面的故事中，它还会多次亮相。

"三苗"是传说时代南方氏族部落集团。《尚书正义·舜典》中记载："三苗，国名，缙云氏之后，为诸侯，号饕餮（tāo tiè）。"这里说三苗是缙云氏的后裔，而缙云氏是黄帝时期的官名，据传其封地就在今浙江省缙云山的仙都山一带。有趣的是，三苗号称饕餮，饕餮是《山海经》中记载的神兽，十分贪吃，苏东坡的外号就叫作老饕。三苗人的农业很发达，饮食自然不差，青铜器上常见的饕餮纹是否隐含着商周政权对南方蛮族的印象呢？此事不得而知。也有学者认为三苗是九黎的后人，如郑玄在注解《尚书·吕刑》时就曾提到"苗民，谓九黎之君也"。九黎是中国上古传说中的一个族群集合，中国古人可不像今天的人一样爱做大数据，所以只要你在古文中看到"三""九"这样的数字，可千万别当真，大多数情况下的真实意思是"看起来有很多，我也懒得数，就那样吧"。九黎部落信奉鸟、兽，差不多同一时期的良渚文化玉器上的神秘图案中也有鸟、兽，所以被推测是九黎的一支。九黎在上古传说中的势力很大，三皇五帝中的天皇伏羲、地皇女娲、人皇神农皆从东夷九黎出（三皇的版本不止一种）。后羿、帝俊、羲和等神话体系也来自东夷九黎。传说九黎有九个部落，每个部落有九个氏族，以蚩尤为首领，共八十一个兄弟。

后来炎帝与黄帝结盟，与蚩尤在涿鹿（今河北涿鹿、怀来一带）大战，蚩尤以失败告终。因此，有人认为中原人最初是由炎黄部落和九黎部落共同构成的，"黎民百姓"中的"黎民"就是九黎之后。

三苗在东南，三危在西北，两者本来风马牛不相及，它们之间发生关联的主要原因与历史上著名的大禹的父亲鲧（gǔn）治水有关。

涿鹿大战后，蚩尤战败，九黎中的三苗人一部分逐渐融合于炎黄所代表的华夏族；另一部分退回到南方江汉流域，建立了三苗部落联盟，依旧与中原相互敌视。到尧的时代，恰逢黄河泛滥（黄河经过笔者的老家黄土高原时携带大量泥沙，在下游平缓的华北平原上堆积，导致黄河很容易改道），治水成为中原部族共同要做的事。纵观天下，似乎只有鲧才有这个能力，所以《史记》中记载："四岳举鲧治鸿水，尧以为不可，岳强请试之，试之而无功，故百姓不便。"意思是四岳举荐鲧治理黄河水患，尧不赞同，四岳逼迫尧起用鲧，鲧果然没有治理成功，百姓们怨声载道。四岳是尧、舜时期的官名，与十二牧共同构成了当时治理天下的组织机构，学者们推测应该是中原部落联盟中选举出来的代表，他们是四个人，还是一群人，我们也不清楚。

因为尧、舜是四岳选举出来的执政官，所以四岳才是当时的实权派，他们共同推举大禹的父亲鲧来治水，可见大禹家族的治水能力和政治实力都是很强的，这为后来大禹的儿子启建立家天下的夏朝埋下了伏笔（夏朝究竟是否真实存在呢？目前学界还无法给出定论，只能说疑似存在）。可惜鲧治水九年，并没有治理好黄河水患，治水的同时也消耗了中原部族的财力和人力。江南部族瞅准机会，对中原发动暴乱，三苗就在其中。《史记》中记载："三苗在江淮、荆州数为乱，于是舜归而言于帝……迁三苗于三危，以变西戎。"面对三苗的反叛，尧起用军事天才舜平乱，舜迅速用雷霆手段将其制服。舜得胜归来之后，向尧建议将战败的三苗部族迁到三危山附近。

《史记》的这条史料还告诉我们一个非常重要的信息，那就是三苗后来变成了在中国历史上扮演重要角色的"西戎"。

三苗的生存挑战

我作为一个敦煌当地人，深知这片土地，到处是戈壁、荒漠、秃山，这对来自长江流域的三苗人是巨大的生存挑战，他们是怎么在敦煌活下来的呢？

《史记正义》引吴起的话说"三苗之国，左洞庭而右彭蠡"。这就是说，三苗原来主要聚居在洞庭湖和鄱阳湖之间。这里北是云梦大泽，南有三湘两湖，作为九黎后裔，三苗充分发挥了良渚文明的成果，把发达的稻谷农业的生产技术与治水经验带到江汉平原。

江汉平原属亚热带季风气候，年均日照时数和无霜期长，10℃以上持续期每年约两百三十天，年均降水量1100—1300毫米，光、热、水等资源极为丰富。千万不要看轻这些看似冷峻的数字，这是一方水土十分重要的资源禀赋，再加上十分平坦的平原地形，极为适宜水稻等喜温作物的栽种。另外，江汉平原河网稠密，湖泊众多，水域面积广大。据统计，水域面积占其总面积的 18%，其中湖泊面积达 1605.4 平方公里。因此这里是中国十分重要的水产区，不仅盛产青、草、鲢、鳙四大家鱼，鲤、鲫、桂、乌鳢等鱼类也非常丰富，还盛产虾、蟹、贝类、莲藕、菱、芦苇和水禽。

一方水土养一方人，一个地方的地理资源往往是其文化根脉的重要诱因，就像在草原上无法生发出宋明理学、西子湖畔不会有父子同妻一样。地理决定历史，历史层累出文化。三苗在江汉平原这样的自然地理条件下发展出了十分成熟的种植业和渔业，正是因为有这样得天独厚的农业经济条件，他们才有了在尧舜之际争雄的实力。

这一点在考古学上也可以证明。江汉平原的农业自古以来就很先进，在三苗同期的屈家岭文化遗址（今属湖北省荆门市）、石家河文化遗址（今属湖北省天门市）中，均有大量的稻壳出土。以 1954 年发现的屈家岭遗址为例，浮选出炭化植物种子及硬果核壳共计 1599 粒，经鉴定，确认农作物种子有 1245 粒，其中包括 541 粒水稻和 638 粒水稻基盘、33 粒粟、27 粒小麦及 6 粒大豆。最有趣的是这 33 粒炭化粟粒，经过碳 -14 年代测定，发现它们距今 5600 年至 5300 年，是北方旱作农业传入这里的最早证据，也证明了三苗与北方互动的历史。石家河文化承袭屈家岭文化演变而来，是中国长江中游地区的青铜文化。在1978年开始发掘的邓家湾遗址（今属湖北省天门市）中发现了青铜铜块和炼铜原料孔雀石，这标志着冶铜业的出现。发达的青铜制造业是三苗部落军事力量的体现，于是有了以青铜为武器、铜头铁额的兵主"蚩尤"的神话形象。后来，在此地发展起来的楚国，其水稻为主的农业生产、铁农具代表的耕作水平、积极开发的水利渠系等也逐步提高，奠定了楚王问鼎中原的底气。

但是，当以水稻农业和渔业为主的三苗部族迁到敦煌时，他们正面临着一个十分棘手的问题。我们所熟知的敦煌关键词是荒漠、戈壁、秃山、骆驼、沙尘暴，对于在稻花乡里的三苗而言，这是完全无法想象的。作为以种植水稻和捕鱼为生的三苗人，他们无法在短时间内学会我的生存技能，比如种小麦、扯面、放羊、烧烤、盘炕等。千万不要觉得放羊是一件简单的事，如果从零开始，你要学会配种、剪毛、挤奶、治病、寻草场等，这都需要长期的经验积累。最有趣的是"盘炕"，"炕"等于土床，是北方冬季农村家庭保暖最重要的设施，在敦煌最低温度零下28摄氏度的气温下，本地人完全无法想象没有炕的日子。这些生活技能的学习都需要时间，可三苗人有时间吗？

诚然，如果四千年前敦煌的自然条件和今天一样，三苗人最可能的结果是在敦煌的第一个冬天里冻饿而亡。但我们都知道，三苗人最终还是在敦煌活了下来，这是为什么呢？

通过对敦煌地区的环境考古，人们发现四千年前的敦煌环境与三苗人所居住的江汉平原有很多相似之处，我们对比来看看。

地形方面，荆湘一带是江汉平原，敦煌一带则是安敦盆地，在古敦煌的地域中平坦的地形占绝大多数；光热方面，江汉平原有亚热带季风气候的滋养，而敦煌是中国太阳辐射率最高的地区之一，光热资源十分丰富，今天已经成为中国光热发电的核心地带；河流方面，江汉之人依长江而居，敦煌则有中国第二大内流河疏勒河，还有从祁连山发育出来的多条小型河流，四千年前河网密布，水量丰沛；湖泊方面，江汉之人有鄱阳湖、洞庭湖，敦煌则有冥泽、南湖。

正因为有以上这些地理共同点，从江汉地区迁到敦煌的三苗人可以按照旧有的生活方式居住在这里。前面提到，屈家岭文化的农业结构为以稻为主、粟为辅，粟是一种旱作农作物，种粟的农业经验可以让三苗人在敦煌以聚居的方式生存下来。除此之外，依托古代优良的水热条件，敦煌也是可以种植水稻的。河西走廊本来就有种植水稻的传统，张掖乌江镇稻米到了明清时期更是成了朝廷的贡米。凡此种种得天独厚的条件，为三苗人在敦煌的安居，提供了长期且稳定的保障，他们就在这片土地上生存了下来。

三苗为何变成西戎

西戎第一次进入中原人的视野，是在历史上著名的"周穆王西巡"事件之中。《列子·周穆王》对这件事的记载是:"(穆王)不恤国事,不乐臣妾,肆意远游,命驾八骏之乘……遂宾于西王母,觞于瑶池之上。西王母为王谣,王和之,其辞哀焉。"意思是说周穆王不喜欢上班,也不喜欢回家,只想躲到自己的宝马车里浪迹天涯,享受片刻的宁静。这真是十分准确地描述了一个中年男人面对职场和老婆的窘境!他最后找到了自己网恋已久的女神西王母,两人在瑶池上把酒言欢。可惜美好的时光总是短暂的,两人以歌谣传情,在昆仑山依依惜别。《穆天子传》把这一段描述得更加详细而精彩:

[原文]道里悠远,山川间之。将子无死,尚能复来?

[译文]刚刚见面,却又分别,西王母含情脉脉地说:"山遥路远,你回到中原之后,还能再来见我吗?"

[原文]予归东土,和治诸夏。万民平均,吾顾见汝。比及三年,将复而野。

[译文]穆天子望着眼泪汪汪的西王母,信誓旦旦地表示:"我回到中原,一定好好工作,等天下百姓安居乐业后就来看你,最晚不超过三年。"

西王母十分不舍地望着穆天子远去的背影,真是个"日暮酒醒人已远,满天风雨下西楼"。穆天子亦久久不想离去,为了纪念这次美好的相遇,就在石壁上刻下了一行大字:西王母之山。

足见其情深意切。

呵呵！历史的真相是，回到中原的周穆王并没有好好工作，也没有让百姓安居乐业，更没有再次西巡，这些誓言都是骗女孩子的鬼话。原因可能在于西王母的长相，《山海经·西山经》中说"西王母其状如人，豹尾虎齿而善啸，蓬发戴胜"。即西王母长得像人一样，但身上长着豹子的尾巴，嘴里长着老虎的牙齿，头发旺盛，且时常发出虎啸声。这里的"戴胜"是一种独特的头饰，类似于一把展开的扇子。1955年，四川省成都市新都区新繁镇清白乡出土的东汉画像砖上就有西王母的形象（图1）。我们可以试想一下，当穆天子看到露着龅牙，长着尾巴，还时不时虎啸一声的西王母，想必早已心灰意冷，三年的归期想必也是求生欲之下的随口一说罢了。其实，周穆王西巡的真正原因并不是与女神西王母网恋奔现，而是对西戎的征伐。

《国语·周语》中记载，公元前967年，周穆王对西北部族犬戎（即西戎）进行大规模征伐。当时犬戎首领桀骜不驯，多次袭扰周朝边民，掠夺生活物资，于是穆王率军亲征，抵达了先秦时期中原天子能够抵达的最西之境。

三苗人在移民敦煌的早期基本上保持了他们原有的生活方式，但我们在历史上读到的"西戎"则完全是一副游牧民族的面孔，这是为什么呢？

从考古发掘的结果来看，在商代晚期到西周早中期（前1500年—前900年），在包括中国西北部的甘肃省、内蒙古鄂尔多斯地区、内蒙古草原地区东缘大兴安岭西麓在内的广大地区出现了一次广泛的生产方式变革，具体表现为大型居址减少、大量定居点被废弃、墓葬中殉葬牲畜由以猪为主转向以羊为主，殉猪现象在后期甚至消失了，陪葬品中陶器和青铜礼器减少而武器增加。这显示出这些区域正在由传统的农业生产方式向畜牧生产方式转变，同时部落战争开始增加。究竟是什么原因造成的呢？是地理环境和气候的变化。

大概在公元前 1500 年，北方大部分地区发生了降温事件，降温幅度在 6.5℃至 8℃。降水量也随之减少到 250 毫米左右，不及原来的一半，敦煌西部出现大面积活化沙丘，荒漠草原成为敦煌的主要地貌。

在这种背景下，三苗人擅长的农业种植的面积逐渐减少，生活和生产方式面临从农业到牧业的转型。好在此时的三苗人已经在敦煌生活了五百余年，他们拥有了充足的学习时间，随着自然环境的变化，三苗人逐渐变成马背上的西戎。这种自然环境的变迁一直在西北民族生成史上持续发挥着重要的作用。

降温事件并没有停止，公元前 1000 年前后，是全新世以来温度和降水量最低的时期，年平均温度在 0℃以下。学术界认为，这次气候变化导致西戎面临十分严峻的生存压力，草场退化，牲畜大量被冻死。

为了活下去，冻得瑟瑟发抖的西戎人被迫东进，他们涌进中原地区，颠覆了西周王朝。所以西周的灭亡，并不是由传说中"烽火戏诸侯"的游戏而决定的。当时的犬戎和周王朝之间激烈冲突的根本原因，是北方草原地区的气候变化，这导致游牧民族向暖湿地区迁移，以寻找新的生存空间。游牧人口为了生存，开始一代一代地涌向关中平原。在这种环境背景和人口迁移的大趋势之下，只要气候没有好转，饥饿的草原居民就会不断冲击周王朝的边境，这就是商周历史表象背后的演化逻辑。公元前771年，西戎攻破镐京，夏、商、西周所代表的三代时期到此结束，春秋战国波澜壮阔的历史自此开启。此时，为逃避西戎的锋芒，平王将都城东迁至洛邑（今河南洛阳），使这里成为此后一千五百年中国的政治中心地带。另外，平王东迁的时候，秦襄公高举大旗护送，这让周平王十分感动，为了表彰秦襄公，就把被西戎占领的周朝土地全部赐给他。这显然是领导耍流氓的行为（我封你土地了，但是你有没有本事去拿就不是我的事了），但秦人却对这张"空头支票"十分欣喜。后来，正是因为秦国一直受到西戎的军事威胁，经过六世秦王与西戎的对抗，终于磨炼出一支虎狼之师，从而为秦始皇吞并六国积累了资本。

人类是自然之子，气候的变动使人类面临巨大的生存挑战，人类面对这项挑战的最常见策略就是迁移，而一个民族一旦开始迁移，就拥有了移动性。在古代，移动性决定了一个人或一个民族创造历史的能力。

中国历史的每一个时代之开启，似乎都是因为一个人或一群人的突然闯入而引发的。

张骞出塞，汉帝国便开启了波澜壮阔的西域时代；五族入华，单调了数百年的中原就进入了风云激荡的南朝和北朝。

如果历史是沉寂的荒原，拥有移动性的人或民族，就是燎原的星星之火。

那么，三苗人和他的继任者们又在中国历史的荒原上点燃了什么呢？

综合来看，三危山前的三苗人拥有多重身份，他们身上藏着中国先秦历史的重要线索。他们在中国大地之上东奔西窜，成为很多重要事件的参与者和见证者。

第一重身份：九黎之后。作为蚩尤的部下，他们与炎黄二帝争雄于中原，而他们的失败使黄河流域逐渐成为中华文明的中心。

第二重身份：良渚文化的继承者。他们继承了良渚的农业技术，为长江流域和后来迁入的敦煌的农业开发打下了基础。

第三重身份：尧舜治理天下的挑战者。他们不断挑战北方，形成了尧舜政治和军事上的长期压力，在一次次的南北方互动中，促成中原政治的不断成熟，国家逐渐诞生。

第四重身份：最早的敦煌移民。面对敦煌的荒原，三苗人用他们的智慧积极开发敦煌，掀起了中国西北边境开发的序幕。

第五重身份：西戎的前身。中原与草原之间互动，是中国古代历史的主旋律，由三苗人演化成的西戎是先秦历史的重要推手。

移民创造敦煌

公元前111年，有一位中年人在三危山下画了一个圈，无数怀揣梦想的人来到这里，创造了一座叫敦煌的城市。

中年人的尊号是汉武帝。

敦煌是一个由移民建立起来的城市。三苗人是敦煌的第一批移民，之后的乌孙、月氏、匈奴都是敦煌移民。汉代是敦煌移民的巅峰时期，为了营建河西四郡和西域的军事防御体系，两汉四百年不断往敦煌地区"徙民实边"，人次累计百万以上。曹魏时期，在边地大规模实行军屯和民屯，敦煌地区也是移民不断。西晋"永嘉之乱"后，放眼天下，只有河西走廊和长江以南社会安定，中原人民纷纷西迁或南渡，才有了五凉的名儒和东晋的名流。唐代为了治理西域、巩固河西，政策性移民接连不断，造就了繁华的唐代敦煌。宋代时期，西夏占领敦煌，此后西夏的党项人、甘州的回鹘人、元代蒙古人都曾在这里繁衍生息。直到明代嘉靖年间封闭嘉峪关，敦煌地区的居民全部迁回内地，敦煌陷入无人之境。清代初期平定准噶尔叛乱，雍正三年（1725年），清政府从甘肃五十六州县向敦煌有计划、大规模地移民，组成今天敦煌居住的主要人群。直到1990年，敦煌仍然有大规模的移民，即从甘肃省定西、白银、兰州、天水四个地区的十个县、市迁入移民485户，共1927人，形成了今天敦煌的"定西村"。

敦煌历史上的移民主要有如下几种类型[1]：

---

[1] 可参考邢耀龙《先秦两汉敦煌、瓜州移民述论》《丝绸之路·肃州文化遗产保护与旅游产业发展学术研讨会论文集（上册）》，甘肃文化出版社，2017年版。

第一，官宦宗族的政治性移民。汉代，中原地区的一些世家大族，如汉武帝元鼎六年（前111年），太中大夫索抚因"直谏忤旨"而获罪，从钜鹿（今河北省巨鹿县）迁到敦煌，后来成为敦煌历史上著名的索氏家族；汉成帝河平元年（前28年），氾雄同样也是因为直言进谏而被治罪，从济北卢县（约在今济南西部）迁到敦煌，成为敦煌氾氏家族；汉建威将军令狐迈因起兵讨伐王莽而失败身死，他的三个儿子都逃到了敦煌，令狐也成为敦煌大姓。还有一些家族是因为躲避中原战乱来到敦煌，这些人往往是举家甚至举族迁徙而来。在此以前，由于他们大多身居高位，有着丰富的社会阅历和从政经验，社会影响很大。在迁往河西后，就迅速发展成为当地颇有声望的家族势力。他们被朝廷"强制拆迁"，却在敦煌"异地重建"，从而成为敦煌望族，成了敦煌历史中的大人物。

第二，平民灾民的政策性移民。如元鼎六年（前111年），敦煌郡刚刚建立，但当地没有百姓，所以从中原迁移了大量的平民；汉成帝建始四年（前29年）秋，黄河在馆陶及东郡决口，兖、豫二州有四郡三十二县受灾，为安置灾民，将大量人口迁到河西走廊地区。这些民众是中原地区拥有丰富生产经验的农业人口和手工业工人，他们来到敦煌开垦荒地、建立聚居地、发展城市和手工业，构成了敦煌历史的人口基础。

第三，少数民族的商业性和军事性移民。敦煌地处西域、漠北草原、青藏高原、河西走廊四大地理单元的交会之地，历史上很多少数民族都曾在这里生活。如羌、鲜卑慕容、粟特、吐蕃、回鹘、党项、蒙古，等等，他们或是因为商业贸易，或是因为军事战争，都曾在敦煌留下令人难忘的面孔，成为敦煌文化多样性的基础。

在移民入迁之前，敦煌长期是荒原或游牧草场的面貌，人口密度很小。最初的移民就是敦煌最早的"创业者"，他们筚路蓝缕，不断根据环境变化调适生活方式，经过多年发展，当地自然地理的潜力被发掘出来，农业得到长足发展，文化逐渐积淀，有时甚至反哺中原（无论是物质上还是精神上）。除此之外，商业贸易从无到有，敦煌兴起了一大批的商业市镇，使本地成为联结中原与西域的枢纽和东西方文化交流的荟萃地，是西域路上极为重要的中转站。这就是敦煌作为中国历史上最早的对外开放城市的资源禀赋，但任何事物都逃不开"资源的诅咒"，敦煌因移民而兴，也因移民而衰。

自敦煌在中唐时期被吐蕃占领，河西走廊这条通往中原的地理大通道开始变得封闭起来，大规模的人口流动减少了，这种情况一直延续到宋代初期。敦煌不再拥有大量的新移民，前期大规模的移民开发导致了环境失衡和沙漠化严重，频繁的战争再加上间歇性的自然灾害，敦煌渐渐失去了往日的辉煌。嘉靖三年（1524年）明朝下令封闭嘉峪关，敦煌被彻底遗弃了。直到清代初期，敦煌归入大清的版图，移民活动又开始了，但此时的敦煌已经丧失了边境要地的作用，成为中国西部一个十分平凡的小镇。

直到 1900 年发现藏经洞，敦煌才再一次进入世界的视野之中。

笔者是在十五岁时举家搬到瓜州的（瓜州县属古敦煌文化地理范畴），作为新时代的敦煌移民，深知这片土地对于移民的意义。

历史是由人创造的，移民创造了敦煌。四千年的移民浪潮为敦煌提供了各个维度的多样性，造就了多元丰富的敦煌文化。史料记载的最早敦煌移民是三苗，后因西北环境的变迁，演变成为改写后世中国历史的重要人群——西戎。

然而，三苗的影响似乎远不止于此。它恰如一只贪婪的蚊子，曾在中国这个房间里的很多人身上停留，在引发很多人瘙痒的同时，吸食了很多人的血液，从而喂养出一个更为强大的孩子，这个孩子的名字叫"匈奴"。没错，司马迁在《史记》中认为匈奴"其先祖夏后之苗裔也"，也就是说匈奴是三苗人的后裔；王国维更笃定地认为，匈奴是一个群体性民族，而西戎是其重要的一支。

虽然从吃鱼的三苗变成了吃羊的匈奴，但匈奴人依然继承了三苗觊觎中原的雄心。汉高祖七年（前 200 年）的那个冬天，刘邦已经在白登山吃了五天的草根，而山下就是啃着羊腿的冒顿单于。

第二章

丝路开启与佛教东传

玉石之路

"提上来吧。"考古学家郑振香对一位拿着探杆的工人说。

手持探杆的工人小心翼翼地将探杆一点点向上提,当探杆整个被提上来后,只见探杆的铲子内沾满了湿漉漉的红色漆皮,围观的众人兴奋不已。

这是1976年夏,殷墟妇好墓的发掘现场。这是唯一保存完整的商代王室墓葬,出土随葬品1928件,超过以往殷墟出土器物的总和,几乎每一件都是国之重器,轰动了当时的考古学界。发掘现场的考古队并没有兴奋太久,就立刻投入工作之中。工人在清理这把铲子时,又在泥土里发现了一件闪光的东西,原来是一枚玉坠。

可是,中原并不产这种透闪石玉,这块玉究竟来自哪里?

首先想到的答案是和田。和田玉也就是史书上著名的"昆山之玉",西王母跟穆天子在昆仑山之巅分手时就赠给他和田玉(可参看第一章）。《穆天子传》中记载说"取玉三乘"，即拉了满满三大车，可见当时玉石贸易之盛。所以，早在丝绸之路兴起之前，这条路一直都是东西交流的重要通道。先秦时期，这条路上最主要的货物就是玉石。

当然，这里所说的和田并不是专指今天的新疆维吾尔自治区和田市，古代人对西北地理十分陌生，直到汉朝占据西域时才有相对清楚的认识。所以，昆仑山在当时也是个十分模糊的地理概念，大概等于今天的祁连山、阿尔金山、天山、昆仑山、喀喇昆仑山等西部大山脉的合体，这些山脉中出土的玉料都属于昆山之玉的范畴。

随着研究的深入，学者们认为新疆玉太远，中原绝大多数西北玉器的原料可能是"禺氏之玉"。那么，禺氏在哪里呢？

故事起自另一场惊人的考古发现，2015年，甘肃省文物考古研究所在敦煌发现了旱峡玉矿遗址。遗址位于三危山后山，已确认玉矿矿脉有三条，仅矿坑就有153处，均为露天开采。在此之前，在敦煌附近的马鬃山也发现了径保尔草场玉矿遗址和寒窑子玉矿遗址。这三处玉矿遗址是目前国内可以确定的年代最早的透闪石玉采矿遗址。另外，通过检测得知玉矿的开采时间从公元前1700年一直延续到了公元前60年左右，山西下靳遗址（位于山西省临汾市尧都区）发现的玉器玉料就来自敦煌旱峡玉矿，从而可见敦煌玉石与中原之间的交流。

敦煌之所以成为东西方文化交汇的枢纽，首先因为它是古代玉文化中西玉东输运动的枢纽。敦煌附近发现诸多玉矿，无论在品质、规模、产量等方面都是十分稳定的，且因为距离中原近和开采时间早，成为中原早期玉料的重要产区。当一车车的美玉从敦煌输送到中原的时候，它们经过的第一个关口就叫玉门关。

在中原，人们把敦煌及其周边得来的玉就叫作"禺氏之玉"。

为什么不叫"敦煌之玉"呢？因为敦煌这个名字在此时还没有诞生，这里居住着一个继西戎之后更为强大的民族——月氏。《史记》中记载"始月氏居敦煌、祁连间"，可见他们是传统的游牧民族，早期一直居住在祁连山下水草丰茂的地方。中国主流学者认为，月氏就是古代典籍中的"禺氏"，而"禺氏之玉"就是月氏的玉。

野火烧不尽，春风吹又生。

游牧民族就像草原上的青草，一场春风过后，月氏在犬戎生活过的草原上长大。月氏人究竟是谁的后人呢？

《旧唐书》中记载他们是"戎人"的后裔，也就是河西走廊上的原住民们分裂演化之后的族属。他们究竟来自哪里，现在还无法完全确定。但可以肯定的是，他们替代了西戎，成为这片草原上的主人，同时也是秦汉历史的主角之一。

商业的本质是物与物的等价交换，物物交换就需要人的移动。在欧亚大陆上，最具移动性的人群就是游牧民族，所以最早的商业交换也是由游牧民族肩负的。居住在河西走廊的月氏人占有了这条天然的地理大通道，因此在中亚和黄河流域之间的早期经济文化交流中起着媒介作用，再加上他们拥有大量优质的玉矿，玉石是早期文明贸易的硬通货。坐拥交通要道和玉石产地的月氏人开辟了一条从塔里木盆地至黄河中游地区的通商大道。这条商道从塔里木盆地出发，通过河西走廊，至鄂尔多斯，经今山西境内，抵达洛阳，成为后来丝绸之路的主干道。所以，丝绸之路早在四千年前已经被河西先民开通，张骞只不过是重新发现了它。

冒顿的崛起

秦始皇征伐六国的时候，月氏也开始了征伐乌孙的行动。乌孙与月氏都在河西走廊放牧，可是草场就这么大，为了让牛羊填饱肚子，东边的月氏人（大概居住在今天的武威市和张掖市一带）开始侵占西边乌孙人的牧场（大概在今天的酒泉市一带）。最后，乌孙王被杀，月氏人一鼓作气，兼并了整个河西走廊，成为北方草原的霸主。

此时的匈奴日子并不好过。匈奴的头曼单于素来以骁勇善战著称，如果他生在以后的历史时期，必然是举世无双的将星。可命运就是这么捉弄人，他刚好生活在秦朝，他的对手是蒙恬。

蒙恬是率领三十万秦军北上修长城的，历史上第一座万里长城——秦长城，就是蒙恬的杰作。这么看来，蒙恬是秦朝的建筑师兼包工头，为世界留下了珍贵的物质遗产。然而，这个包工头身份可不简单，蒙家是秦国的将门世家，祖上三代都是帝国名将。

此时，白起、王翦、李牧等神将已死，项羽和韩信还是十来岁的孩童，蒙恬是那个时代的中华第一名将。而且，他身后站着的是刚刚屠灭六国的三十万虎狼之师，头曼单于完全不是对手，刚一接触就被蒙恬击败，只好远遁漠北。

在帐篷里啃着草根的头曼十分惆怅，因为除了在南边修长城的蒙恬，匈奴的东边是东胡，西边是月氏。为了不被他们吞并，匈奴只好和月氏结盟。草原上的结盟需要把自己的儿子送到对方地盘当作人质，冒顿就是头曼单于送去月氏的质子。

冒顿是头曼单于正妻生的第一个孩子，也就是头曼的嫡长子。但是结发妻子年老色衰，头曼单于看厌了这个老太婆，他当然更喜欢那位更年轻的小老婆，何况她为头曼单于刚刚生了一个大胖小子。偏心的头曼单于想让自己的小儿子在未来继承单于大位，于是带着除掉冒顿的目的，把他送去了月氏。

十几岁的冒顿来到了居住在"敦煌、祁连间"的月氏，我们不知道他具体在什么地方当人质。古代"敦煌"的概念比今天的敦煌地理范围要大得多，月氏也是游牧民族，逐水草而居的他们也许带着冒顿来到今天敦煌境内。可以确定的是，河西走廊的水草果然比漠北丰茂得多，但冒顿可完全没有心思欣赏胭脂山（一说今张掖焉支山，一说是张掖丹霞）的美景，他看得见的只有仇恨。

是的，只有仇恨。

把冒顿送去当人质不久，头曼单于就挑起了和月氏的战争。究竟是不是想用背叛盟约的行为激怒对方杀了冒顿呢？真相已不得而知，此时愤怒的月氏人却真要杀掉这个匈奴质子。冒顿得到消息，趁乱抢了月氏的一匹良马，终于逃回匈奴。

父子俩相见的那一刻肯定十分尴尬，尴尬到头曼单于可以用脚指头抠出一个居延海子①。冒顿看着头曼单于什么话也没说，牵着马径直走进了自己的破帐篷，草原上的汉子肯定不会像中原皇帝一样虚伪，如玄武门事变之后，李渊与李世民父子还能在太极宫里相拥而泣（这是皇权的游戏中扮演者的自我修养），没有演员天分的冒顿是做不出来的。

此时的冒顿，已经不是几年前任命运摆布的少年，他在月氏当人质的时候，不仅学会了骑射、隐忍、权术，还有一颗复仇的雄心。

头曼单于并没有发现儿子眼中的变化，为了安抚冒顿，就封他为万骑长。冒顿高超的骑射技术和练兵手段让匈奴兵马很快成为一把锋利的刀，而这把刀第一次出鞘，就插在了头曼单于的心脏上。

据说事情的经过是这样的。天才发明家冒顿制造了一种响箭，他在训练部下骑马射箭时说："凡是我响箭所射之处，你们就要万箭齐发，违令者斩。"首先，冒顿用响箭射击自己的爱马，有人不敢射击，冒顿立即杀了他们。之后，冒顿又用响箭射击自己的爱

---

① 西北人习惯把湖泊叫海子，居延海子位于内蒙古阿拉善盟额济纳旗，为匈奴故地。

妻，有人不敢射击，冒顿又把他们杀了。等时机成熟，最后一箭，冒顿射向了头曼单于，头曼当场身亡。

冒顿成为新的单于。统一漠北之后的冒顿不再满足于在草原上喝风，当时的天下，任何人都知道长安城的繁华，于是，冒顿计划越过长城。幸运的是，就在九年前，蒙恬已经被赵高害死，项羽也在一年前自刎于垓下，天下已经没有自己的敌手。公元前201年（汉高祖六年），冒顿率军围住了马邑（今山西朔州）。此时，城里的韩王信（战国时期韩国王族之后，不是名将韩信）急忙向刘邦求救，刘邦却认为是韩王信和匈奴演戏，终于逼反韩王信，使其投靠匈奴。

刚刚统一天下的刘邦自认为兵强马壮，公元前200年（汉高祖七年），亲率大军迎击匈奴。冒顿佯装失败逃跑，引诱汉军，刘邦轻敌冒进，一直追到了白登山，这里正是冒顿为刘邦准备的完美陷阱。匈奴围困其七天七夜，刘邦饿得满眼绿光，好在打败仗在刘邦那里已经司空见惯，他很快镇静下来，说出那句经典的句式"为之奈何"，幸运的是他身边还有陈平。陈平建议刘邦派使者秘密给冒顿的爱妻阏氏送去珠宝，并陈述利害："长安美女如云，冒顿单于久居汉地，如果得到新的年轻女子，就不再喜欢正妻了。"因为有自己的公公头曼单于厌弃婆婆的前车之鉴，阏氏害怕冒顿也沾染上这样的恶习，果然听信了使者的说辞，劝冒顿返回草原。再加上汉朝大军已经开始向白登山会合，冒顿只好暂时撤回漠北。

冒顿并不是无功而返，韩王信此时已经是匈奴的将军，他指挥匈奴军队长期骚扰北境，刘邦只好实行和亲政策。冒顿为自己的新婚忙前忙后，才稍稍停止对汉朝的侵扰活动。

公元前195年，刘邦驾崩，冒顿还不忘调侃吕后，写信说道："我是孤独寂寞的君主，你也是孤独寂寞的寡妇，要不咱俩凑一对，也算是汉匈一家亲了。"

使者回来后，冒顿收到了一堆美女和珠宝，当然，还有吕后的一封信："现在我已经人老珠黄，头发和牙齿都快掉光了，根本配不上单于。另外，我患上腿疾，走不到漠北，所以把我常用的马车送给您，希望它能陪伴在单于左右。"

当然，这是假话，此时四十多岁的吕后风华不减当年。但十六岁的刘盈刚刚即位，孤儿寡母确实不能与冒顿撕破脸，只好写信草草应付了冒顿。

冒顿当然也不敢带领草原的儿郎轻易越过长城，孤军深入中原是一件极其危险的事，此时的冒顿还没有成吉思汗那种摧枯拉朽的实力。

月氏的西迁

因为在月氏当过人质，冒顿继承了月氏人的商业头脑。草原之狼与中原之虎搏斗，最常见的结果是两败俱伤。所以，冒顿就盯上了月氏，这是一只美丽的梅花鹿。

作为人质，甚至是俘虏，冒顿显然在月氏过得并不好。因此，在冒顿成为单于的时候，他急切地想要把月氏从敦煌、祁连间赶出去。

也是因为曾经做人质，冒顿对于月氏的战力、地形、军事部署和优缺点了然于胸。于是，大约在公元前205年—前202年，冒顿举兵进攻月氏，月氏的结果只能是失败。公元前176年前后（贾谊被贬的那一年），冒顿派右贤王西征，再次击败月氏，迫使月氏西迁到东天山一带（今新疆哈密）。

公元前174年，冒顿去世，儿子继位称老上单于。为报父亲质子之仇，老上单于联合乌孙再次袭击月氏，杀死月氏王，他还把月氏王的头颅割下来做成酒器。自此匈奴统一漠北草原，实力达到巅峰。

公元前138年，年仅两岁的霍去病正在小姨妈卫子夫的怀抱里噙着食指，并新奇地打量着这个即将属于他的时代。此时，一旁的汉武帝欣喜不已，他听说了这一场残酷的血案之后，决定利用大月氏的仇恨，和他们结成联盟共同夹击匈奴。于是汉武帝下令选拔人才出使西域，二十六岁的郎官张骞积极上书，接下了这个任务。

老上单于在帐篷里摇晃着特制的酒器，月氏人则正在向西方逃亡的路上。

大部分月氏人从河西走廊迁至伊犁河流域，这个地方原来居住的是塞种人。《汉书·张骞传》中记载："月氏已为匈奴所破，西击塞王。塞王南走远徙，月氏居其地。"可见马背上的月氏人虽然打不过更加彪悍的匈奴人，但欺负西域小部落塞种人还是绰绰有余的。吃了败仗的塞王只好学习月氏人逃跑的本领，留下的塞种部众则成为月氏人的臣仆。

不幸的是，伊犁河流域的北部刚好是乌孙，他们被月氏赶出河西走廊之后就逃到了这里。所谓"仇人见面，分外眼红"，乌孙人眼见昔日的仇人也沦落至此，要报当年被驱赶的仇恨，所以就把月氏人赶出了伊犁河谷。大月氏不得不再次向西南迁徙。他们先翻越葱岭，再渡过锡尔河，居住了一段时间之后，又越过阿姆河（今乌兹别克斯坦、塔吉克斯坦与阿富汗之间的界河），攻占了大夏国（今阿富汗地区）。

与此同时，张骞穿过河西走廊的时候，被匈奴人发现，捉到草原上放羊。十年后，他趁着卫青攻下龙城之后引发的混乱逃出匈奴王庭，来到了月氏人的王国。月氏人占领了土地肥沃的锡尔河和阿姆河所在的广大区域，军事实力强盛，成为中亚地区最强大的国家之一。这样的实力完全可以与匈奴一战，张骞十分兴奋，正在宫殿里慷慨激昂地说着宏伟的计划："匈奴当年是多么残忍，杀了敬爱的月氏王，还把他的头颅当作酒器，日夜把玩！此仇不报，非大丈夫！国王您率军东征，我大汉必助一臂之力，我们东西夹击，定能消灭匈奴。到时候，国王您就可以回到您的故乡了！"

张骞神采飞扬，月氏王无动于衷。

除了语言的障碍之外，月氏王实在对征伐匈奴提不起兴趣。因为此时的月氏王从小就在阿姆河河畔长大，这里才是故乡，那位头颅被做成酒器的月氏王确实挺可怜的，但自己又不认识他，"敦煌"更是一个十分陌生的词语。为了这个会讲故事的中年大叔抛弃自己现在富饶的家乡，回到被匈奴控制的河西走廊实在不划算，所以国王回绝了张骞。

张骞继续在月氏境内游说，可始终不能达成汉武帝交给他的使命，在月氏当了一年外语教师的他只好回国。

贵霜帝国与犍陀罗艺术

霍去病在酒泉洒下汉武帝御赐美酒的时候，月氏人依旧在风景如画的阿姆河河畔生活。新月氏王摇晃着银制的酒器，而那件用老月氏王头盖骨做的酒器已经成为霍去病的战利品，它正跟匈奴的祭天金人一起被放在马车上，摇摇晃晃地赶往长安。

汉武帝统一河西走廊的时候，月氏却分裂了。

月氏从河西走廊一直迁到今天阿富汗地区，东西跨度近三千公里，在这一路上不断吞并西域和中亚的绿洲民族。征服大夏的时候，月氏已经成为一个多民族政权，很快内部势力山头林立，最后分裂为五部翕（xī）侯。根据《汉书》记载，这五部翕侯分别为：休密翕侯、双靡翕侯、贵霜翕侯、肸（xī）顿翕侯、高附翕侯。

大约在公元1世纪初，王莽当上皇帝的时候，西边的贵霜翕侯部开始强大。到了刘秀登基时，贵霜翕侯丘就却兼并了其他四个翕侯，统一了大月氏，创立了贵霜王国，但中国文献中一般还叫大月氏。

贵霜王朝与汉王朝一直保持着良好关系，在班超管理西域的时候，贵霜曾经帮助班超平定疏勒和莎车。此时的国王是阎膏珍，他自认为贵霜是大国，想要像乌孙一样求娶汉朝公主为妻，但遭到班超的拒绝。公元90年，阎膏珍派大将率精兵七万余攻打班超，贵霜将领自然不是军事天才班超的对手，结果只能是败退求和。败给班超的贵霜国王清楚地认识到了与汉朝的差距，从此不敢染指西域，而是把目光投向了南方。军人出身的阎膏珍虽然不是班超的对手，但打败中亚的绿洲国家还是绰绰有余的。其势力鼎盛时期一度攻占了北印度，是当时中亚和南亚的第一强国。

由于贵霜王朝的发源地在今天阿富汗地区，正好位于东亚、中亚与南亚三个地区的交界处，所以丝绸之路的大部分贸易都需要经过当地。除了大力发展经印度通往中国的海路和经大夏、大宛入中国的陆路贸易外，又经营经康居、花剌子模渡里海西行的新商路，贵霜成为丝路贸易中获利最多的国家。

经济发展与文化昌盛是一对姐妹花。

佛教自印度诞生之后，就北传到大夏地区，月氏人深受佛教的影响。到了迦腻色伽王的时代，佛教已经成为贵霜的国教，迦腻色伽王本人更是虔诚信仰佛教，佛教历史上的第四次结集就是由他完成的。

在佛陀涅槃五百年后的迦腻色迦王时代，佛教典籍因为翻译、传抄、曲解等，掺杂了很多与佛教原理不符的观点，所以迦腻色迦王决定进行一次"结集"。结集就是召集当时佛教界的名僧，一起来谈论、整理、校勘佛教典籍，是佛教理论发展的盛会。此前已经结集过三次，上一次结集由阿育王发起，距此时已经三百年了，所以很有必要对佛经做一次系统的修正。于是，迦腻色伽王在克什米尔召集了众多僧侣，开启了第四次佛教结集大会，贵霜帝国一时成为佛教的中心。

除佛教理论外，贵霜帝国也是佛教艺术的中心。因为贵霜曾经依附于希腊王赫尔谟尤斯，所以深受希腊艺术的影响。当贵霜人把弓箭射到印度河河畔时，也将希腊艺术带到了北印度。当希腊雕塑艺术遇上了佛教，就产生了著名的犍陀罗艺术。

犍陀罗地区位于今巴基斯坦的白沙瓦一带。迦腻色伽王在位期间，犍陀罗地区的富楼沙成为帝国之都。早在公元前3世纪，马其顿国王亚历山大大帝征战到此，希腊艺术随之传入此地。于是希腊文化和印度佛教文化在此地碰撞与融合。犍陀罗地区成了古代印度文明与希腊文明的洞房，在此基础上，其雕刻、建筑、绘画更融入了波斯、大夏、罗马等地的艺术风格，多种文明的结晶就是犍陀罗艺术。

犍陀罗佛像的特点是在佛陀"三十二相"基础上，更多地保留了希腊艺术中的人体写实特征。"三十二相"是佛像的造型标准，如双耳垂肩、双手过膝等，共三十二个样貌特点。犍陀罗佛像（图2）一般呈现为希腊人的面庞，深眼窝、高鼻子，穿的袈裟衣褶也较为厚重，与古罗马雕塑艺术中的长袍十分相似，所以也有人称犍陀罗佛像为"阿波罗式的佛像"。

佛教的东传

当佛经和佛像都准备好之后，佛教准备进入中国了。

有人说，佛教最早传入中国与霍去病有关。上节说到霍去病缴获了匈奴的两个祭天金人，《魏书》就认为是佛像。回朝后，他把这两尊金像献给汉武帝，汉武帝命人将金像供奉在甘泉宫内，常带领着大臣们去朝拜，因为不知道金像的名号，所以才派张骞出使西域弄清楚佛的名号。这一幕就画在莫高窟初唐第323窟的墙壁上，也是目前国内仅存的张骞出使西域的壁画。这里将张骞出塞的目的变成了取经问佛，张骞成了汉朝的唐僧。很显然，这是佛教徒的一厢情愿，是后世为了提早佛教传入中国的时间而篡改的故事。

佛教传入中国的因缘，还要从一个梦说起。

根据《后汉书》记载，一天夜里，汉明帝（28年—75年）睡觉梦见一个闪着光芒的金人从天上飞到了床榻边，金人周身散发着万丈光芒，形象庄严。从梦中醒来的汉明帝对金人念念不忘，上早朝的时候就把这个梦讲给群臣。众人都无法解梦，唯独博学多才的太史令说："据传西方有大圣人，名号叫佛，周身常常有光明，跟陛下梦中的金人十分相似。"

汉明帝听了十分高兴，认为这是祥瑞，于是就派秦景和王遵等十八人西去求佛。永平十年（67年），他们在大月氏遇到摄摩腾和竺法兰两位高僧，邀请两人回国面见圣上。于是，众人用白马载着佛像和经书，经大夏、西域、河西走廊之后抵达洛阳。后来明帝为两位高僧修建的寺庙就叫白马寺，洛阳白马寺是佛教在中国的第一座寺庙。从此以后，中国就有了佛僧、佛寺、佛教。

洛阳有了摄摩腾和竺法兰，敦煌则有了竺法护（231年—308年）。

竺法护是贵霜王国的月氏人，因为一生中绝大多数时间在敦煌生活和传播佛法，因此被称为"敦煌菩萨"。他通晓西域各国三十六种语言文字，是鸠摩罗什之前最著名的佛教译经僧人，译出了一百五十余部经论，种类繁多，几乎囊括了当时西域流行的主要经典。后世对他的评价是"经法所以广流中华者，护之力也"，他是佛教传入中国的先驱者，是鸠摩罗什的精神导师，为大乘佛教在中国的弘传打开了广阔的局面。

除佛经之外，佛教艺术也传播到了敦煌。

犍陀罗独特的艺术是随着贵霜的僧人们来到中国的。这种艺术风格第一站抵达了巴米扬地区，之后越过葱岭抵达西域，魏晋时期已经在竺法护所居住的敦煌流传开来。

在莫高窟早期如北凉和北魏的洞窟中，就保存有犍陀罗艺术风格的壁画和塑像，奠定了敦煌艺术的基础。这些佛教造像中的人物形体健壮，比例适中，衣服厚重，衣纹表现得自然而写实。这种风格成为莫高窟最早的艺术流派，其原因是佛教从印度传来，对于当时的人们来说，这种外来样式的佛像具有权威性。另外，中国的雕塑家们还没有一套表现佛像的成熟技法，还需要学习和采用外来的雕塑手法。

这种艺术在敦煌获得了中原艺术的汇入和改造，成为更成熟的艺术模式，在北魏统一北方中国后传到平城（今山西大同）和洛阳，再由中原传入朝鲜，最终传入日本。

当贵霜人创造出来的文化和艺术在世界上开枝散叶时，贵霜帝国却迎来了它的终局。

公元224年，刘备死后的第二年，波斯萨珊王朝崛起，开始向中亚、阿富汗和印度扩张。萨珊王阿尔达希尔一世率军攻入贵霜，占领了贵霜北部的绝大多数领土，贵霜实力大减。

公元4世纪，东印度的笈多帝国兴起后，再次统一北印度，贵霜又丢失了印度地区的领土。贵霜祸不单行，中国北方的嚈哒（yàn dā）沿着月氏人的老路从漠北迁到中亚，这个同样在中国混不下去到国外跑生活的后浪，攻打老乡后裔时完全不留情面。公元425年，创建了最后一个匈奴王国的赫连勃勃去世，而匈奴人的老对手月氏人所建立的贵霜王国，也在同一年被嚈哒所灭，两个老对手同时退出了历史舞台。

嚈哒人的族源众说纷纭，其中一种说法认为他们是塞种人和大月氏人的后裔。西方史学家认为他们应该是匈奴西迁中的变种，所以一般称之为"白匈奴"。

月氏、匈奴、嚈哒，这不能不说是一种历史的宿命。

那些曾在历史上呼啸而来的游牧民族，春风吹过后，又在草原上呼啸而去，没有留下任何痕迹。

只有长安城外，那位少年英雄的陵墓前，"马踏匈奴"的石雕下，保留着一副匈奴人的漫漶面孔。

第三章

汉匈战争与河西四郡

将星出世

外交家：张骞、苏武、常惠、解忧公主

军事家：卫青、霍去病、李广、公孙敖、李陵、李息

经济学家：桑弘羊

史学家：司马迁

政治家：卫绾、窦婴、田蚡、主父偃、张汤、公孙贺、霍光

儒学家：董仲舒、公孙弘

这些是汉武帝时代的大臣。无论是张骞出塞、苏武牧羊、李广射虎、卫青长征的家喻户晓，还是桑弘羊的经济、司马迁的史学、张汤的法律、董仲舒的儒学的影响深远，都在历史上留下了浓墨重彩的一笔。历史似乎太过偏爱汉武帝了，他们中的每一个人放在之前或之后的时代都是中流砥柱，而群星却同时出现在汉武时代的天空。当汉武帝在建章宫的御座上看着这些济济一堂的人才时，一定像大获丰收的老农一样露出富足的微笑。

当然，在众多臣子中，他最钟爱的是霍去病。

公元前140年，这是刘彻成为皇帝的第二年，他创造了一个叫"建元"的年号。这是中国历史上的第一个年号，中国人的年号纪年从此开始。也是在同一年，两个婴儿出生了：一个叫苏武，一个叫霍去病。

那是在平阳公主府的一间小柴房里，一名叫卫少儿的婢女咬着一块柳木，悄悄地诞下了一名男婴。在古代生产力低下的环境里，生下一个男婴，全家人都要好好庆祝一番，卫少儿为何要躲在柴房里呢？《资治通鉴》中记载了这件事的起因："初，平阳县吏霍仲孺给事平阳侯家，与青姊卫少儿私通，生霍去病。"这个私生子就是后来鼎鼎大名的霍去病。

他的父亲霍仲孺是平阳县里一个没有品级的衙役，在平阳侯家里做事时，与府里的婢女卫少儿私通。这在当时是一种重罪，所以卫少儿只能躲在柴房里生孩子。然而，霍仲孺却在结束平阳侯府里的差役后，辞职躲回了老家。《汉书·霍光金日磾传》的记载是"仲孺吏毕归家，娶妇生光"。可见他回家之后又有了新欢，还结婚生了孩子。这个孩子就是霍光。虽然霍仲孺的品行我们不敢恭维，但就是这个小人物生下的两个儿子却几乎决定了西汉历史的发展进程。汉武帝临终时将霍光任命为四大托孤大臣之首，也许也暗含着对早逝的霍去病的追思。霍光在汉武帝死后权势滔天，把控着汉昭帝和汉宣帝时期的朝局，甚至决定了刘贺的废立，掌控着皇帝的生死。

霍去病小时候在柴房里啼哭的命运，就像是他舅舅卫青命运的延续。

卫家的女人似乎都不甘于平淡的生活，卫少儿就深受她母亲卫媪的影响。卫媪与丈夫生了四个孩子：长子卫长君、长女卫孺、次女卫少儿、三女卫子夫。卫媪后来成为平阳侯家中的奴婢，在后勤部门做事时，与平阳县的县吏郑季私通，生下了卫青。郑季倒是一个负责任的人，把卫青抱回自己家抚养。但郑季家里的其他成员并不接受卫青，将其当成奴仆一样虐待。卫青稍大一点后，不愿再受郑家的奴役，就跑到了母亲身边，做了平阳公主的骑奴。

公元前139年，卫青和霍去病的命运都被卫子夫改变了。卫子夫是卫青的三姐，霍去病的小姨。这年春天，汉武帝来到姐姐平阳公主家做客，公主为他准备了欢迎晚宴。汉武帝被歌女卫子夫的歌声迷得神魂颠倒，当夜就临幸了她。入宫后的卫子夫为多年无子的汉武帝生下了第一个儿子刘据，一跃成为天下最尊贵的母亲。身为卫子夫抱大的外甥，霍去病也在小姨夫汉武帝的膝下慢慢长大。汉武帝不仅是霍去病的君主，还是教他战略决策和军事眼光的老师。

在汉武帝膝下玩耍的霍去病，常常听到一个陌生的词——匈奴。他知道高祖刘邦被围困在白登山，文、景两位皇帝委曲求全采取和亲政策，都是因为匈奴。

十八岁，霍去病被汉武帝任命为票姚（意思是勇猛劲疾）校尉，跟随大将军卫青出击匈奴。这是霍去病的第一次出征，他从舅舅卫青那里获得了八百名"壮士"当作自己的属下。"壮士"相当于大汉帝国的特种部队，而霍去病在部队中是兵王的角色。随后，霍去病率领轻骑兵孤军深入数百里，匈奴军队从未见过这种不要命的打法，看到远处奔袭而来的红色战袍，以为是天兵降临，一接触就溃不成军。这是他第一次统兵，据《汉书》记载，"票姚校尉去病斩首捕虏二千二十八级"，并且俘虏了匈奴单于的叔父。

战后，汉武帝封霍去病为冠军侯（取勇冠三军之意），划南阳郡穰县、宛县的部分土地（今河南邓州境内）为冠军侯国。从此，大汉王朝升起了四百年内最耀眼的将星，失败的丧钟已经为匈奴而鸣。

河西之战

公元前121年，霍去病二十岁，汉匈河西之战拉开了帷幕。

河西走廊因位于黄河以西，南面祁连山、北面合黎山夹峙，故名河西走廊。它是中国内地通往西域的要道，具有重要的战略地位，但当时仍在匈奴的控制之下。匈奴横跨漠北，占据河西，联系青藏，对汉朝形成了半包围的态势。汉武帝为了打通去往西域的道路，割裂匈奴与青藏地区羌人的联系，决定展开河西之战。

此时，霍去病已经迅速成长为成熟的军事将领，不再需要舅舅卫青的保护。他再次率领骑兵团走出长安，成为这次战役的主角。

霍去病率精骑万人穿过陇山，渡过黄河，翻越乌鞘岭后，进入了河西走廊。他依旧采取突袭战法，长驱直入，在短短的六天内连破匈奴五王国。稍作停顿之后，越过焉支山（今甘肃山丹大黄山），急行一千多里，最终在皋兰山下（今兰州南部）遇到匈奴主力。霍去病借助地理优势，率领全军像山洪一样直接从山坡上俯冲下来，以弱势兵力重创匈奴，杀死匈奴折兰王、卢侯王，浑邪王、休屠王狼狈逃走，浑邪王子、相国、都尉等全部被俘。

史料记载，此役汉军共斩首八千九百六十级，并俘获了休屠王的祭天金人。后来，有些佛教徒为了把佛教传入中国的时间往前推，也为了蹭一蹭霍去病和张骞的影响力，就把缴获的祭天金人认作中国最早的佛像。如果真是这样，霍去病就是把佛教带入中国的第一人。

当时的霍去病当然不知道自己会有这样的功绩，因为他正在营帐里规划下一场战役。

为了彻底聚歼匈奴军队的有生力量，汉武帝再次命霍去病统军出击。为了防止东北方向的匈奴左贤王部乘机进攻，他又让张骞、李广等人率军北上，策应霍去病主力的行动。

曾在宫斗中救过卫青的公孙敖从北地郡（今甘肃环县）分两路进军。这显然是对公孙敖的照顾，可他在战场上历来都是一个灾将，专坑队友。上次他跟着卫青出征匈奴的时候，就因为错误指挥导致汉军大败，被贬为庶人。这次两军会战，公孙敖竟然因为迷路而未能及时与霍去病会合。霍去病怕延误战机，只好孤军深入，绕道河西走廊的北部，越过居延海（今内蒙古阿拉善盟额济纳旗内），过小月氏，迂回纵深一千多公里，最终抵达祁连山。接着以秋风扫落叶之势，大破匈奴各部，在黑河流域与河西的匈奴主力展开大决战。史书记载此战杀敌三万余人，生擒匈奴的河西五王、匈奴单于的正妻阏氏及王子五十九人，相国、将军、当户、都尉六十三人。匈奴右贤王部几乎全军覆没。

在这次战役中，霍去病培养的军事将领也逐渐崭露头角，如王昌龄在《从军行七首·其四》中提到的"黄沙百战穿金甲，不破楼兰终不还"的赵破奴，就因这场战役被封为从骠侯（意为跟随骠骑将军霍去病）。

再次劫后余生的浑邪王单骑逃回漠北，伊稚斜单于恼怒之下打算把他召回王庭给他去去病。浑邪王得到消息，当然知道这不是要给他去病，而是要他死。逃无可逃的浑邪王于是联合同病相怜的休屠王，筹划一起投降汉朝，他们派出使者请霍去病将他们的意愿转达给长安。汉武帝没想到有这样的意外之喜，担心是诈降，就派霍去病率大军迎接浑邪王和休屠王。

汉武帝误会了浑邪王。匈奴单于已经对他起了杀心，他的儿子也已被霍去病俘虏到长安城里去上汉字班，此刻他归心似箭，只想当一个慈祥的老父亲。听说自己的噩梦兼偶像霍去病来接他，浑邪王喜出望外。但他的某些部下却不开心，因为投降汉朝意味着要离开故土和亲朋好友，没有羊肉串和马奶酒的生活对他们来说是痛苦的。所以在汉军渡过黄河，抵达浑邪王大营附近时，部分匈奴人密谋逃跑。紧急关头，霍去病率部驰入匈奴军中，斩杀了企图逃跑的兵士。浑邪王再次为眼前的红缨将军所"倾倒"，随后他跟随霍去病前往长安，被汉武帝封为漯阴侯。他统领的四万余人成为汉帝国的附属民众，迁徙到了陇西、北地、朔方、云中、代五郡。

此战之后，汉朝控制了河西走廊，打通了中原通往西域的道路，实现了"断匈奴右臂"的战略目标，为进一步大规模反击匈奴做好了准备。

元狩四年（前119年），为了彻底歼灭匈奴主力，汉武帝集中了最精锐的十万骑兵，分别由大将军卫青、骠骑将军霍去病统率，出定襄（今山西大同附近）和代郡（今河北省蔚县）两路与匈奴进行会战。卫青虽然未能擒获单于，但歼灭和俘虏了匈奴一万九千人；霍去病歼灭左贤王全部精锐，俘虏匈奴七万余人，一直追到狼居胥山（今蒙古乌兰巴托东）后凯旋班师。这次漠北之战是大汉和匈奴规模最大、战场距中原最远，也是最艰巨的一次战役。

汉匈战争是中原王朝对战北方草原民族的首次全面胜利，战争以占据地理要点和消灭有生力量为目标，结构性地动摇了匈奴的军事能力。匈奴人丢失了水草丰沛、气候温和的河南—阴山和河西两大基地。这两个区域不仅是他们侵扰汉朝边境的根据地，还是重要的经济来源和战马产地，因此使匈奴丧失了军事腾挪空间和经济中心。他们远徙漠北苦寒之地，恶劣的自然环境导致人畜锐减。从此，匈奴再也没有能力对汉王朝构成大的军事威胁。

四郡的名称渊源

战争胜利之后，为了巩固胜利果实，汉武帝开始对河西走廊进行移民、屯田，并开始在水草丰茂、地势紧要的地方修建城市，河西四郡就此登上历史舞台。

河西四郡的命名多与霍去病有关，比如酒泉。酒泉，原名应该称作金泉。东晋的阚骃在《十三州志》上说："酒泉原名金泉，有人饮此泉水，见有金色，照水往取，得金，故名金泉。"

从这条文献可以看出酒泉黄金产量十分丰富，甚至不用淘沙取金，可以直接在泉水冲击成的河床上捡到狗头金。酒泉地区金矿储量确实丰富，北山地区的南金山金矿和小西乡金矿，南山地区的鹰咀山金矿都是富矿，黄金年产量能达到1.5万两。酒泉市下属的瓜州县是金矿最集中的区域，黄金储量排全国第6名，是甘肃省的"重点产金区"。

那么，金泉为什么又改名为酒泉呢？唐代的颜师古解释说"城下有金泉，泉味如酒"。清代的程世绥特别爱喝这种像酒一样的泉水，他在《酒泉》一诗中说"芬芳不减洞庭春""香甘一掬已陶然"。洞庭春是清代名酒，用它来比喻酒泉的泉水，实在妙不可言。

更多的人认为，酒泉的得名应该和"汉武御酒"的传说有关。

河西之战胜利之后，汉武帝大喜过望，特地派遣使者来到霍去病的军帐赐三壶御酒。霍去病认为功劳都是将士们的，自己不能独享，但御酒太少，分不了数万将士，于是将酒倒入"金泉"，与全军将士共饮泉水。这样的佳话传开之后，汉武帝为新建立的河西四郡定名时就将这个地方称为"酒泉"。

除了酒泉，武威的名字也与霍去病有关。西汉元狩二年（前121年），汉武帝派他远征河西，他率军翻越乌鞘岭，从武威境内开始连连击败匈奴，彰显了大汉帝国的武功军威，武威由此而得名。

元鼎六年（前111年），这是霍去病去世的六年后，为了加强河西走廊的建设，将武威郡的一部分独立出来设置张掖郡。张掖的名字取"张国臂掖，以通西域"之意。这个名字同样是汉武帝对霍去病的追思，纪念他开拓河西走廊的惊天一战，终于使大汉帝国可以舒展地张开手臂。

河西四郡的以上三郡得名由来比较清楚，且都跟霍去病有关。唯独敦煌的名字从何而来，在历史上一直是个谜团，引发了无数的争论。

敦煌在古代中国的历史上是那么耀眼，所以东汉应邵注解《汉书》的时候解释说："敦，大也。煌，盛也。"唐朝的李吉甫也仰慕敦煌的繁华，在《元和郡县图志》中进一步发挥道："敦，大也。以其广开西域，故以盛名。"然而，这是后来人对敦煌建郡之后繁荣景象的肯定，但在汉武帝的时代，敦煌是荒无人烟的无人区，它的由来一定有更古老的根源。

有人认为，敦煌得名来自"敦薨"一词。《山海经·北山经》中记载："又北三百二十里，曰敦薨之山……敦薨之水出焉，而西流注于泑泽。"学者考证认为泑泽就是今天的新疆罗布泊，古代由东向西注入罗布泊的河流只有一条，那就是源于祁连山，流经玉门、瓜州、敦煌的疏勒河，是古敦煌人的母亲河。所以"敦薨之水""敦薨之山"的地名都在疏勒河流域内，这与古代敦煌郡的地理范围刚好重合，因此"敦薨"可能就是敦煌名字的来源。专家们认为，"敦薨"很有可能是古敦煌当地民族语言中的一种称呼，汉朝建立郡县的时候，尊重当地居民的习惯，用汉语把"敦薨"拼成"敦煌"继续使用。

汉武帝的星链计划

武威、张掖、酒泉、敦煌四郡沿着河西走廊自东向西分布，它们的命名也反映了汉王朝对待疆域由近及远的态度。武威距离中原仅一山之隔，必须以强大的武力震慑，以保证帝国核心区的安全；张掖位于河西走廊中部，也是青藏高原和蒙古草原交流的通道，肩负重要的政治责任，是施展帝国政治手段的重镇；酒泉和敦煌是汉王朝建设共同体的示范区，两郡的命名不再以汉王朝为主导，而是积极接受和尊重当地的民族习惯和旧俗，表达了因地制宜地推进行政建设，促进民族和谐共建的期许。

汉王朝建立河西四郡之后，把中原的大量贫民迁移到河西，开始了西部大开发建设。这些移民主要是在内地缺地、无地的农民，他们是带着内地先进的农业生产技术到这里来的。那么河西地区的农业生产条件怎么样呢？河西走廊中部都是平原地形，平坦的土地让移民免去了平整土地的辛劳。祁连山是河西走廊的水塔，发育了石羊河、黑河、疏勒河等内流河，河网密布整个河西走廊，可以十分便利地引水灌田。河西走廊属温带大陆性气候，是全国光热资源最丰富的地区之一。基于这些条件，河西走廊很快发展出了成熟的灌溉农业，成为汉王朝的重要粮仓。

四郡的设立，使河西地区逐步由游牧区变成了发达的农业区，产业结构的转型和经济基础的改变对河西历史产生了深远影响。

四郡设置以前，在中国大地上，秦长城以南为农业区，以北为游牧区。蒙古高原、河西走廊、青藏高原有连续的畜牧带，匈奴可以翻越河西走廊两山之间的河谷地带与青藏高原的羌族联系，构成对中原王朝的包围圈，在长城沿线的任何一点都可以长驱直入。

河西走廊长达一千多公里，天然地从中间把青藏高原和蒙古高原区隔开，两侧还有高山作为隔挡，只要守住要害道路，两地就完全无法联系了。通过汉朝四百年的农业建设，河西四郡在经济基础和生活方式上分隔了同为游牧生活的匈奴和羌族的联系，这也导致两个民族群体逐渐走向各自演化的道路。后来，汉朝在敦煌又设置了阳关和玉门关，并将秦长城从令居（今甘肃省永登县）延伸到了罗布泊附近，进一步加强了隔绝的作用。这就是《汉书》中说的"断匈奴右臂"。

河西走廊的建设，也为新疆纳入中国版图提供了基础。四郡的农业发展，使汉朝农业区与天山以南的农业诸国相连，增进了新疆地区的民族认同感，后来天山以南的农业诸国都归附了汉朝。河西四郡的建设也把汉王朝与巴尔喀什湖一带游牧的乌孙地理位置拉近，从而结成了抗击匈奴的联盟。

河西地区与新疆毗邻，两者在政治、经济与文化上的联系是很密切的。敦煌在很长的一段时间内是整个西域的行政中心，比如东汉中期，西域校尉的办公室就在敦煌，行使着西域都护的职权。后来人手紧张的时候，直接由敦煌太守兼管西域事务。

埃隆·马斯克有星链计划，河西走廊上遍布的农业区、城市、长城也组成了密集的星链，为丝绸之路提供了交通、经济、军事等各方面的保障。河西走廊本身也成为陆上丝绸之路的主干道，是两千年丝路互动最频繁的地区。

敦煌在河西四郡中尤为重要，它日渐成为丝绸之路的分叉点和枢纽。季羡林先生曾说："世界上历史悠久、地域广阔、自成体系、影响深远的文化体系只有四个——中国、印度、希腊、伊斯兰，再没有第五个；而这四个文化体系汇聚的地方只有一个，就是中国的敦煌和新疆地区。"欧亚大陆上各个国家的文化因素都开始在这里汇流，造就了多元文化的敦煌。

第四章

天马传说与汉武帝的伟业

渥洼池里出天马

2011年3月,一个惊人的消息从江西省南昌市新建区大塘坪乡传出来:一座古墓被盗了!

文物考古工作随后紧锣密鼓地展开。一年后,人们知道了这座墓的主人——海昏侯刘贺。

刘贺是一个悲剧性的人物,他是汉武帝刘彻的孙子,西汉的第九位皇帝,同时也是西汉历史上在位时间最短的皇帝。这个悲剧还要从霍去病的弟弟霍光讲起。

元平元年(前74年),汉武帝驾崩十三年后,他的儿子汉昭帝驾崩,因为没有儿子,只好从侄子中挑选一位当皇帝。霍光为了能够控制朝局,选择了胸无大志的刘贺当皇帝。没想到刘贺成了皇帝之后更加荒淫无道,前任皇帝的灵柩还停放在前殿,刘贺就叫人在后殿里击鼓歌唱、吹奏乐器、扮演戏子。大臣们实在看不下去,霍光也迫于压力只好废黜他的帝位。当了27天皇帝的刘贺被废为庶人，史称汉废帝，这是一种极大的侮辱。

刘贺对此满不在乎，回家后依然我行我素。新任的汉宣帝怕霍光重新立刘贺为皇帝，让张敞监视刘贺的行为。张敞给皇帝的密折上是这样评价前皇帝的：荒淫、贪婪，言语举止形同白痴。

汉宣帝终于放心了，他封这个疯癫的叔叔为海昏侯，以显示他的仁慈和孝道。

当然，海昏侯也终于放心了。他是汉朝皇帝中最棒的演员，真是个"世人笑我太疯癫，我笑他人看不穿"。他通过一系列的装疯卖傻，终于从汉帝国的权力旋涡中逃了出来，把真相藏在了海昏侯墓。

截至2019年，墓室中出土了五千多枚竹简，包括《论语》《易经》《礼记》《孝经》《医书》等文献。果然，知识分子真是好演技！然而，为世人最津津乐道的却并不是他的学问，而是他的黄金。墓室中出土的金器超过115公斤，而最独特的是一种形状怪异的"马蹄金"，这种椭圆、底凹、中空、形似马蹄的黄金，与遥远的敦煌有关。

元鼎四年（前113年），刘备的老祖先中山王刘胜逝世，就在这一年，一个敦煌人带着一个故事和一匹马来到长安，汉武帝接见了他。

等汉武帝召集来群臣，敦煌人也开始讲起关于这匹马的故事。

原来，这个人是南阳郡新野县的暴利长（或许是官名），因为犯了罪，被官府发配到敦煌屯田种地。有一天，暴利长刚干完田里的农活，打算在田地一旁的渥洼池边休息一下时，一群野马也来到池边饮水。他躲在草丛里观察，发现野马群中有一匹神采奕奕的马，这匹马差不多有一丈高，浑身雪白，四蹄黝黑，嘶鸣的时候像龙吟一样响亮。

据敦煌当地传说，渥洼池的水底曾经跑出来一匹天马，难道就是它？暴利长十分想得到天马，当他绕到马群的后面，猛然朝天马扑过去的时候，马群受惊，一下子逃远了。

看着天马远去的背影，他才意识到自己的愚蠢：天马多么灵敏，又在马群之中，自己这么冲过去捉，如果没有套马杆，是不可能得到天马的。

回到家，他一直为自己的心急而后悔。要是还能再次遇见天马就好了，他这样想着，辗转反侧，一夜未眠。第二天在田里干活的时候，同样是中午，雪白的天马又来到渥洼池边喝水。原来这方圆几十里，只有渥洼池有清澈的泉水，天马每到中午就会来到这里饮水。摸清了天马喝水的习惯，暴利长开始谋划捉天马的计划。

一连想了几天，暴利长都没有头绪，因为天马灵性太强了，没有十足的准备，一定套不住它。要是这一次再失败，天马肯定不会再来渥洼池喝水了，所以必须想个万全之策。皱着眉头的暴利长继续去田里干活，等他除完田里的草，坐在田埂上休息的时候，看到两只麻雀站在稻草人的草帽上，正叽叽喳喳地叫。

嘿！我有主意了！

暴利长在路边割了一大捆芨芨草，当晚就开始扎稻草人。他技巧娴熟得就像一位优秀的雕塑家，天亮的时候，一个跟自己同等身高的稻草人就扎好了。

暴利长把自己的一件旧衣裳穿在稻草人的身上，还在稻草人的手里插上一根套马杆，趁天马还没有来到渥洼池边喝水的时候，就把稻草人插在泉水旁。

中午时分，天马又和众多野马朋友来到渥洼池边饮水。刚走到泉边，猛地发现泉边站着一个手拿套马杆的人，马群吓得回头就跑，跑了几里后，它们发现人并没有追过来。它们绕到泉水的另一边喝水，发现泉水对面的人一动不动。第二天来到泉水边喝水时，马群也看到了那个人，此后一连几天都是这样。

时间一长，天马的警惕性就减弱了，马群喝水的地方渐渐离稻草人越来越近。胆子大的野马发现了稻草人身上的苤苤草，甚至开始啃食露出衣服的长草，天马也渐渐习惯了稻草人的存在，时不时还会在稻草人的身上蹭痒痒。

这些天，暴利长也没闲下，他天天藏在芦苇丛中观察着天马的变化。当天马已经和稻草人成为朋友时，暴利长笑了，他知道捉天马的时机已经成熟。

第二天，暴利长起了个大早。他搬走渥洼池边的稻草人，给自己的身上绑了苤苤草，抹上一些马粪，又穿上稻草人穿过的那一套衣服，然后手拿套马杆，一动不动地站在那里，等着天马到泉边喝水。

天马如期而至，朝着老朋友稻草人欢快地走过来。暴利长屏住呼吸，双手紧握着套马杆，等待着天马雪白的脖子，只听蹄声越来越近，十丈，五丈，三丈……就在天马刚要在杆子上蹭痒的时候，暴利长的套索突然勒住了它的喉咙。天马终于到手了。

这是一个近乎完美的计划，当暴利长牵着马进城时，全城的人都异口同声地惊呼这匹马是天马。酒泉太守知道这件事之后，当即上报到了朝廷，并派遣暴利长亲自牵着马前往长安献马。（这时距离敦煌建郡还有两年，所以属于酒泉郡管理。）

汉武帝听了这个故事之后十分高兴，当即奖赏了暴利长和酒泉太守。这匹马成为汉武帝的坐骑，养在著名的上林苑中。张骞从安息（今伊朗）带回来的苜蓿种子已经长成，天马乐此不疲。

后来，汉武帝封禅泰山时捡到黄金，为了纪念"渥洼水出天马"的祥瑞，决定制造一批马蹄状的黄金。《汉书·武帝纪》中把这种黄金叫作"麟趾褭（niǎo）蹄"（褭代指马）。这种钱币形状一直被继承下来，唐代为了方便铸造，变成了实心的马蹄金；宋元时又变得更加规整形象；元代把它视作宝物，所以叫作"金元宝"，就是我们在影视剧中常常可以看到的那种货币，所以马蹄金是后世金银元宝的始祖。

马蹄金与汉武帝的心思

武帝改铸马蹄金，其实有非常重要的政治考量。天马作为政治性瑞兽，它是一种交通工具，所以代表着德行天下，也代表礼乐征伐自天子出，这显然是皇帝对诸侯王的一种警示。西汉自高祖以来，有不少诸侯王反叛中央，导致身死国灭。就在汉武帝出生的第三年（前154年），汉朝就发生了"七国之乱"，吴王刘濞、楚王刘戊、赵王刘遂、济南王刘辟光、淄川王刘贤、胶西王刘昂、胶东王刘雄渠七个宗室诸侯王，拒绝削藩，以"清君侧"的名义联兵反叛，后被周亚夫平定。

从汉武帝登基之初到宣布铸马蹄金的时候，史书记载诸侯王因为谋反、投敌、矫命、枉法、诅上、匿罪、弄虚、作假等罪名，被杀、夺爵、削国的人几乎年年都有。甚至，连卫子夫和太子刘据都被牵连。《汉书》中记载，太子被杀之后，与太子相关的其他犯人大多数被发配到了敦煌做苦役。这种现象暴露出西汉统治集团内部的矛盾重重，汉武帝在《天马歌》中就提到了"以征不服"。马蹄金铸成之后，汉武帝给每一位诸侯王都赏赐了。表面上是表达自己对敦煌天马的喜爱，其实是对诸侯王的再一次提醒。他要给诸侯王戴上马笼头了，这就是后来的"推恩令"。

这样看来，海昏侯获得大量马蹄金的原因就十分明显了。诸侯王是皇帝权力的潜在威胁，海昏侯可是直接当过皇帝的，汉宣帝的皇位从法统上来讲是从海昏侯那里继承过来的，这对于汉宣帝来讲，是极大的隐患。所以，即使他看到的海昏侯是个"傻子"，但毕竟这位前皇帝还活着，于是就赐给他大量的马蹄金以作警示。

从这一点来看，汉武帝似乎不是一个纯粹的宝马爱好者。那么，渥洼池出天马的事究竟是不是真的呢？

当然是假的！马怎么可能是从水里面出生？千古一帝的汉武帝又不是傻子，他当然不会相信暴利长拙劣的演技。但是，汉武帝为什么还是仔细听完了整个故事，并且把这个故事载入史册、大肆宣扬呢？

因为，暴利长带来的是一套"皇帝的新装"，而汉武帝聪明地把新装赐给了天下人。这是一个谎言，为了让这个谎言变成真的，所有人都开始说谎，所有人都成为这个谎言的编造者和组成部分。谎言的起源是因为需要。那么，汉武帝的"需要"是什么呢？

这个需要就是"张国臂掖，以通西域"。

暴利长是个聪明人，他从张骞和霍去病的足迹里十分清晰地读到了这个需要，这就像汉武帝困意十足，而暴利长正在敦煌为他绣制枕头，同时绣制了一段关于天马的美梦。

暴利长这么用心说谎，根源在于他的身份。史书记载他是南阳郡新野县人，《三国演义》里的刘备就是在新野县与卧龙岗上的诸葛亮相遇的，而在三百年前，暴利长犯罪了。究竟犯了什么罪，史书中并没有说明，河南人暴利长就被官府发配到五千里外的敦煌做苦役。

暴利长原来应该是个小官，但此刻却在敦煌的荒原里种田，他一定十分想回到故乡。当他在渥洼池看到一匹好马时，暴利长有了一个惊天的计划：和汉武帝一起说个谎。

他知道汉朝目前最缺的东西就是良种马，这是与匈奴作战时最重要的军事装备。另外，河西走廊此时已被汉武帝收入囊中，下一个目标就是西域。但插足西域总得有个由头，于是渥洼池水出天马的故事就被创造出来了。这个故事最后的定稿应该是酒泉太守写的，经过反复推敲，谎言终于编造得顺理成章，以保证在暴利长去长安时他也能争上一份功劳，否则他绝对不会允许治下的暴利长去犯欺君之罪。

果然，汉武帝一下子从故事里听出了精心谋划的痕迹，也当即奖励了这两个苦心说谎的人。汉武帝正致力于开拓西域，成就千古一帝的功业，所谓名不正则言不顺，他特别需要上天降下"天命"，为他的开拓提供神灵辅助。暴利长献来的天马，就像伏羲时代的龙马负图和大禹时代的神龟驮书一样。

因此，建章宫内，当暴利长说出这个谎言之后，没有人敢去揭穿。暴利长最终获得什么赏赐，史书并没有记载，但我们推想，暴利长大概会如愿以偿，由一名被流放的罪犯一下子变成了汉武帝的功臣。

兴奋的汉武帝还为这匹天马写下《天马歌》，诗曰："天马徕，从西极，涉流沙，九夷服……"意思是神马来自天赐，它体貌不凡、不远万里而来，投效王庭，意味着天下臣服。此后，天马成为汉王朝的一个鲜明的政治符号，被汉武帝不断提升它的政治作用，所以才有了汉武帝铸马蹄金的故事。

马文化从此成了河西文化的重要组成部分，在持续地发酵中，铜奔马诞生了。

1969年9月10日，甘肃武威新鲜人民公社新鲜大队第13生产队的村民正在挖防空洞，无意间发现一座有大量青铜俑的古墓。就在这座古墓中，出土了著名的铜奔马。

　　铜奔马是东汉青铜器，属于国宝级文物，是甘肃省博物馆镇馆之宝，也是中国旅游标志。奔马三足腾空、一足超掠飞鸟的瞬间，飞鸟回首惊顾，更增强奔马急速向前的动势，全身的着力点集中在超越飞鸟的一足之上，准确地掌握了力学的平衡原理，代表了汉代青铜制造的高超工艺水平。

　　为什么要持续编造这个谎言呢？因为这匹天马来自汉武帝刚刚获得的新边疆——敦煌。中国传统神话叙事在敦煌以及河西地区的持续发生，不仅表明河西已经成为汉帝国和汉文化的一部分，也代表着敦煌即将成为统治西域的战略中心。

　　后来在敦煌郡下面建县的时候，就把渥洼池所在的地方取名为龙勒县。古代一般把天子之马叫龙，龙勒的意思就是"天子之马的笼头"。马笼头是制服天马的宝器，汉武帝的目标已经昭然若揭。

李广利的惨胜

失我焉支山，
令我妇女无颜色。
失我祁连山，

使我六畜不蕃息。

这是远走他乡的匈奴人在漠北草原上传唱的一首歌。祁连山对于匈奴人太重要了，然而，这里辽阔的草场已经成为大汉的领土。汉武帝终于有了一块可以养马的宝地，却没有好马。中原地区的马大多体形矮小，只能用作劳力，不能用来打仗。汉武帝的天马确实不错，但只有一匹，不能繁殖，所以他迫切需要更多的好马。

出使过西域的张骞告诉汉武帝，在大宛国（今费尔干纳盆地，位于乌兹别克斯坦、吉尔吉斯斯坦交界地区）他曾经见过一种马，这种马的耐力和速度都十分惊人，一日能行千里，因为奔跑之后会从肩膀附近流出像血一样的汗液，所以叫作"汗血宝马"。汉武帝打算用它来改良汉朝军队的马种，从而组建强大的骑兵。

公元前 104 年，儒学大师董仲舒逝世，与此同时，一队汉朝使者携带大量财物和一匹用黄金铸成的金马前去大宛国换取汗血宝马。也许大宛国国王是这样想的：毕竟汉朝距大宛太远了，中间还隔着沙漠和高山，而匈奴人就在北边的草原上，如果拒绝了汉朝的交易，麻烦不会马上来；可是惹恼了匈奴，自己的头也许就会像月氏王的一样变成酒杯。所以，大宛国王拒绝了汉武帝。

不合作倒罢了，也不知大宛国国王脑子里的哪根弦不对，自从见了金马之后就心生强烈的占有欲，在汉朝使者回国途中，金马竟然在大宛国境内被劫,汉朝使者也被杀害。汉武帝闻之大怒,当即下令汉军征讨大宛国。

大宛国国王正在自己的王宫里把玩金马时,汉朝的军队已经开拔。他以为有塔克拉玛干沙漠和葱岭的阻拦,汉军无法到达大宛,但他似乎低估了汉武帝有仇必报的决心,也忘记了十几年前霍去病从草原上呼啸而过时匈奴人惊恐的表情。

汉武帝在大怒之下决定出兵,可在派谁为主将的问题上犯了难。十五年前,飞将军李广自杀;十三年前,天才少年霍去病逝世;两年前,小舅子卫青病逝。此时的汉武帝已经没有独当一面的主将了,迫于无奈,只好选择自己的大舅哥李广利。

李广利就是海昏侯的亲舅姥爷,因为妹妹李夫人的关系,他获得了出征大宛的差事。汉武帝是一个对自己老婆家的亲戚极好的人,他疼爱自己的大舅哥李广利就像疼爱小舅子卫青一样。赵破奴曾经率领七百骑兵就攻破了西域强国楼兰,霍去病带着一万骑兵攻打匈奴的时候简直就像放羊。大宛是个小国家,汉武帝给李广利正规军六千人和刑徒数万人征讨大宛,想让李广利借这次出征积累战功,从而拜将封侯。

可是,李广利并不是霍去病,也不是赵破奴。

李广利从敦煌集结出发,沿途经过西域的时候,发现各国并没有像他想的那样看到汉军就瑟瑟发抖,而是纷纷关紧城门,拒绝为汉军提供任何补给。汉军行军的过程苦不堪言,李广利无奈,只能率军攻打一些较小的城池,从而暂时获得补给。

这些城池与李广利无冤无仇，却遭到了汉军的洗劫。西域各国听说了这件事后，纷纷拒绝李广利所率领的汉军，汉军陷入了被抵制、围困的泥潭。汉军在攻打小城的时候，也急速消耗着有生力量，当他们抵达大宛边境时，活活像个乞丐军团，个个饥肠辘辘、疲惫不堪。大宛军队依托地形，展开顽强抵抗。李广利军事能力平庸，再加上劳师远征，军队伤亡惨重。汉军只能狼狈班师，匆匆撤回敦煌。

失败的消息传来，武帝震怒，摊上一个这样的大舅哥，汉武帝的晚年一直处在期待、震怒、失望之间，身体越发不好。李广利本来想回到长安的，可汉武帝实在不想看到他，更不想看到大臣们对他偏袒李广利却没有战果的嘲笑。于是派使者挡住玉门关，命令李广利不拿下大宛，不准回家。李广利无奈，只好先住在敦煌反思自己。

为了汗血宝马，也为了李广利的名誉，汉武帝又征调士卒、民夫十万人在敦煌集结，命李广利率军再征大宛。就在这一年（前101年）的年初，赵破奴被匈奴击败，两万骑兵精锐全军覆没，此时的汉军骑兵所剩无几，财政也开始吃紧。所以大多数朝臣不同意再征大宛，但汉武帝再一次显现出他作为战略家的眼光。

汉武帝的目标从来都不是小小的大宛，而是整个西域。此时的汉王朝十分需要一次招摇的行军和漂亮的胜利来展示肌肉。一旦征服大宛，西域就会在匈奴和大汉之间的权衡中站到汉王朝这一边。

为了保证行军补给和战争的胜利，汉武帝先后征集了十万头牛及四万匹骡马，用于运输军器粮草。在长安城里当后勤大队长的时候，汉武帝一定十分想念霍去病，如果霍去病在，他会像一道闪电一样出现在葱岭的山坡上，而他的后勤部长就是大宛国王。没有对比，就没有伤害。

不过人多也有一个另外的好处，就是气势看起来浩浩荡荡。这对于西域小国来讲，很有威慑力，因为这次走在路上的汉军兵力比一个西域小国的人口还要多。他们再也不敢抗拒汉军，沿途城市纷纷打开城门，为大军提供粮食和水源。只有轮台城（今新疆轮台县东南）听说是李广利领兵，还要抗拒。可轮台城的军队数量都没有汉军的厨师多，所以被汉军轻而易举地攻破。西域各国听说后，再也不敢抵抗，汉军顺利抵达大宛边境。

李广利打败大宛边军之后，直扑大宛国都。汉军切断城外水源，依仗优势兵力，从城墙全线围攻。大宛国从来没有经历过这样的场面，为了让汉军退兵，大宛贵族杀了国王，派遣使者拿着国王的头和金马到李广利的营帐里请求投降。

李广利受降后，立大宛贵族昧蔡为王，挑选了三千多匹汗血宝马之后率军回国。虽然李广利最终取得了战争的胜利，但由于路途遥远、连续征战和水土不服等因素，最终牵着马回到敦煌的兵卒只有十之二三。

汉朝的"马联网"

李广利是汉武帝国的败家子，几乎花光了桑弘羊好不容易积攒出来的家底，却仅仅带回来一些战马而已。因此，诗圣杜甫在《兵车行》中感叹道"边庭流血成海水，武皇开边意未已"。唐代诗人李颀也讽刺说"年年战骨埋荒外，空见蒲桃入汉家"。汉武帝征伐西域，真的只换来宝马和葡萄吗？

虽然大宛之战牺牲巨大，但这是汉军对西域的一次"杀鸡儆猴"。汉武帝时期的亚洲大陆与美苏争霸时期的国际形势十分相似，西域小国在汉匈两大军事阵营的夹缝中生存，养成了"墙头草"式的外交策略，谁强大就倒向谁。大宛之战后，西域各国纷纷认汉王朝为带头大哥，汉王朝开始有计划地在西域驻军、屯田。强大的军事和经济实力不仅保障了丝绸之路的畅通，也为后来汉宣帝时期西域都护的设置打下了基础。

就在李广利第一次出征大宛的四年前，汉军灭掉了卫满朝鲜，在朝鲜半岛建立乐浪郡、真番郡、临屯郡、玄菟郡四郡，这显然是对河西四郡的模仿。从此，汉王朝自东向西拥有朝鲜、中原、河西、西域，对北方的匈奴形成长达六千多公里的包围圈，一改汉初匈奴对汉王朝形成的青藏—河西—蒙古包围圈的局面。这是一次伟大的战略胜利，而这个战略的核心就是敦煌所在的河西地区。自此，汉帝国终于算是张开了朝鲜和河西这东西两条臂膀。

除战略意义之外，马的引进也深刻地塑造着中国的历史面貌。

汉王朝获得了优良的马种，祁连山的草场也终于有了用武之处。自霍去病之后，山丹军马场诞生了，它依托于地跨甘青的大马营草原，开始肩负起为中原养马的历史重任。自原苏联顿河军马场解体后，山丹马场的规模占据了世界第一的位置，至今仍然是中国良马的培育基地，是世界上历史最悠久的马场。

从汉朝开始，历代都对河西养马的事业十分重视，甚至还制定了专门的马政。

交通工具的变革往往是一个新时代开启的先兆，如同第一次工业革命的代表是蒸汽机一样，马作为古代最重要的交通工具，它的优劣很大程度上决定了古代社会发展的水平。交通行业是一个具有强链接属性的行业，它的每一次技术进步往往会迅速影响整个社会。在没有蒸汽机的古代，马的速度就是社会速度的上限，如同互联网世界的带宽一样，优良的马种是降低时延的最佳方案。

从这个角度上来讲，河西走廊类似于汉朝的互联网基地，它培育出大量的良马，成为交通行业最新鲜的血液。强大的移动能力，不仅保证了汉武帝国辽阔疆域的政治军事控制和国家安全，维系了边疆民族团结和社会稳定，而且促进了各国及帝国内部各区域之间经济、文化上的交流和互鉴。这样的频繁互动，加速了中华民族的融合，促进了以汉文化为核心的国家共同体建设，引发了丝绸之路烈火烹油的时代。

为了进一步巩固"西域战略"的成果，汉王朝在从兰州到敦煌，再从敦煌至天山南北的沿线修筑长城、驿站、兵营、烽火台，并遣兵戍守。如此巨量的工程在几十年间就初见规模，可见汉王朝也是基建狂魔。这些基建设施就像今日之高铁一样，把触角深深地嵌入西域的各个角落，西域各国围绕着这些基础设施也发生着巨大的社会变革。

这些长城、烽燧、驿站，既是锋利的矛，也是坚固的盾。它们用文化和经济之矛，向世界展示了汉王朝的魅力和实力；用军事和政治之盾，守卫祖国疆土，保证了丝绸之路的畅通与安全。

而在众多丝绸之路的驿站中，最具代表性的就是悬泉置。

第五章

悬泉置里的汉帝国

大汉边境国宾馆

1987年，莫高镇的古墓群部分区域已规划用于敦煌机场建设，何双全正在考古现场紧张地工作。8月15日，敦煌市博物馆荣恩奇馆长告诉何双全，他们发现一处新的遗址，邀请他一同前往。几个人好不容易在敦煌的戈壁滩上找到遗址，可整整一个下午都没有发现文物的痕迹。

三天后，敦煌刮了一场大风，我们考古学界有句谚语：西北风里有文物。

何双全当即又去现场查看，果然就捡到了丝绸碎片，从而揭开了丝绸之路的一个微观世界。

因为敦煌当地文物部门力量薄弱，还没有条件发掘和看护大量的野外遗址，所以何双全和荣馆长只能封锁消息，留待以后再说。两年后，他们乘着一场大风再去考察，发现遗址的上面已经有了5个盗洞。时不我待，他们立即上报国家文物局，请求抢救性发掘。1990年6月，发掘文物批复下发到了甘肃省。

甘肃省考古队是在11月11日开始发掘的，何双全只记得那天寒风瑟瑟，天冷异常。他们头上裹着敦煌农妇平时干活用的花头巾，身上穿着军大衣，窝在一棵稀疏的骆驼刺后面避风。我们现在都把这天叫光棍节，而每年的这一天，何双全也常常想起二十年前的寒冷和期待。

两年的发掘，遗址的全貌逐渐在荒凉的戈壁滩上显露出来，通过对出土简牍的整理，我们知道了这个遗址的名字——悬泉置（图3）。

为什么叫"悬泉"呢？《西凉录·异物志》中记载："汉贰师将军李广利西伐大宛，回至此山，兵士众渴乏，广乃以掌拓山，仰天悲誓，以佩剑刺山，飞泉涌出，以济三军。人多皆足，人少不盈。侧出悬崖，故曰悬泉。"原来，这眼泉的诞生与李广利有关，当年李广利征服大宛回国，行军到这里的时候已经离开敦煌两天了。士兵们很久没有水喝，焦渴难熬，于是李广利一掌劈开山崖，对天起誓求水，这样看来，李广利简直是中国铁砂掌第一人。发完誓之后，他取出佩剑刺在山崖上，泉水就从山崖里涌出来，三军喝了个水饱。因为水是从山崖里悬空流出来的，因此叫作悬泉。

我们当地人一般把它叫作吊吊水，因为峡谷内风景优美，又位于敦煌和瓜州的中间，所以成为当地人游玩的胜地。上面这条史料还记载了一个十分神异的现象：人多的时候，水流就多；人少的时候，水流就会变少。这当然是骗人的，我在峡谷里穿行过很多次，从未见过这样的神迹。悬泉水是地质断层溢出来的水，之所以一时水多、一时又水少，其原因是丰水期和枯水期的变化，夏天的时候经过丝绸之路的人多，悬泉刚好是丰水期，冬天则刚好相反，所以才有了这样神奇的记载。

"置"则是汉代邮驿系统的一个行政单位，汉代的政策一般是五里一邮，十里一亭，三十里一置。在丝绸之路上密布的邮、亭、置，像一个个信号基站和快递服务点，是区域的信息和物流的集散中心，从而组成丝绸之路发达的神经网络。自汉武帝从西域引进良马之后，河西地区的军马大量繁殖，这个系统也开始飞速运转，保证了中原王朝对边远地区的管理和控制。

最能反映丝绸之路邮驿盛况的，就是出土于嘉峪关新城魏晋墓中的《驿使图》，它现藏于甘肃省博物馆，是镇馆之宝。画面中有一位信使，左手举木牍文书，右手握着缰绳，驿马四蹄腾空，看来是一份六百里加急的书信，信使却稳坐马背，反衬出驿马速度的快捷与信使业务的熟练。有趣的是，图中的驿使脸部的五官中独独缺少了嘴巴，专家们认为这表达了驿传保密的重要性。邮驿作为中国传统通信组织，是现代邮政的前身之一，这幅图生动地再现了当时丝绸之路上驿使驰送文书的情景。

除传递消息和物流的功能之外，悬泉置还有丝路住店服务和外交接待功能。《后汉书·西域传》中谈到，设置驿站的规则是"列邮置于要害之路"，要害之路就是东西交通必经之地。从西域到长安路途遥远，再加上这一路刚好是中国荒漠、戈壁集中分布的地区，在古代的交通条件下，丝绸之路的正常运转需要沿途提供物资补给。为了官员们出差的方便，为了军队行军的物资供应，为了西域各国与大汉的交流，汉王朝就在丝绸之路上那些有水源、交通便利、能遮风蔽雨的地方修建了驿站，悬泉置应运而生。

从目前发掘的结果来看，悬泉置由坞院、马厩、房屋及附属建筑构成。其中坞院总面积2500平方米，平面呈方形，门朝东，四周是边长50米的高大院墙，东北与西南两角各设角楼一座。院内有房间27个，大小不等，有的供来客住宿，有的是工作人员的办公区。院旁还有马厩、库房和厨房。专家们认为悬泉置常驻人员有三十几位，养马40匹，专用于传递文件的马车10—15乘、牛车5辆，库房存粮大约7100石，一次可接待500人左右。

由此可以看出，悬泉置内部生活设施齐全，自成系统，是敦煌官方的招待所。它始建于汉武帝在敦煌设郡之后，敦煌郡负责监督管理重大接待事务，效谷县为它供给后勤物资，具体工作则由置啬夫负责（"啬夫"是基层小官吏的统称）。整个机构管理制度相当完善，食物出入库都有记录，如果有采买和库存不匹配的，敦煌郡还要派"纪检干部"查证是否存在贪污腐败的现象。悬泉置管理者良好的记账习惯，为我们了解汉代生活，提供了珍贵的证据。

作为官方驿站，从目前出土的文物来看，悬泉置仅服务于汉朝和西域各国的公务员，尤其是接待过很多西域使团，如鄯善（楼兰）、精绝、于阗、康居、莎车、疏勒、龟兹、且末、小宛、焉耆、渠犁、尉犁、扜弥、乌垒、车师等，几乎囊括了西域三十六国。可以说，悬泉置就是汉朝外交部西北办事处兼大汉边境国宾馆。

敦煌作为古代中国最早的对外开放城市，也是汉朝西部大开发的北大仓，经济实力应当不俗。悬泉置作为敦煌郡的接待服务中心之一，从出土简牍的记载来看，其建筑设施和物资配备规格颇高，是汉王朝综合国力的缩影。丝路漫漫，每当西域使团喝了数月的西北风之后来到敦煌，悬泉置温暖的灯火就在眼前，这是他们期待已久的停泊之处，所有需求一应俱全，无须抵达京师长安，大汉的天威和国力就已深入西域的人心。

"臣不敢望到酒泉郡，但愿生入玉门关。"我们也终于能够理解在西域劳苦半生之后的班超，思恋故乡时的感叹了。

公元102年，班超终于回到祖国。三十年前，他跟着大将军窦固出征匈奴，就在悬泉置的那个夜晚，他抱着宝剑彻夜难眠。明天就要出敦煌了，这是他第一次丢下毛笔，他的内心充满建功立业的激动和喋血疆场的恐惧。当他再次回到悬泉置的时候，满脸沧桑的定远侯已经找不见当年睡过的那个土炕，因为悬泉置刚好在他来之前废弃了。

两千年后，在悬泉置的垃圾坑里，考古人员发掘出大量的文物，共计7万件，其中汉简3.5万枚，有文字的2.3万枚，一时震惊世界。这些汉简的内容十分丰富，包括了两汉时期社会生活的各个方面，是十分重要的研究材料。

下面，我们先从一封信和一部法说起。

公主的信

公元前 52 年，恺撒征服高卢，开始准备写他的名著《高卢战记》。同年 2 月的一个傍晚，悬泉置的长官"弘"收到了一封来自乌孙的信（弘是公元前 63 年—前 45 年在任的悬泉置长官，汉简中并未记载其姓氏）。

乌孙原来也是居住在敦煌的草原民族，月氏在秦汉之际崛起的时候将他们赶到了西域。汉朝为了联合乌孙对抗匈奴，积极与乌孙和亲，此刻"弘"手中的信就是解忧公主的家书。

"弘"立刻叫醒悬泉置的驿使（物流骑手）朱定，让他赶紧备马启程送信，朱定连夜将信送往下一个驿站。"弘"失神地听着远去的马蹄声，长长地舒了一口气。

不久后，汉宣帝收到了姑奶奶解忧公主的信，长罗侯常惠是解忧公主的老朋友，当他在一旁读到"年老思故乡，愿得骸骨归汉地"，顿时老泪纵横。

公元前 100 年，常惠和解忧公主在长安城的门口依依惜别，历史的考验同时降临到两个十几岁的少年身上。就是这一年，苏武手拿着汉朝的持节，正打算出使匈奴，身后跟着的是使者常惠。也是这一年，汉武帝的侄女解忧公主坐着花轿，正要出发前往乌孙，成为一位和亲公主。

其实早在八年前，汉武帝已经把细君公主嫁给了乌孙王。但是久居长安的刘细君适应不了西域的环境，七年之后就病逝了。细君公主没有完成国家使命，于是汉武帝又把楚王之女刘解忧嫁给新的乌孙王军须靡。那个时候，没人会问刘解忧愿不愿意嫁给一个散发着羊膻味的乌孙老头。历史的宏大叙事下，一个女人的感受显得那么微不足道。当解忧公主歇脚在悬泉置，度过在汉朝土地上的最后一个夜晚时，只有守在这里的置啬夫才能读懂她眼中的不舍和忧愁吧。讽刺的是，满腹忧思的她，名字叫作刘解忧。

十九岁的刘解忧即将住进充满马粪味的帐篷里，只是为了解决叔叔汉武帝的忧愁。更不幸的是，她的夫君没过几年就病逝了。草原民族的王位多是兄终弟及，兄弟不仅要继承哥哥的王位，还要继承自己的嫂子，所以解忧公主又嫁给了堂弟翁归靡。

好在翁归靡非常宠爱解忧公主，两人生育了三儿两女。因为解忧公主的努力，在翁归靡时期，汉朝与乌孙的关系发展到顶峰，乌孙也成为西域最强大的国家。匈奴忌惮乌孙的崛起，联合车师共同侵略乌孙，解忧公主向汉昭帝上书请求支援，不巧正遇上皇帝驾崩。等汉宣帝即位之后，打算派人前去乌孙探查情况，他想到了常惠。

常惠跟随苏武出使匈奴，结果一起被扣留，在北海边跟着苏武放了十九年的羊之后，终于被释放回到长安。草原上的寒风磨砺了他坚韧的意志。此时，他已经成长为大汉帝国最优秀的外交使者之一。

公元前72年，常惠出使乌孙。分别二十八年之后，曾经无忧无虑的青丝变成了苍苍的白发，两位饱经沧桑的老人肩负着沉重的国家使命在异国他乡相遇。

执手相看泪眼，竟无语凝噎。

乌孙形势紧迫，来不及与解忧公主互诉衷肠，常惠立即上书求援。汉朝出兵十五万，常惠亲自带兵与乌孙王一起击败了匈奴。经此一役，常惠展现出极高的军事天赋，解忧公主在乌孙国的威望也到达了顶峰！

乌孙和汉王朝在解忧公主时期互动十分频繁，两国交流的书信进入敦煌之后，全部经过悬泉置储存和转发。在悬泉置出土的简牍中，有19枚的内容涉及乌孙，其中最重要的就是《长罗侯过悬泉置费用簿》。常惠是悬泉置的常客，这是他在悬泉置一次请客的账单。账单上记载，常惠吩咐置办了牛、羊、鸡、鱼、酒、豉、粟、米各种食品。专家猜测这应该是一次喜宴，是为相夫公主准备的。刘相夫是解忧公主弟弟的女儿，汉宣帝打算把她嫁给解忧公主的儿子元贵靡，常惠带着她来到了悬泉置。

翁归靡去世后，他的侄子泥靡即位，按照习俗解忧又嫁给了侄子。这时的解忧已经五十多岁了。后来在汉朝的干预下，解忧的儿子成了乌孙之王，不过在位没多久就去世了。

打从汉武帝时期解忧初嫁，到如今汉宣帝甘露初年，她在西域已经生活了五十年。在远隔千里的草原上，她经历了四朝三嫁，为国家的前途做了巨大的牺牲，当年是粉白玉嫩的及笄少女，此时已是鸡皮鹤发的老太婆。

乌孙境内再也没有牵挂之人，老太太只想落叶归根，于是上书请求回国。汉宣帝接到信后，再次派常惠前往乌孙接她回家。红颜离家，皓首归来，解忧公主在去国五十年后（前 100 年—前 51 年），终于被老朋友带回到故乡长安。悬泉汉简也记载了解忧公主归国的路线。

汉武帝的历史，不仅仅是卫青、霍去病、李广等铁血男儿的喋血疆场，也不仅仅是张骞、苏武、常惠等柱国栋梁的夙兴夜寐，同时也是细君公主、解忧公主等红粉佳人的合纵连横。英雄建功的鲜血与美人思乡的热泪，共同写成了汉武雄风。她们将汗水与青春洒在异国，却将心留在了故乡，是大汉帝国温柔的脊梁！

公元前 49 年，解忧公主在长安逝世；同一年，曾经和解忧公主共同维护西域安全稳定的大汉第一任西域都护郑吉逝世；一年后，汉宣帝逝世；三年后，常惠逝世。这四个人的接连去世，代表着汉朝历史上的"孝宣之治"到此结束，西汉的疆域、经济、文化达到顶峰之后，迎来漫长的衰落期。同时，西域和河西走廊的荣光也开始暗淡，甚至遭受了"三绝三通"的跌宕历程。

汉朝的环境保护法

公元前 45 年，就在常惠逝世的第二年，王莽出生了。

王莽这个人和他所建立的新朝，在历史上充满了争议。他本来是一个道德高尚、学识渊博的完美儒家，可他当上皇帝之后，为了解释权力的合法性,又陷入了托古改制的迷狂。有人认为他是巨奸大盗,也有人认为他是中国历史上第一位社会改革家,胡适甚至认为他是中国的第一位社会主义者。

这种两极分化的评价,暗示了王莽所创造的是一个混沌的时代。连白居易都感叹道,如果在元始五年(公元5年)的时候,王莽得一场大病去世,他将在历史上留下一张完美的面孔。

那么,我们就来到元始五年的朝堂上,来看看王莽递给姑姑王政君(当时的皇太后)的一份奏折。

"我承蒙皇帝和百姓的错爱,担任安汉公的重任,不敢懈怠。我看到百姓们常常违背天时劳作,随意砍伐山林、捕捉鸟兽,因为不顺应自然规律,虽然勤勤恳恳,但终年没什么收获。想到这里我心痛得吃不下饭,熬夜制定了不违农时的环境法规,请求颁布全国。"

"可",这几乎是王政君给王莽提出的施政建议的统一回复,她实在太喜欢这个侄子了,其他王家的亲戚仗着外戚的身份横行霸道,而这个侄子不仅孝顺,还具有极高的道德标准和聪明智慧,给王家长了脸面。

于是,这份诏条以皇太后的名义颁布,通行全国。

今天我们能够知道这份诏书,也是因为悬泉置。1992年,悬泉置考古工作进入了尾声,就在考古人员清理坞院东北角办公区的时候,发现草泥的底部有墨书的痕迹,这样的碎泥一共有两百余块。为了探清上面究竟写了什么内容,考古人员将泥块整体封存。回到兰州之后，6个人用了半年的时间才完成拼合，再用汉代敦煌传统牛粪和泥的办法黏合复原，这就是著名的《使者和中所督察诏书四时月令五十条》，简称四时月令五十条。

原来这份诏条是写在悬泉置办公室的土坯墙壁上，类似于村集体的政策展示栏，是两千多年前"制度上墙"文化的珍贵资料。王莽和王政君的对话就写在诏条末尾，我们这才得以知道王莽政策在民间运行时的生动细节。

所谓"四时月令"，就是在春、夏、秋、冬四季和每个月份的法令，记录的是一年四季生产、生活中人们需要注意的禁忌和事项。王莽从"四时月令"中选出最重要的五十条，内容是对先秦和秦汉时期"天人合一"思想下人与环境和谐相处的总结，对于指导民间社会活动有很强的操作性。其中，甚至还有指导怎么生孩子的，比如在惊蛰期间不能生孩子，否则"必有凶灾"。四时月令中最独特的内容就是关于生态资源保护的规定。

王莽十分关心森林覆盖率和水土流失的问题。在春、夏两季的规定中，多次出现"禁止伐树""毋焚山林"等词，因为春季、夏季都是林木生长的季节，如果此时砍伐树木，会打破森林的生态平衡。只有在秋季，才有了砍伐树木的许可，但砍伐的时候只能选择枯树或枯枝，不能砍伐大树。这就有效地保护了森林的持续利用，不至于破坏区域小环境。

王莽还十分关心动物资源和生物链。春季是动物繁殖、鸟类回巢的季节，诏条规定不能摘鸟巢、掏鸟蛋和捕杀动物幼崽。每当读到这条月令时，我的后背就会蓦然生出一丝寒意。小时候的生活是十分寡淡的，记忆中鸡窝里的蛋从来不会用来炒菜，因为蛋是换学费的重要经济来源（一个蛋一毛钱）。好在我和小伙伴们都有敏捷的身手，总能在春天的鸟窝里摸出蛋来煮着吃，抚慰乏味的童年。直到七岁的一天下午，我爸在灶台下发现了鸽子蛋的蛋壳，老牛皮制成的皮鞭落在我浑圆的屁股蛋上。从此，我再也不去爬树，故乡丛林里又焕发出生机。后来，母亲煮了一颗硕大的鸡蛋给我吃，父亲似乎也完成了王莽交给他环境保护教育的任务，这分明是中国古代自然精神的千年延续。

作为西汉行政体系中的边疆基层组织，悬泉置把汉朝官方的"生态环境保护法"，书写在了办公室的墙上。两千年后，悬泉置墙壁上的墨迹虽然已经漫漶不清，但与自然和谐相处的生活方式依然在谆谆教诲中得到承传。

虽然这部环境保护法减缓了敦煌自然环境的恶化，但随着敦煌人口的逐渐增加，开垦的屯田超出了绿洲的承载量，环境还是逐渐沙漠化了。悬泉置的一枚木牍上记载："二月中送使者黄君，遇逢大风，马惊折死一匹。"这是说官府派人去执行公务，在路上突然遭遇风沙，车子被刮坏，马也受惊跑丢了，可见当时已经从汉初的水草丰茂变成飞沙伤人了。悬泉置的考古地层中，在地面以下约0.8米、1.2米、1.4米处都发现了厚达1厘米左右的黄沙层。所以专家推测，在汉代，大约每隔五年，此地就会有一场大规模的沙尘暴，这从侧面印证了这条记载。

由此看来，敦煌的历史，也是一部环境的变迁史。

汉王朝的数据库

敦煌的沙尘暴一次次袭来，从戈壁上漫天而过的时候，沙子总会窜入我的头发和鼻腔。我所守护的敦煌石窟壁画也在经年累月的黄沙磨砺中日渐暗淡，最令人忧心的是沙尘暴的天气在敦煌越来越频繁，牵动着每一位文物人的心。

有趣的是，有时候风沙过后，汉长城的墙根下会吹出来一些汉简，因为它们往往是在流沙里被发现，所以历史学家就把它们称为"流沙坠简"。敦煌所在的酒泉市被称为"中国简牍之乡"。

我们简要梳理一下这里简牍的发掘情况：

1907年和1914年，斯坦因在敦煌考察，于长城沿线挖掘出3000余枚；

1930—1931年，中瑞合组的西北考察团成员贝格曼在居延地区发掘出10200枚；

1973年，甘肃省考古队在居延地区发掘出19637枚；

1977年，在玉门花海乡出土103枚；

1979年，在敦煌马圈湾烽燧出土1200余枚；

1981年，敦煌博物馆在党河乡发掘出76枚；

1986年，甘肃省考古研究所在居延地区发掘出近2000枚；

1986—1988年，敦煌博物馆在文物普查时，在汉代烽燧发掘出 137 枚；

1990 年，敦煌博物馆在清水沟发掘出 41 枚；

1990—1991 年，甘肃省考古研究所在悬泉置发掘出 35000 余枚。

截至目前，中国简牍史上著名的居延汉简、敦煌汉简、悬泉汉简、玉门汉简等相继被发掘。全国出土的有字汉简约 8 万枚，仅酒泉市境内就出土了近 6 万枚，占全国出土量的 82%。这些汉简除 3000 枚左右藏在大英图书馆，1.1 万枚收藏在中国台北之外，其余全部藏在甘肃。甘肃所存汉简具有极高的学术研究价值，其中以敦煌汉简的存量及内容最为丰富，涉及汉代政治、经济、军事、法律、中外交流、民族关系等各个方面。

司马迁的《史记》、班固的《汉书》、范晔的《后汉书》为我们记载的是大人物的历史，是宏观的汉朝和丝绸之路。在这种宏大的叙事背景下，敦煌仅仅是一个被折叠了的词，一个边境上的小城。在敦煌汉简中，敦煌却是一个丰富、宏大、多元、鲜活的世界，而悬泉置就像汉代的马六甲一样，它把宏大的丝绸之路清晰且深刻地落实到一个具体的点上来。汉简里的历史是小人物的历史，丝绸之路不再是《史记》里张骞的功绩，而是千万人为了生计走出来的一条生存之路，丝绸之路的每一个变化都关乎他们的生死存亡。所以汉简里的家长里短，是每一个具体的丝路人的喜怒忧思悲恐惊，汉简带我们走进的是一个微观的丝绸之路。

在这个意义上，悬泉置就是汉王朝的一个大数据储备库，丝绸之路上发生的人和事都曾被它默默记录下来。同时，它也是汉王朝历史的参与者，作为大汉帝国的国宾馆，亲历了一次次危机与荣耀。也正因如此，它既有旁观者的冷静，又有亲历者的深刻，书写汉简的都是当地的小人物，他们不会像庙堂之上的那些史家一样，用统治者的角度解释历史，而是成为忠实的记录者，在"汗青"之上细细刻画出每一个具体人和事的本来面目。历史的空白和微末，在汉简中得以填补、细化，以至于在两千年后的今天，我们还能有幸窥见这些激荡的故事。

中国的历史是保存在典籍里的，而中国古代民间史料和典籍存量最大、内容最丰富、延续时间最长的地方就是敦煌。关于汉代，有敦煌发现的一系列汉简；汉代以后，敦煌又有举世闻名的藏经洞。敦煌汉简加上藏经洞文献，基本上涵盖了中国两千年的古代历史，这是世界上延续最久的档案史资料，也是世界最大的文化艺术宝库之一。

可以说，敦煌石窟是图像里的敦煌，简牍和藏经洞是文字里的敦煌。

悬泉汉简，不仅记录了更真实的敦煌，同时也成就了草圣张芝。

第六章

张芝父子与分裂时代的开启

草圣的养成

张芝祖籍清河，即今河北省邢台市清河县。周公后裔在西周初期被封为邢侯，建邢国，他的子孙便以国名为姓，邢台这个地名也是这么来的。从这个意义上讲，出身邢氏的笔者跟张芝属于同乡。

汉宣帝时，张芝的先祖张襄任司隶校尉。此时，霍光所代表的霍氏家族权倾朝野，霍光的妻子为了让自己的女儿当上皇后，竟然谋杀了现任皇后。此事一出，天下哗然。张襄不畏强权，上书弹劾霍光的妻子，遭到霍氏的记恨，他只好带着家人逃到天水郡。后来张襄病逝，他的儿子又带着张氏家族迁到了敦煌。

史书记载，张芝一家住在敦煌郡的渊泉县。汉武帝时期建立敦煌郡，下设敦煌、冥安、效谷、渊泉、广至、龙勒六个县。渊泉县的遗址，就在今天甘肃省瓜州县三道沟镇四道沟村五队的玉米地里。笔者在瓜州文物局做文物普查和土遗址研究的时候，曾多次来这里考察和看护，可惜往日宏伟的城墙早已不见，只剩下变成田埂的低矮夯土。

回顾张氏家族的迁移过程，与笔者家族的迁移路径几乎完全重合，二十一世纪初笔者也是从古陇西郡迁移到今天的瓜州。所以每当书写起关于张芝的文字，总觉得这是隔着两千年时光的一种彼此观照。

张芝受到父亲张奂的影响，十分喜欢书法，少年时勤于练习，甚至到了废寝忘食的地步。父亲看到张芝这么勤奋好学，专门让人雕凿了石桌和石凳，方便张芝习文练字，并且挖了一处池塘用来取水研墨、洗笔。张芝整天围在石桌前，用家里的布帛当作纸张，临池学习书法，练写后漂洗再用，日复一日，年复一年。直到有一天，池水全部变黑，甚至可以当作墨汁写字，人们就把这个地方叫作张芝墨池了。

这里有人会有疑问，张芝是东汉末年的书法家，此时已经是蔡伦改进造纸术一百年之后了，纸还是很贵吗？当然是的，有一个成语叫"洛阳纸贵"，指的是晋代左思写了一篇《三都赋》，写成之后抄写的人太多，洛阳的纸因此都涨价了。洛阳作为中原经济中心和纸张制造中心，因为一篇文章竟然也弄得洛阳纸贵；渊泉县是西北小县，制纸的能力较差，即使张奂贵为度辽将军，也没有那么多钱用来买纸。因此，张芝采用了可以重复利用的布帛。在悬泉置出土的汉代文物中，用纸张的多数是地图，而在藏经洞出土的唐代文物中则出现了纸张做的习字本（图4），由此推测，纸张在唐代才成为百姓日常用得起的练字材料。

张芝就这样在渊泉县刻苦学习书法，以至于到了如痴如醉的境地。据《沙州都督府图经》的记载："张芝于此学书，其池尽墨，书绝世，天下名传。"等池水染黑的时候，他的书法已经达到了炉火纯青的境界，墨宝从敦煌传到洛阳，震惊天下。

张芝的书法艺术之所以能够有如此高的成就，是受到了敦煌汉简艺术的启发。东汉虽然已经改进了造纸术，但在众多书写材料中，简牍是最便宜、最方便、最耐磨的文字载体，所以简牍上的汉字艺术是民间书法艺术的结晶。敦煌属于汉王朝的边境重镇，人口中有大量从中原各地征发过来服役的兵卒，所谓"烽火连三月，家书抵万金"，所以悬泉置的驿使奔赴在丝绸之路上送信的时候，也将中原各个地区的书法艺术通过简牍带到了敦煌。从悬泉置的出土情况来看，简牍一般是誊抄公文，所以书写的速度往往很快，再加上简牍这种木质材料的特点，书写不再严格遵守汉隶的结构和点画规则，而是采用不拘一格、随心所欲的方式。汉简因此呈现出率真天成、奔放洒脱、矫若游龙的艺术风格。

汉简艺术是对隶书的突破和改革，这种风格被草书继承下来，成就了草书的笔法及草法。甚至，行书和楷书的部分笔法也是师承简牍艺术的，比如在敦煌简牍中随处可见楷书的提按顿挫、转折、捺画等用笔技巧，笔画末端波势出现了逐渐收缩的特点，这些都具有了魏晋楷书的影子。因此北宋时期的大书法家米芾曾说："河间古简，为法书祖。"可见简牍书法对后世各种书体的影响。

敦煌是古代简牍艺术最集中的地区之一，张芝深受其影响，不过草书并不是张芝的首创。史书记载，东汉初年的北海敬王刘穆就善写草书。此时的草书应该是"章草"，即笔画节省但有章法可循的草书，特点是保留隶书笔法的形迹，上下字独立而基本不连写。张芝最开始也写章草，师承东汉书法家崔瑗、杜操，少年时就将崔、杜的笔法烂熟于心。他通过潜心研究，在敦煌简书中发现了大量的竖画，其章法杂然隽美，那种放纵挥洒、纵情恣肆的面貌深深打动了张芝。于是，他把章草"横"的气势改成了"纵"的气势，独创了一种新书体，这就是"今草"。

今草的特点是笔画连绵回绕，字的体态和气势一笔写成，虽然笔画偶有不连，但是笔势不断，被称为"一笔书"。虽然张芝的真迹并没有被保存下来，但在宋代的《淳化阁帖》中有五幅碑帖传说是出自张芝的墨宝，使我们从《冠军帖》那气势如虹的笔法中（图5），依然能够感受到他激扬的精神。

张芝创造今草之后，影响了整个中国书法的发展，为书坛赋予了新的艺术生命和蓬勃的生机。唐代张怀瓘在《书断》中感叹张芝的今草："若清涧长源，流而无限，萦回崖谷，任于造化……精熟神妙，冠绝古今。"

后来的书坛有很多人学习张芝，其中学得最深刻的就是索靖。

索靖是敦煌郡龙勒县人，他是西晋名将，被称为敦煌五龙之一，也是张芝的外孙。他深受姥爷张芝的影响，以善写草书知名于世。人们评价说"精熟至极，索不及张；妙有余姿，张不及索"，由此可见索靖书法的水准。他的书法对后世影响也很大，唐代书法家欧阳询就十分推崇索靖，曾路见一块索靖书写的碑石，竟然睡在石碑下看了好几天，最后蓬头垢面，路人以为是乞丐。

然而，受张芝书法影响最深远的还是王羲之。王羲之中年笔法师承张芝，他在《飒书论》中说："临池学书，池水尽墨，好之绝伦，吾弗及也。"通过对张芝的学习，王羲之的草书和行书都达到登峰造极的境界，成就了"书圣"的美名。

后来，今草又引发了狂草的诞生。唐代草圣张旭一直以张芝为师，狂草大师怀素也说草书得于"二张"（张芝、张旭）。

由此来看，张芝作为中国书法史上的第一个圣人，起着承前启后的作用，他变革隶书，创造今草，开创了中国书法新的天地。

不过，张芝和他的家族在中国历史中的影响还不止于此。

张芝父子与董卓

张芝的父亲是张奂，与皇甫规和段颎（jiǒng）合称"凉州三明"，都是东汉末期的名将。《三国演义》描写的是一个英雄的时代，其中名将很多，但很多事迹都是罗贯中夸张附会的结果。在汉末的诸多英雄中，要说军事天赋第一，当数张奂。因为张奂在平生经历的众多战役中，无论怎样的地形和兵力，他都没有出现败绩，是真正的常胜将军。接下来，我们就来看一看张奂的军事天赋。

永寿元年（155年），张奂任安定属国都尉，南匈奴七千余人起兵反汉，东羌也出兵策应，共同进攻张奂的驻地。此时因为士兵都驻防在郡县的各处，张奂营帐里只有二百多人。张奂当机立断，率领二百壮士突袭叛军大营，乘对方还没有形成包围圈时突出重围，两百人竟然毫发无伤。张奂一边突围，一边召集各地士兵，切断南匈奴与东羌的交通。他采用各个击破的策略，最终南匈奴和东羌退无可退，全部向张奂投降。此战完胜。

延熹元年（158年），张奂任护匈奴中郎将，南匈奴各部联合乌桓、鲜卑进攻汉朝边境，围困张奂大营。张奂是研究国家关系的高手，他首先诱降了弱小的乌桓，然后主攻领头的南匈奴叛军，使用精准打击的战法诛杀了各部首领，群龙无首的匈奴士兵纷纷投降。接着，张奂引导他们戴罪立功，联合匈奴降兵一同打败了鲜卑。此战完胜。

延熹六年（163年），张奂任度辽将军，代表朝廷处理北方外交事务。鲜卑、乌桓等北方草原民族听说张奂任职，再也不敢南下牧马。

延熹九年（166年），张奂任大司农，掌管国家经济（军事、外交、财政无一不精，堪称奇才）。鲜卑听说张奂调离的消息后，在草原上挨饿三年的他们勾结南匈奴、乌桓大肆南下，劫掠汉朝边境的郡县，后来甚至联结东羌、沈氏、先零等围攻张掖、酒泉。也许因为太过饥饿而昏了头脑，他们竟然抢到了张奂的老家渊泉县附近。为了平息叛乱，张奂任护匈奴中郎将，南匈奴和乌桓听到张奂来了，当即率领二十万人跪在张奂的营帐前投降。没办法，他们听到这个名字就头痛欲裂，还打什么仗。此战敌方不战而降，张奂完胜。

延熹十年（167年），东羌与先零劫掠中原，张奂部将尹端、董卓二人率兵进击，俘虏敌军万余人。此战完胜。

此战之后，张奂把家从敦煌搬到了弘农郡华阴县（今陕西华阴市），张芝也来到了关中。张奂的一生中，所经历的战争不仅仅是单纯的胜利，他的每一战几乎都是完胜，堪称军神。以至于草原民族一看到张奂的帅旗，就望风而降。张奂几乎以一人之力，延续了此时已千疮百孔的东汉王朝的生命。然而，他没有想到的是，东汉王朝的掘墓人此时已经来到了他的军中，而这个人就是他一手培养的学生——董卓。

董卓是陇西临洮（今甘肃省岷县）人。陇西郡与长安之间仅仅隔着一座陇山，又是与羌胡的交界地带，所以民族构成比较复杂。董卓性格开朗，乐善好施，少年时与当地的羌人首领结为兄弟。有一次董卓在家招待羌人朋友，把家里的耕牛杀掉大摆宴席，羌人十分感动，回到部落之后把上千头牲畜赠送给董卓。正是在陇西郡与羌人交好，他十分熟悉羌人的风俗习惯，为后来加入张奂的军队提供了优势。

董卓成年后，在陇西郡任职。当时匈奴人经常劫掠凉州，凉州刺史知道了董卓的才能，把他从陇西郡调到凉州军队中任职。此时任武威太守的张奂与董卓结识。因为董卓对胡羌非常熟悉，而且作战勇猛，逐渐成为张奂的爱将。董卓对这位军神一般的人物也是十分崇拜，常常以其弟子自居，从张奂那里学习了很多作战要旨。董卓在张奂的影响下脱胎换骨，后来单独领兵大破匈奴，在凉州建立首功。

后来与张奂同为凉州三明的段颎升任并州刺史，就把董卓推荐到朝廷公府中任职，董卓进入了东汉的朝局。

公元166年，张奂被再次任命为护匈奴中郎将时，董卓跟随着老主子一同出征，担任司马（类似今天的参谋长）。大军很快平定了幽、并、凉三州的叛乱。第二年，羌人进犯关中，张奂派董卓出战，大破敌军，董卓从此名声大噪，被认为是张奂的接班人。

后来，董卓一路高升，成为并州刺史。与此同时，他的野心也显露无遗，在朝中见风使舵，为保仕途不惜陷害同僚。东汉末年的官场已然腐败透顶，外戚和宦官相互仇杀，皇帝变成权贵们愚弄的玩偶。东汉的丧钟已经敲响，这不是一个张奂能够挽救的朝局。张奂无可奈何，只好辞官回家。

董卓知道旧主张奂隐居在华阴县，就派人拿着百匹丝绸去孝敬张奂。张奂厌恶董卓的为人，将丝绸扔出院门，与董卓绝交。

中平六年（189年）八月二十五日，大将军何进与司隶校尉袁绍谋划杀掉宦官，于是征董卓率兵进入京师。后消息走漏，何进反被宦官谋杀，袁绍又杀光宦官。隔岸观火的董卓找到皇帝刘辩之后，就进入了洛阳城，从此权倾朝野。这一段故事是《三国演义》的开头部分，后面的故事我们就非常熟悉了。

初平三年（192年）四月二十三日清晨，董卓乘车前往皇宫，吕布突然袭击，斩杀了董卓，历史进入了三国英雄们的风云时代。

在董卓被杀的同一年，住在一百公里之外的张芝也在华阴县逝世。

董卓是个十分重情义的人，这是作为西北汉子的本性。在他的一生中，张奂对他的影响很大，张芝也是。董卓作为张家的家将，且与张芝是同龄人，两人本来是挚友。董卓一生最崇拜的武圣是张奂，而文圣就是张芝。但是，历史的大势滚滚向前，两个人也在各自的人生选择中不断成长，一个变成了祸国殃民的奸雄，一个变成了流芳百世的草圣。如果两人都是普通人，作为西北汉子，他们的友情应该是热烈且纯粹的。

据说，董卓成为相国之后，曾邀请张芝出任高官，但遭到张芝的严词拒绝。张芝保有了和他父亲一样的脾气和本性。如果他接受了董卓的邀请，《冠军帖》的笔迹里就不会再有飘若游云的逍遥，而历史上会多一个有污点的草圣，魏晋的风骨也会少一份守正的精魂。

墨池虽黑，唯心月白。

河西儒学的脉流

在东汉末年那个风云诡谲的阴暗时刻里，张奂实在是灿若星辰，他的身上兼具了军事天才、道德标杆、特级教师、官吏楷模、经济学家等多重身份。除此之外，他也是一名儒学大师。

儒学自被汉武帝尊为官学之后，到汉末已经经过了三百年，其间儒学大师辈出。张奂早年师从经学大师朱宠研习《欧阳尚书》，在读完《牟氏章句》之后，他认为文章多有重复不通的地方，于是重新删改整理，将四五十万字减为九万字。后来，他将这本九万字的《牟氏章句》上奏给汉桓帝，桓帝下诏嘉奖。成年后被举为贤良，在策试中获得第一名，成为儒学新秀，后因党锢之祸被免官。党锢之祸是东汉末期宦官对士人的迫害，张奂是河陇地区唯一受到迫害的士子，因此成为河西儒学的代表，赢得了中原儒学的认同。张奂晚年回到华阴之后闭门不出，跟随他学习的儒家弟子有上千人，著《尚书记难》三十余万字。

张芝一生深受父亲的影响，勤奋好学，当朝太尉对少年时的张芝十分喜爱，认为他将来不是儒学宗师就是朝廷名将。从保存在《淳化阁帖》中传为张芝的草书作品中可以看出，笔法线条张弛有度、收放自如，笔势的洒脱与线条的和美相济共生，这可以说是汉魏儒学精神在书法中的显化。

从名将张奂到草圣张芝，体现出东汉后期河西地区的世家大族从武力豪强向文化世族的转变。这不仅仅是河西一地的特点，中原各地的大家族几乎都出现了弃武从文的现象，这是汉武时代向魏晋文风转变的先潮。尤其是张芝创造了今草，这种对官方汉隶的突破，也代表了当时士子们个体意识开始觉醒。张芝一生潜心学习，朝廷屡次征召他出来做官，他都不屑一顾，甘做布衣。这种不贪高官厚禄洁身自好的境界大受当时士人的追捧，张芝从此就有了"张有道"的名号。这可以说是魏晋风骨的先声。

张芝的书法和行为，对魏晋时期的士人们有很大的影响。当渊泉人张芝搬到华阴时，这种精神也带到了中原，人们纷纷效仿张芝的隐居生活和潇洒性情。魏晋的儒生们在学习张芝书法的同时，逐渐从两汉的那种伦理纲常中解放出来，开始走向自己的内心，追求自我的觉醒。这种觉醒的声音似龙吟，更像曹丕的那声驴叫。

王粲是"建安七子"之一，是曹丕的挚友，四十一岁时病故。王粲喜欢放驴，活着的时候喜欢学驴叫。笔者的童年常在故乡的山坡上放驴，学驴叫恐怕还要胜王粲一筹。王粲下葬时，魏文帝曹丕亲临丧礼，并对同行的人说："王粲喜欢驴叫，我们可以每人学一声送他。"于是在场的人就都学起了驴叫。

张芝之后，建安七子在铜雀台上对酒当歌，竹林七贤隐于山林之间抚琴长啸，书法艺术开始像刘伶的酒一样淋漓挥洒，绘画如洛神一般传神阿堵。就如李泽厚先生描述的那样，"两汉五彩缤纷的世界让位于魏晋五彩缤纷的人格"。（写下这段文字是2021

年 11 月 3 日傍晚，笔者刚刚解除疫情隔离回家，就得知了李泽厚先生仙逝的消息，特此再奉上一声驴叫。）

魏晋风骨的生命力越来越旺盛，魏晋王朝却迎来了它的衰亡。

公元 291 年，西晋王朝爆发了"八王之乱"，这是中国历史上最为严重的皇族内乱之一。为了挽救国家，张芝的外孙索靖挺身而出，被朝廷任命为游击将军，率领雍、秦、凉三州兵马攻击河间王司马颙（yóng）。索靖不仅传承了姥爷张芝的书法，也传承了太姥爷张奂的军事天赋，洛阳一战大破敌军。但不幸的是，索靖在这场战斗中身受重伤，最终不治身亡。

八王之乱后，西晋社会经济遭到严重的破坏，匈奴、鲜卑、羯、羌、氐五个胡人大部落乘机进入中原，这就是永嘉之乱。公元 316 年，前赵大将刘曜攻入长安，西晋灭亡。有趣的是，前赵的国号是"汉"，开国皇帝刘渊自认为是刘备的儿子刘禅的后裔而姓刘。这位匈奴人的首领为了当皇帝把自己的老对手当祖宗，九泉之下，不知该如何面对老祖宗冒顿单于的响箭。

永嘉之乱导致中国从西晋短暂的统一再次走向分裂，中国北部进入战乱不休的五胡十六国时代，西晋的世家大族逃到南方之后建立东晋，史称"衣冠南渡"。

这些北方士族在迁往江南的过程中，不仅带去了先进的生产力，也带去了儒家典籍。从此，江南从蛮荒开始走向经济发展和文化昌盛的新时代。在此之前，北方一直是中国的经济文化中心，经过南朝在江南近三百年的开发，到隋唐之际，其经济文化实力已经可以和北方并驾齐驱。隋代京杭大运河贯穿南北，终于成就了大唐帝国的灿烂辉煌。

当然，隋唐帝国的文化根脉不仅来自南朝，也来自河西。

西晋灭亡后，当中原的儒士逃往南方时，郭荷选择来到河西。此时的河西走廊正处于前凉的统治（318年—376年）下，前凉是西晋时的凉州刺史张轨奠定的，当北方陷入战火时，他依托河西封闭的地形，保证了这里的安定和繁荣，成为儒学的避难所。

郭荷带着弟子们从陇西郡出发，渡过黄河，翻越乌鞘岭，最终在张掖东山下落脚。这里属于祁连山的北麓，有雪山、草原、森林、湿地等各种地形，放牧、耕田、捕鱼，无论哪一种生活方式都能养活这群读书人。显然，郭荷比南方的陶渊明更早一步找到了桃花源。

郭荷在河西看护着中原儒学的火种，照亮的第一个人就是郭瑀。郭瑀是敦煌人，郭氏与索氏历来交好，所以郭瑀的学问深受索靖的影响。在敦煌，汉武帝时期迁徙过来的中原大姓也把儒学带到敦煌，到此时已经非常成熟，郭瑀就是其中的佼佼者。他听闻郭荷来到河西后，只身步行一千五百里来拜郭荷为师，于东山苦读三十余年。郭荷逝世后，郭瑀为老师守墓三年。之后离开东山，向祁连山的更深处走去，来到了临松薤（xiè）谷。郭瑀将张芝和索靖传承下来的敦煌儒学和郭荷的中原儒学相结合，从而成就了河西儒学的巅峰。

郭瑀作为河西儒学宗师，北方许多国主都想招揽他。前凉的末代国主张天赐曾两次派遣使者请求郭瑀出山，但郭瑀只愿潜心研究学问，不想成为无道君主的鹰犬。他指着天上的飞鸟对信使说："此鸟也，安可笼哉！"信使只能羞愧离去。后来前凉被前秦所灭（376 年），北方暂时统一，苻坚十分仰慕郭瑀，下令儒生都拜在郭瑀的门下学习，其中就有刘昞。

刘昞不仅是郭瑀的学生，也是郭瑀的女婿。郭瑀逝世后，他成为河西儒学的宗师，仍讲学于临松薤谷。公元 400 年，敦煌太守李暠自立政权，建立西凉。李暠深受敦煌儒学的影响，十分注重推行儒学，为了请刘昞出山，亲自来到临松薤谷拜见。刘昞大为感动，出仕西凉担任"儒林祭酒"（祭酒是古代主管国家最高学府的教育长官）。李暠把得到刘昞比作刘备得到诸葛亮，可惜李暠于公元 417 年逝世，西凉政权在三年后被北凉吞并。

此时的北凉不仅消灭了西凉，也消灭了前秦大将吕光建立的后凉（386 年—403 年）和五胡之一的鲜卑族秃发乌孤所建的南凉（397 年—414 年），再一次统一了河西走廊。

刘昞继续在北凉的政权讲学，成为五凉时期著述最多的学者。

五胡入华之后，中原丧乱，文化遭受毁灭性的打击。河西走廊凭借着天然的地理优势，成为当时理想的避难场所。学术界把这段从西晋灭亡到北魏占领河西走廊的时间，称作"五凉时期（301 年—439 年）"。以郭荷师徒三代为代表的河西学者，在临松薤谷中守护儒学的火种，薪火相传走过一个半世纪。与此同时，他们又将敦煌当地的儒学融入其中，河西走廊这块中华文明的培养基地，生发出新的文化生命，这就是著名的"五凉文学"。

后来，北魏灭北凉，统一北方，河西儒学回流到中原，成为隋唐儒学的重要来源。

东汉张芝—西晋索靖—前秦郭瑀—西凉刘昞、李暠，这是敦煌儒学的历史传承。后来李唐王朝追认李暠为皇室的先祖，他们不仅在名义上继承了李暠的血脉，同时也继承了河西的文脉，成就了中华文化最耀眼的一个时代。

所以，笔者恩师沙武田先生在做纪录片《河西走廊》的总顾问时，对河西走廊发出这样的感叹：后人们理应感激中国辽阔西部摆放了河西走廊这样一条至关重要的通道，在那个纷乱颠沛的年代，河西走廊成为儒家文化躲避战乱的世外桃源，成为中华文明根脉薪火相传的重要一极。

正因如此，我们一定要有一个清醒的认识：河西文化的底层是儒学，敦煌文化同样如此。不要被河西走廊上遍布的石窟和寺观所遮蔽，这些是佛教和道教文化的外化实体，但河西儒学营造的从来不是一寺一窟，而是这片土地上的每一代具体的人。不论王朝如何变迁，儒学一直在人们的家学中传承，塑造了每一个河西人的生活和认知。从这个角度来说，佛教、道教、民俗等是在儒学的文化认同上编织出来的生活仪式感，而那些肉眼看不见的事物往往组成了一个人的底色。

到了这里,我们来看看敦煌已经拥有的东西。三苗人带来了敦煌的人口基础和移民精神;汉武帝打造了军事保障和农牧并举的经济基础;李广利带来的良马,提高了交流互动的速度;常惠、班超经营西域,开拓了敦煌的地缘空间;悬泉置提供了高效的物流和大数据系统;张芝带来了文化革新和艺术启蒙。

很显然,敦煌已经准备好了一切,敦煌文化中最灿烂的明珠即将诞生。

第七章

敦煌石窟的开凿

佛教的早期传播

东汉明帝（57年—75年在位）的时候，天竺僧人摄摩腾和竺法兰用白马将佛经驮到了洛阳，明帝在永平十一年（68年）为他们建了白马寺。这被认为是佛教传入中国之始。但当时，佛教并未从洛阳大规模传播开来。

汉代是儒学鼎盛的时代，佛教传入中国时，儒学作为官学已近两百年，在中华大地上的传承更有六百年的历史，早已成为人们的底层指导思想。面对家国同构的和谐社会，老百姓似乎并不需要佛教这种抛弃家庭的思想；而且佛教是一种外语（梵语）宗教，可是汉朝不怎么流行出国，学习外语实在太难了。贵族阶层也是如此，诸子百家有太多值得研究的内容，他们实在没有什么欲望去学习一门新的学派和语言。于是，东汉的佛教，困在寺庙和贵族官邸的围墙里寸步难移。

佛教的宗教场所之所以称为"寺"，与"鸿胪寺"有关。鸿胪寺是汉代的外交机构，寺就是接待外宾的国宾馆；西域来的僧人当然是外国人，所以就把他们安排在"寺"居住。寺的管理十分严格，一般不允许外宾随意出寺，以防扰乱民心，摄摩腾和竺法兰除了皇帝召见，都在宾馆里"隔离"，白马驮来的经文只能成为老鼠磨牙的材料。

佛教传播的转机出现在张芝逝世前后。张芝的老朋友董卓把洛阳城给烧了，一同烧掉的还有白马寺的院墙，于是僧人们为了避难逃出洛阳，开始云游天下。三国时代，居无定所的百姓需要精神安慰，逐鹿中原的草根英雄需要制造舆论，佛教终于派上了用场。比如卖草鞋出身的刘备，《三国志》对他的描述是："垂手下膝，顾自见其耳。"因此刘备就有了"大耳贼"的绰号。这显然是对佛陀瑞像"双耳垂肩，双手过膝"的抄袭，从而鼓吹自己的圣人形象。

与此同时，中亚的佛教大规模传到西域，在龟兹已经形成了佛教中心，伟大的鸠摩罗什就在这样的襁褓中被孕育出来。敦煌是西域这个大池塘里的一只敏感的"鸭子"，也是中原看世界的眼睛，它已经分明感受到了佛教思想的春风拂面。

中亚和西域的佛教徒，恰似一个个敏锐的思想创业者。他们发现，西域薄弱的经济和屈指可数的人口已经不能满足佛教思想和业务扩张的需求。就像一种生物在进化论上的成功标尺在于它的数量一样，获得更多的用户是任何宗教发展的底层动力。纵观当时的世界，最大的用户流量池就在中原，于是，西域僧侣纷纷来到中原地带。

在安世高、支娄迦谶、康僧铠、康僧会、支谦、佛图澄等名僧陆续通过敦煌进入中原的时候，佛教在敦煌也留下了深刻的印记。

敦煌是什么时候有寺庙的呢？我们还是要回到悬泉置。在悬泉置出土的简牍中，有一枚著名的浮图简，上面的记载是："少酒薄乐，弟子谭堂再拜请。会月廿三日，小浮屠里七门西入。"

甘肃简牍博物馆馆长张德芳先生在对这枚汉简的出土地点和埋藏层位分析后，认为时间应该在公元51至108年间。简牍上的"弟子"表明敦煌已经有了僧人和僧团组织。从佛教传入到出现僧团，敦煌民间看来已经接受了佛教，而这个过程需要不少时间。以此推断，敦煌或许就是佛教最早传入汉王朝的地域，至于其起源是否来自摄摩腾和竺法兰在敦煌留宿时的短暂传教就不得而知了。

敦煌是僧侣们穿越西域之后的第一座城，他们在这里需要好好休息一下，还要补充后续行程所需要的物资，所以这里往往是他们在河西走廊的诸多城市中停留时间最长的一座城市。在敦煌休整的同时，学富五车的高僧也成为敦煌大族追捧的偶像。比如被称为"敦煌菩萨"的竺法护，他算是索靖的发小，既是佛学高僧，也是儒学名师，在敦煌居住期间影响了一代敦煌学者。这些大家族的子弟开始吸收佛教文化，思想和信仰渐渐发生了转变，从独尊儒学发展到了兼通儒学和佛学,这为莫高窟的诞生提供了思想基础。

另一方面,中国的绘画艺术讲求书画一体,线描是中国绘画的基础,而线描艺术来自书法的笔法。张芝和索靖所代表的笔法已经达到十分纯熟的境地,月氏后裔所创造的贵霜艺术从西域传入敦煌,与中国的笔法结合在一起,为莫高窟的诞生创造了艺术条件。

最早的敦煌石窟

然而,河西走廊的第一个石窟并不是莫高窟。

有人说,河西走廊的第一个石窟应该是西千佛洞,因为在伯希和从敦煌拿走的唐代典籍《沙州都督府图经》中有一条记载,即"右在县(指寿昌县)东六十里,香旧图云,汉佛龛百姓更营造"。寿昌县就是今天的敦煌南湖附近,这座城的东面六十里的位置刚好是西千佛洞。根据这条记载,人们认为西千佛洞应该早于莫高窟的开凿,可惜没有更多的证据。

还有一种说法认为,马蹄寺才是河西走廊的第一个石窟。恩师冯培红先生很早就注意到马蹄寺的开凿与郭瑀的关系,敦煌人郭瑀来到张掖拜郭荷为师,作为穷书生,他们没有钱盖房子。临松薤谷的海拔在 2500 米左右,冬天特别寒冷,他们只好在崖壁上凿出一个个小洞来抵御风寒酷暑。这就是《晋书·郭瑀传》中

"隐于临松薤谷，凿石窟而居"的记载。《甘州府志》中也记载道："石洞凿者郭瑀及其弟子，后人扩而大之，加以佛像。"从郭瑀的书房到佛教的石窟，这就是马蹄寺的诞生，也是从儒学到佛教演变的一个切片。所以，临松薤谷不仅是儒学文脉的胜地，也是中国佛教艺术的发源地之一。

其实，最早的敦煌石窟与索靖有关。在莫高窟晚唐第156窟前室北壁上有一篇特别重要的《莫高窟记》，敦煌藏经洞文书P.3720也有抄录（图6），其中有"晋司空索靖题壁，号仙岩寺"的记载。既然这座寺院叫作"仙岩寺"，它必然建立在一处岩壁前，而岩壁也是开凿石窟的地理前提。

那这座石窟究竟在哪里呢？前辈学者寻找了很多年，终于从一张藏在法国国立图书馆的地图（图7）上找到了线索。这张图是伯希和带走的敦煌文物之一，绘制于中唐时期，画面里有一座寺庙、一条河和一段崖壁。一直以来，学者们都在寻找这座寺庙的遗址，终于在距离莫高窟以南约2公里处的宕泉河谷内找到了它。这就是敦煌城城湾遗址（图8）。

对比地图和实地照片可以看出来，无论是地形还是建筑，都完全一致，最重要的是在右侧的山崖上找到了与地图完全一致的Y形小山谷。就在这个寺院附近，学者们找到了两个禅窟，恩师马德先生认为是敦煌高僧昙猷的禅窟，这处遗址就是索靖题过壁的仙岩寺，而它距离莫高窟很近，莫高窟应该是它的延续。

仙岩寺是什么时候开凿的呢？敦煌藏经洞出土的文献 P.2691《沙州城土境》中记载："永和八年癸丑初建窟，至今大汉乾祐二年乙酉岁，算得五百九十六年记。"意思是在永和八年（352 年）建窟，到了后汉乾祐二年（949 年）的时候已经有 596 年的时间了。不过，文献上的这道数学题算错了，从乾祐二年往前推 596 年是公元 353 年，也就是永和九年，这一年就是癸丑年。

永和九年实在是一个令人熟悉的年号，因为就是在那一年的春天，会稽太守王羲之在兰亭举行雅集，酒意微醺之时写下了天下第一行书《兰亭集序》，开头就是"永和九年，岁在癸丑"。这次聚会的四十二个人是东晋儒学和风骨的代表，是儒学史上十分重要的雅集。与此同时，北方十六国的第一个佛教石窟诞生，佛教思想和艺术开始改造中国文化的基因。这一年，不论对中国的北方还是南方，都非常重要。

更有趣的是，开凿了第一个禅窟的昙猷和王羲之也曾隔空对望。《高僧传》中记载，昙猷后来云游天下，晚年来到了天台赤城山的石室坐禅修行。王羲之听说后也前来拜会，但他并没有上山去面见昙猷，而是在岩壁前望着石室作了个揖就转身回家了。后来，他的儿子王徽之拜访戴逵，留下了"乘兴而来，兴尽而归"的典故，看来父子俩的性格如出一辙。

昙猷来到浙江天台赤城山修行时也开凿了禅龛，算是南方石窟的肇始。后来，这种禅修的方式传到了南方，影响了禅宗在南方的盛行。巧合的是，赤城山正是济公禅师的故乡。

昙猷的禅窟开启了敦煌石窟的先声，莫高窟的开创者则正在讨饭的路上。

作为范式革命的敦煌艺术

还是莫高窟晚唐第 156 窟前室北壁的《莫高窟记》，记载了乐僔来到敦煌的那个早晨。

公元 366 年，云游多年的乐僔刚刚爬上三青鸟居住的三危山。这是一个晴朗的清晨，阳光像一只肥硕的橘猫，缓缓爬上乐僔的背，也爬上了鸣沙山东麓的崖壁。柔软的沙子在阳光的照射下散发出万道金光，仿佛释迦牟尼的头光照遍十方世界，又像千佛同时降临在宕泉河的东岸。乐僔被眼前的景象深深震撼，他决定留在这片圣地修行。于是，他当即请人在崖壁上开凿了第一个佛窟。自此之后，往来的僧侣纷纷在乐僔窟的旁边开窟造像，莫高窟就这样诞生了。

莫高窟始建于十六国的前秦时期（351 年—394 年），历经北凉、北魏、西魏、北周、隋、唐、五代、西夏、元等历代的兴建，形成了巨大的规模，现有洞窟 735 个，壁画 4.5 万平方米、泥质彩塑 2415 尊，是世界上现存规模最大、内容最丰富的佛教艺术圣地。

除了莫高窟，在古敦煌的地理范围内还保存了大量石窟群，如东千佛洞、榆林窟、西千佛洞、五个庙、旱峡石窟、下洞子石窟、碱泉子石窟等，它们共同组成了敦煌石窟的全貌。

敦煌石窟艺术来自佛陀的故乡印度，它的演化过程就像我们小时候曾遇到的一个数学问题：有一路公交车，包括起点和终点共有12个车站。第1站上了三个人，没人下车；第2站上了一个人，下了两个人；第3站……到终点站时车上一共有多少人？

佛教艺术的面貌是由用户的需求决定的。石窟艺术从印度开始，经过犍陀罗、巴米扬、西域、河西、平城、洛阳、长安、巴蜀等地区的时候，如同释迦牟尼开着的一辆石窟艺术公交车，每个地区的人民（佛教用户）都各有自己的文化习惯和审美偏好，他们要求释迦牟尼的形象、车的内饰和外饰都要进行因地制宜的变革。于是，这辆石窟艺术公交车在一路上，每到一站就上了几个人，又下了几个人。到最后，车上的人可能全换了，车的结构、材质、装饰也都换了，但驾驶它的还是老司机释迦牟尼。这就是石窟艺术的"公交车原理"，明白了这个原理，只要我们会加减法运算，就能更轻松地看懂敦煌石窟。

现在，我们就用这个方法来看一看敦煌石窟壁画中最具代表性的一种——经变画。把佛经的文字内容用绘画形式呈现出来就是经变画。想要佛教传播得更广，需要底层百姓的信仰，但是古代没有九年义务教育，老百姓识字率不足10%，动辄成千上万字的经文让普通百姓望而却步。为了让更广大的劳动人民读懂佛教，经变画艺术就诞生了。

经变画通常不会画出经文的全部内容，为了给观众减负，提升观赏美感，画师往往会选择叙事性和表现力强的片段来呈现。

到了后来，经变画不断做减法，比如只画一个莲花童子就代表了净土经。与此同时，也有加法，比如以印度社会为背景的佛教故事和场景，中国人因为不熟悉，往往不会有太多共鸣，画师就在经变画中画出中国式的亭台楼阁，佛陀居中就像皇帝，菩萨围绕周边就如同大臣一样，从而营造出一种场景的熟悉感。

这么看来，石窟艺术在敦煌经历着一种"范式革命"。我们可以将这里的"范"理解为古代铸钱的钱范。也就是说，你要造出一枚开元通宝来，就必须得用这个钱范子，如果要铸一枚新钱币，就要铸一个新的钱范，但铸造原理还是一样的。

佛教及其延伸出的佛教艺术在东汉时期传入中国，到了敦煌石窟开凿的时候，已经有了数百年的发展。此时中国的佛教，是一种理论上和实践上自成体系的宗教，拥有成系统的经典和仪轨，是一种成熟的社会学范式。

范式对于宗教的组织是十分有利的，但宗教的天然属性是传播，范式固定的理论和仪轨往往神圣不容侵犯，这是范式在宗教传播上的局限性。不同文化区域的人们，看到这种陌生的、严苛的范式，往往不愿意接触，因此佛教在最初的传播阶段常常受阻。

佛教中的有志者在数百年中一直在尝试新的传播载体，比如在古印度最初用莲花、脚印表达佛，到犍陀罗地区引入了希腊雕刻艺术才有了佛的形象。佛教进入中国后，汉文化固有的"华夷之辨"的民族心理对佛教展现出很大的排斥。此时的佛教想要在中国传播，就必须突破原有的范式，依据中国人的心理和情感需求进行改造，吸收本土文化因素，在不推翻佛教基本教义的前提下，塑造出适合当地的新范式。

这一点在敦煌石窟中被体现得更为明显。既然佛教基本理论体系是固定的，那就从佛教艺术的表达上寻求突破。敦煌石窟的艺术家们天才地找到了一种塑造新范式的路径，即"末端创新"。比如佛和若干菩萨的形象和生平是在佛经里规定好了的，不容改变，但那些无关紧要的"末端人物"，如童子、天女、药叉等形象在佛经中并没有具体的记载，画师们就有了极大的想象空间和创作空间。

最典型的形象当数飞天，飞天是普通的天众，佛经几乎没有对它做过具体描述，画师们就将自由的想象和精湛的技法施展出来，经过历代不断创新，最终造就了敦煌艺术的名片。所以在这里给大家分享一个欣赏敦煌美术的心法：敦煌艺术最精美的部分，并不在如佛陀一样的大人物身上，而是在佛教世界的小人物身上，看敦煌，我们需要一双发现小人物的眼睛。

就整个敦煌艺术的范式革命来讲，秉持着"不破不立"的精神，基本上经历了六个阶段：

（1）中西文化的融合阶段：西来的佛教艺术在北凉时期第一次进入敦煌石窟，然后不断与中原传统的文化互鉴融合，呈现此消彼长的态势。

(2) 中国化的佛教艺术阶段：隋唐之际，政权的统一促进了文化上的融合，敦煌艺术完成了中国化的过程。

(3) 吐蕃艺术融入阶段：公元786年，吐蕃占领敦煌，自此之后统治河西走廊近七十年，敦煌艺术出现了吐蕃化的特征。

(4) 晚唐、五代、宋的家族艺术阶段：公元848年，张议潮赶走吐蕃势力，敦煌石窟进入了归义军时期。归义军政权地理范围狭小，不再有新的艺术血液流入，敦煌艺术逐渐僵化，在装饰、图式、布局上都出现了家庙属性的倾向。

(5) 西夏和元代密教化阶段：西夏和元代都信奉密教，青藏高原的艺术再一次汇入敦煌艺术之中；西夏和元的民族艺术与中原成熟的宋代绘画艺术紧密结合，成为敦煌艺术第二个高峰。

(6) 明清时期的民俗化：明代封闭嘉峪关，敦煌这座城市被明王朝抛弃，敦煌艺术遭到了三百余年的断层。清代中期，开始继续开窟造像，但此时佛教衰败，开凿的多为道教洞窟，呈现出民俗化的特点。

总之，敦煌石窟艺术为了靠近信众的审美意趣，选择不断突破自己。这种不拘泥于固有范式、勇于探索的艺术精神经过上千年的持续迭代，最终形成了独特面貌。

当然，敦煌艺术从来经不起简单的特征归纳。莫高窟任何一个具体的洞窟，在当时的社会中，它所承载和表达的东西很多，并不仅仅是我们从图像上看到的那些信息。

比如，承载语言的材料往往决定了很多东西。古代，车马很慢，纸短情长，文字其实是一种非常奢侈的事情，因为古代没有太多可以承载这些文字的材料。最早可以承载文字的是龟背和青铜器，这么稀缺的材料要写点什么呢？毛公鼎那么大，你最多只能写499个字，你不可能说"山上有座庙，庙里有个老和尚，老和尚对小和尚说，从前有座山，山里有个庙，庙里有个老和尚"。材料的稀缺，决定了我们要表达些什么。后来人们把文字写在布匹上、竹简上、粗糙的纸上，直到唐代，纸也是比较珍贵的。

在古代，制作一面用来绘画的墙壁，比起写字的纸，成本高了上百倍，它所表达的东西也就更丰富。我们往往听到九色鹿的故事就心满意足，可是那么珍贵的一面墙壁，窟主人只想让你知道一个有趣的故事吗？所以，敦煌壁画也许还有更多的层次。

古人的虚拟现实

敦煌壁画是敦煌艺术的重要载体，它又附着在石窟内，那么石窟作为承载艺术的空间，经历了怎么样的变化呢？

我们首先来看敦煌石窟里的佛龛。佛龛是安置佛像的空间，最开始的时候，敦煌石窟的佛龛一般是一层圆券形龛，通常在龛内只安置一尊佛陀的塑像（图9）。后来为了容纳更多的塑像，出现了双层龛，比如莫高窟初唐第322窟，龛内的第一层安置一佛二弟子二菩萨，第二层龛内还有两尊天王，组成了一铺七尊像的经典组合（图10）。到了最后，变成了莫高窟第205窟的中心佛坛（图11），墙的四面不再有佛龛，塑像全部安置在洞窟中间的佛坛上。与此同时，塑像也从浮塑变成了圆塑，即从墙体上脱离下来，变成了单体塑像。

这一过程不仅仅是塑像在呈现艺术上的变化，也是观者体验上的变化。因为神龛在中国的应用场景中，一般是用来放置祖先牌位的，当观者看到洞窟里的一层佛龛时，这种熟悉的场景会让观者自然产生崇敬之感。但成语有云"敬而远之"，正是因为太过尊敬，观者与佛像往往有很远的心理距离，再加上佛龛一般很高，这又加重了观者的距离感。

然而，如果观者面对的是双层龛，这种自带透视功能的佛龛，让观者由近及远地看到了天王、菩萨和弟子，最后抵达最远的佛陀，佛龛似乎是墙壁上幻化出来的佛教世界的入口，让观者有了置身于佛国世界门口的感觉。最巧妙的还是中心佛坛窟，四面都是墙壁，塑像放置在洞窟的中心，此时，佛教世界的入口就变成了低矮的佛坛。既然佛教世界的入口在脚下，那么观者已然进入了这方世界，更何况观者就在塑像之间游走，佛陀触手可及。当观者站在阿难塑像的一旁，发现阿难与自己一样高，自己与阿难站在一起，那自己岂不已经是觉悟了的罗汉吗？

这样看来，敦煌石窟空间的变化，就是不断在塑造虚拟现实，不断打造观者的沉浸式体验的过程。而沉浸式体验要攻克的难点就是超低时延，以至于没有时延。笔者曾被大足宝顶山石刻的涅槃佛所震撼，工匠们仅仅雕刻出释迦牟尼佛身体的上半部分，以表达出涅槃的境界，即逐渐隐入大地之中，成为天地的一部分。清代李渔在《闲情偶记》中描述声音之道时说："丝不如竹，竹不如肉，为其渐近自然。"敦煌石窟的设计者不仅关注塑像，更注重观者的体验。洞窟不再是一个物理空间，而是一个精神空间，观者在洞窟里是一种在佛教世界"游动"的状态，自己的肉身不再是物质性的，而是精神性的。北宋著名画家兼画论者郭熙就在《林泉高致》中就这一状态有经典的描述："谓山水有可行者，有可望者，有可游者，有可居者。画凡至此，皆入妙品。但可行可望不如可居可游之为得……"

到了唐代，你会发现敦煌艺术的风格一下子变得完全不一样，它完成了艺术的积累，达到了质的变化，洞窟完全变成了虚拟的现实。塑像跟墙壁上的壁画结合也越来越紧密，二维空间和三维空间的边界变得越来越模糊。敦煌石窟的藻井更是将这种虚拟技术做到了登峰造极的程度。

藻井是洞窟的最高点，也是洞窟内所有壁画和视觉的中心，其他壁画可能受到塑像的遮挡而看不见，但无论你处在洞窟内的什么位置，都能看见藻井。佛教徒一生的目标是抵达净土，净土世界的代表是莲花，所以在敦煌石窟藻井上一般画的是莲花，而且莲花一定是开放的，因为这个最高处就是众生前往净土世界的入口。藻井周边一般还会画上十分繁复的纹样，还有类似于星系的联珠纹，因为窟顶是一个上小下大的覆斗顶，纹样不断扭转、压缩，就形成黑洞入口的既视感。莫高窟第5号塔的藻井上（图12），周边那种似乎被扭曲的光，就把这种穿越感展现得淋漓尽致。然而，藻井不仅仅是入口，也是出口，因为这种莲花叫"覆莲"，是向下开放的。当观者回过头来，才发现自己已经在莲花上，洞窟里还铺满了莲花砖——这分明是已经完成了穿越，佛坛上的佛陀不是触手可及吗？

这就是佛教根本的哲学，净土不在远方，而在脚下。当观者发现净土就在脚下的时候，就是觉悟的时刻了。这是一次完美的净土世界AI体验，令当时的人们流连忘返。所以，艺术想占有人类的东西从来不是财富、权力和赞叹，而是时间，人类消费时间的总和才是艺术的价值所在。

我常这样想：敦煌石窟是不是古人营造出来的一个游戏世界？

网络游戏是我们在真实生活中划分出来的虚拟现实，工作生活累了，可以通过登录账号在游戏里获得精神慰藉，那么古人呢？他们开凿的洞窟或许也是一个便捷的精神通道。我们想象一下：一个居住在敦煌的人，他为自己在莫高窟开凿了一个洞窟；平日里忙着农事，到了佛教固定的节日，他赶了一天的脚程，来到幽静的宕泉河谷，当他用钥匙拧开窟门的一刹那，是不是正在登录自己的精神账号呢？

一个人变成什么样，取决于对自己时间的经营，古代百姓的时间和今天的打工人一样，大块时间被他人定义和支配。而当他来到石窟，他的时间就不再被生计和禁令所支配。

我们来看看石窟里面有什么。敦煌石窟的甬道，在莫高窟已经看不见了，但榆林窟还有。甬道会营造一种仪式感，就像游戏的进度条，这是一条通往精神世界的固定路径，洞窟是精神世界的实体化。当窟门一关，你周身找不见一点点现实社会的影子，这里有的只是用丹青、墨线、泥塑组成的虚拟世界。洞窟里看不见太阳，所以时间消失了；洞窟里有一维的经文、二维的壁画、三维的塑像、向上延展的覆斗顶，二维空间和三维空间的边界变得越来越模糊，就打破了空间的界限。在这样一个没有时间和空间的洞窟里，古人会深陷其中，乐此不疲。佛教徒的一生，是追求净土的一生，而净土就是他们的精神原乡。洞窟里，脚踩着象征净土的莲花砖，周身围绕着弟子、菩萨、千佛，一个古人置身其中，他已经成为这个虚拟世界的一部分。此刻，他全然置身净土，好像这才是他的世界。

这么看来，石窟就像浪矢先生的解忧杂货店，关上门，一片漆黑，没有时间的流逝，你只需要静静等待，墙壁上的来信。

第八章

三大石窟背后的历史脉络

鸠摩罗什与凉州模式

龟兹公主正端详着眼前的这个光头和尚，小鹿乱撞，手足无措。

这个被灌醉的僧人是龟兹国的圣人、公主的偶像鸠摩罗什。她虽贵为公主，但这是第一次近到可以触摸到他俊美且坚毅的面庞。

第二天，吕光打开柴房的锁链，公主娇羞地跑出来，鸠摩罗什呆坐在原地。

这个故事的起因还要从淝水之战的主人公苻坚讲起。鸠摩罗什是闻名西域的佛学大师，前秦的国主苻坚是他的骨灰级粉丝。此时苻坚已经统一北方，为了能与偶像鸠摩罗什相见，他派遣大将吕光攻打西域。公元382年，吕光率领七万铁骑向着西域三十六国横扫而去。

三年后，吕光灭了龟兹国，终于见到了这个苻坚日思夜想的人。当吕光途经凉州的时候，听说苻坚在"淝水之战"遭到大败，已经被部将姚苌所杀，这位曾经的军中同事已经取代苻坚成为皇帝（所建政权史称后秦）。于是，吕光决定留在凉州，在姑臧（今甘肃武威）建立了自己的国家，史称后凉。

吕光不信宗教，颇具科学精神的他听说僧人不近女色，就把鸠摩罗什和龟兹公主关在一起，打算做一场社会科学的心理实验，所以才有了开头的那一幕。吕光本来期待看到的是鸠摩罗什信仰崩塌之后的慌乱和颓废，但这个僧人在短暂发呆之后，眼神中又迸发出坚毅的光芒。吕光被这个僧人折服了，于是不再调戏他。

从此，鸠摩罗什就在凉州城讲经说法，前后长达十七年。同时他又钻研汉语，成为精通多种语言的高僧，这是他后来成为中国四大译经僧之首的前提。

姚苌死后，其子姚兴继位。公元401年，姚兴派遣大军攻破凉州，后凉灭亡，鸠摩罗什被带到长安，并拜为国师。鸠摩罗什在译经和授徒两个方面都有巨大成就，道生、僧肇、道融、僧叡等名僧都是他弟子，从此中原佛教开始蓬勃发展。

在凉州居住的十七年间，这里成了鸠摩罗什的第二故乡，佛教受他的影响在河西走廊上普遍兴盛起来。鸠摩罗什在凉州讲法时，有许多人慕名而来，其中听讲最认真的一位同学就是沮渠蒙逊。

沮渠蒙逊与刘昞是鸡犬相闻的邻居，都住在临松（今甘肃张掖），他复姓沮渠，是匈奴族人。作为吕光的部将，他在凉州城汇报工作的时候，有幸听到鸠摩罗什讲法，于是对佛教产生了兴趣。

公元397年，沮渠蒙逊的伯父被吕光所杀，他起兵反对吕光，尊奉段业建立北凉。等沮渠蒙逊取代段业，攻占姑藏之后，偶像鸠摩罗什已经被姚兴接到长安，但沮渠蒙逊的佛教信仰日益浓厚，所以他打算邀请凉州高僧昙曜开凿一处宏大的石窟，这就是著名的天梯山石窟。

自莫高窟诞生之后，佛教热潮渐渐兴起，石窟艺术成为河西人争相追捧的文娱产品，一座座石窟相继被开凿。敦煌莫高窟、瓜州榆林窟、玉门昌马石窟、肃南文殊山石窟、张掖马蹄寺石窟、武威天梯山石窟等，一座座千年石窟，像一串观音遗失在大地上的璎珞，点缀在丝绸之路黄金带上，构成了世界上规模最大、延续时间最长、朝代序列最完整的石窟艺术走廊。

石窟艺术与丝绸之路相伴相生，从长安到罗马的丝绸之路，全线八千多公里，一千多公里的河西走廊是主干道。沿着这条走廊，石窟艺术走进了中国的广大地区。

以天梯山石窟为代表的河西早期石窟群，积极承传来自贵霜和西域的艺术成就，并最早开始融合汉地艺术，形成独具特色的石窟样式。因此，宿白先生在1986年的《考古学报》上把这一现象称为"凉州模式"。

从凉州到平城

公元 439 年，北魏太武帝拓跋焘灭北凉，北方经历了一百多年的分裂割据后，又迎来了统一。北魏的都城在平城（今山西大同），为了充实平城的实力，削弱地方，皇帝下令从凉州城迁宗族吏民三万户到平城。这一次的人口迁徙对古代中国的影响十分深远。

首先，当时的世家大族在国家政治、经济和文化生活中发挥着重要作用，河西地区的世家大族一直在家族内部延续着儒家文化的根脉。后来，他们在经学的基础上又创造出别开生面的"五凉文学"。在郭荷、郭瑀、刘昞师徒等学者和李暠等君主的共同努力下，儒学得以在河西保全发展。有了这三万户移民，平城获得的不仅仅是人口，也获得了河西儒学承传下来的中华文脉。以刘昞为代表的河西学者在北魏政权得到了礼遇和重用，积极参与了北魏的文化转型和政治改革。

其次，迁到平城的三万户中有僧侣三千多人，这些人实际上就是"凉州模式"的创造者。他们成建制地迁入平城，使曾经盛极一时的凉州佛教及其艺术受到重创，敦煌成为继凉州之后的河西佛教中心，促进了敦煌石窟的迅速发展。当然，最大的获利者还是平城，因为昙曜也在东迁的队伍中。

凉州僧人师贤到平城后，任道人统，主持全国佛教僧务。公元 460 年，师贤去世，同乡昙曜继任，改称沙门统。昙曜刚刚上任，魏文成帝拓跋濬就给他安排了一个大项目：在武州山上开凿皇家石窟。这对于开凿过天梯山石窟的昙曜来讲是轻车熟路。平城的武州山上有大量适合雕塑的砂岩，这里又是皇家园林鹿苑，与佛教四大圣地之一的鹿野苑名称相近。于是，昙曜带着凉州来的工匠们开始了工作。他们都是在开凿天梯山石窟的过程中培养出来的能工巧匠和雕塑家、彩绘家，只用了短短五年的时间，就完成了云冈石窟的代表作"昙曜五窟"的建造（按今天的编号是第16—20窟）。各窟雕饰之奇伟、艺术形象之丰富精美，可说是旷古所无，令人叹为观止。

在昙曜开凿的五个洞窟中，居中位置都有一身宏大的佛陀，这是云冈石窟最大的一批佛像。这种造像的模式是魏文成帝授意下的结果，北魏作为鲜卑族建立的政权，首先面临的是皇权正统问题。"天命"是古代王朝政权成立的关键，为了解释天命，很多建政皇帝都曾为了寻找天命来源而煞费苦心。北魏皇室属于鲜卑族拓跋氏，鲜卑是继匈奴之后在蒙古高原崛起的游牧民族，兴起于大兴安岭。我们在第六章提到过，建立前赵的匈奴人刘渊为了解释自己的天命，把刘备、刘邦当作自己的祖先，不过汉高祖刘邦确实曾将宗室公主嫁到匈奴。这样看来，北魏的开国皇帝拓跋珪应该很羡慕刘渊，因为鲜卑人是来自嘎仙洞的老牧民，确实没什么中原的亲戚可以攀附，所以只好投靠佛教。

中原人最开始理解佛教的时候，把佛陀看作佛教的帝王，于是北魏就有了开凿昙曜五窟用来象征五位皇帝的设想。这五位帝王就是道武帝、明元帝、太武帝、景穆帝及主持开凿石窟的文成帝。

昙曜五窟是中原皇家石窟的开始，也揭开了云冈石窟开凿的序幕。自此至孝文帝迁都之前，皇家经营云冈历时四十余年，这个时期也是北魏最稳定、最兴盛的时期，所以才有云冈石窟的大气磅礴。

平城位于蒙古草原与中原的交界地带，同时也是草原丝绸之路的重要枢纽，这种地理位置的特征与位于甘肃和青海交界地带的炳灵寺石窟有相似之处。正是草原、西域、中原多种文化的交互和碰撞，造就了云冈石窟的丰富多彩。

虽然同属石窟艺术圣地，但敦煌石窟与云冈石窟有本质的区别。敦煌石窟具有天然的民间属性，不画庙堂只画众生，而云冈石窟有皇家宣传工具的属性。可以说，敦煌石窟是一个广场，而云冈石窟是一座高塔；广场是公众自发聚集而成秩序，可以融汇任何人和艺术；高塔是官方颁布的秩序，是自上而下的艺术标杆。

昙曜的两次危机

云冈石窟的开凿，除了魏文成帝用来解释天命之外，也与昙曜的一次死里逃生有关。

魏文成帝的爷爷太武帝是一位道教徒，就在灭掉北凉的第二年，他把自己的年号改成了"太平真君"，由此可见他对道教的虔诚。因此,从凉州迁徙到平城的三千僧人都算是北魏的俘虏,最初昙曜的日子并不好过。

六年后(445年),北凉国主沮渠蒙逊的同族卢水胡人盖吴起义。太武帝亲自率军西征,抵达长安时,士兵们发现一处寺庙中藏有大量兵器,以及酿酒器具、地方官员寄存的财物,甚至还有隐蔽的小妓院。一个小小的寺院,竟然犯了私藏兵器、勾结官员、违背教规三大重罪,太武帝勃然大怒。这些罪行是由随行的大臣崔浩向太武帝禀告的,崔浩是北魏道教徒的代表性人物,整件事是否出自他的设计已不得而知。

同年,太武帝下令,将北魏境内的寺庙全部拆毁,佛像砸碎,佛经一律焚烧,僧尼全部坑杀。这是中国佛教史上第一次灭佛运动。

此时,待在平城的昙曜原本在劫难逃。好在当时的太子拓跋晃信仰佛教,先放出消息让僧人赶紧出城避难,之后才颁布灭佛的诏书,昙曜得以躲进山里死里逃生。

天将降大任于斯人也,必先劳其筋骨。昙曜经历这样的凶险已经不是第一次了。

公元429年,沮渠蒙逊派太子沮渠兴国征伐西秦(十六国之一,由陇西鲜卑族首领乞伏国仁于公元385年所建),不料兵败被擒。之后,大夏国主赫连勃勃灭了西秦(431年),但很快又被吐谷浑打败,沮渠兴国在这次混战中被乱兵杀死。北凉王沮渠蒙逊得到这个消息之后无比悲愤，他把儿子的惨死归罪于昙曜的老师昙无谶（chèn）。

昙无谶是西域高僧，沮渠蒙逊对他十分崇敬，把他看作北凉的鸠摩罗什。印度文化中咒术盛行，早期佛教传入中国的时候，为了让信徒感受到圣迹，往往使用类似于如今魔术一样的幻术传教。莫高窟的323窟中，就绘制了大量关于早期佛教传播中高僧的神迹，唐代及其以后的密宗就深受其影响。昙无谶本身也是幻术大师，沮渠蒙逊在派太子出征之前就曾请昙无谶占卜吉凶，结果是大吉，于是太子欣然出征。沮渠蒙逊每每想到这里，顿时觉得自己单纯的心灵被昙无谶欺骗，认为佛教都是骗人的，于是下令驱逐所有的僧人。昙曜和他开凿的天梯山石窟也危在旦夕。

沮渠蒙逊在开凿天梯山石窟时，让昙曜为自己的母亲雕凿了一尊丈六的石像，每到母亲忌日就前往礼拜。这一年沮渠蒙逊去礼拜的时候，看守寺院的人告诉他，那座石像自颁布驱逐僧人的诏令之后就一直泪流不止。沮渠蒙逊亲自前往查看，果然看到石像眼睛落泪如珠，他赶紧跪下顿首，深感后悔，立刻下令召回僧人。

其实，让石像"流泪"并不难，笔者有一次雨后参观天梯山石窟时，就曾见过这样的景象。石像头顶的雨水逐渐从佛陀肉髻的缝隙中渗落下来，在眼眶中聚积，就会出现这种现象。看来，这是昙无谶和昙曜师徒两人表演的一场远景魔术，单纯的沮渠蒙逊又上当了。不过，昙曜和天梯山石窟都逃过一劫。都说出家人不打诳语，昙曜师徒两人说谎是为了保护天梯山石窟，不为教规诸相所困，这才是高僧的境界。

正因为拥有这样的经历，躲在山里荒野生存的昙曜并没有被眼前的困难击倒。果然，文成帝即位后（他的父亲拓跋晃先于太武帝死去）就迅速推行了复佛措施，昙曜也走出深山。

回到平城之后，他痛定思痛，为了使佛教能够永远流传，不致因一时政治权力的迫害而使经像法物荡然无存，他向皇帝提出了开凿石窟的建议。文成帝十分赞同，于是下令："诏遣立像，其徒唯恐再毁，谓木有时朽，土有时崩，金有时烁，至覆石以室，可永无泐（lè）。"皇帝认为石头上的佛像能够永远被保存下来，于是昙曜五窟应运而出。

佛教与皇权的矛盾

当然，佛像永存只是昙曜的一厢情愿。在中国历史上，太武帝之后还有北周武帝宇文邕、唐武宗李炎和后周世宗柴荣发起灭佛运动，合称"三武一宗之厄"。这四次由皇帝直接发起的灭佛运动，使佛教在中国的发展受到很大打击，佛教史上称其为"法难"。

佛教为什么频频遭受这样的危机呢？原因来自佛教和皇权之间根深蒂固的矛盾。

首先，佛教的信仰颠覆了皇权的存在依据。佛教诞生于婆罗门教统治下的种姓社会里，释迦牟尼所在的释迦族属于刹帝利，为了从婆罗门的手里夺权，于是提出了众生平等的理论。既然众生平等，那么皇帝和百姓也就没什么区别，这天然地取消了"天子"的特殊性，这类似于陈胜吴广的"王侯将相宁有种乎"的疑问，由此可以推理得出：任何人都可以当皇帝。这样的理论在古代是十分危险的，东晋高僧慧远甚至公然写出《沙门不敬王者论》，皇权自然无法容忍。

其次，佛教的教规严重影响了封建社会的安定。中国古代是一个家国同构的社会，家族是组成社会的单元，宗法制度规定了社会的基本秩序。佛教徒为了信仰脱离了家族，不再承担社会中的责任和义务，冲淡了宗法观念。于是，有佛教徒的家族开始崩解，加剧了南北朝时期社会的动荡。直到后来儒、释、道三家合一，底层社会才逐渐稳定下来。

最后，佛教的寺院经济严重影响了皇家的赋税。皇权的统治和社会的秩序维护都需要经济支撑，可是僧侣们既不用交税，也不用劳动，还受百姓崇敬。那些日子过不下去的农民和想要逃税的地主，都开始寻求佛教的庇护，比如活不下去的朱元璋就曾在皇觉寺混过饭吃。随着越来越多的人加入佛教，佛教的经济实力空前庞大，"南朝四百八十寺，多少楼台烟雨中"正是形容这一景象的。寺院拥有自己的僧户、田产、集市，甚至还有银行和僧官，这俨然是一个独立的王国了。全国的羊毛就那么多，寺院薅得多了，政府就拿得少。北魏太武帝时期，僧户占全国人口的近十分之一，唐武宗的时候"十分天下财，而佛有七八"，这才有了武宗诏书中所说的"求兵于僧众之间，取地于塔庙之下"。

佛教后来之所以频频成为威胁皇权的力量，昙曜在其中发挥了重要的作用。昙曜在中国石窟史上的地位无人堪比，他不仅是石窟鼻祖天梯山石窟的开创者，也是云冈石窟的奠基人。正是因为他亲身经历过两次佛教危机，为了不让佛教再次遭受劫难，昙曜五窟开凿完成之后，就着手推进佛教的制度建设。他奏请文成帝批准了相关政策，如将当时刚刚打下来的青州的百姓作为"僧祇户"，寺院就拥有了人口；让百姓每年上交60斛（hú）谷物给寺院，称为"僧祇粟"，寺院就拥有了财产；将犯重罪的囚犯和官奴作为"佛图户"，为寺院服役种田，寺院就拥有了免费劳动力。

从此，寺院成了自给自足的闭环社会，建立起稳固的经济基础，寺院实际上成为占有大量土地和依附人口的封建庄园。昙曜以一人之力改变了佛教徒一千年来的乞食生活，佛教从此走上了独立自主的发展道路。然而，这种发展是以蚕食政府财政实力为前提的，最终招致了更惨烈的灭佛运动。

对政府而言，灭佛之后的效果是显著的。公元438年，太武帝诏令五十岁以下僧人全部还俗当兵，第二年就灭了昙曜的故国北凉，统一了北方中国；公元574年，北周武帝灭佛后国力大大增强，为北周灭齐乃至统一北方都奠定了坚实的基础。对比而言，拥有四百八十寺的南朝，国家财政一直被佛教扼住喉咙，所以才在隋王朝的铁蹄下身死国灭。

在北周武帝推动灭佛运动的时候，有一个和尚这样问他："皇帝这么做，死后不怕下地狱吗？"武帝说："如果我的子民可以安居乐业，那我下地狱又如何！"

从此番对话里，我们可以看到古代皇权对宗教的清醒认识。纵观古代政治，皇权与宗教之间往往呈现出若即若离的关系，主要原因是宗教有对"天命"的解释权。古代世界政治有一个基本的逻辑，就是"君权神授"，各个政权在建立之初都需要寻找一个授予自己君权的神。佛教看中了这个市场，于是也投其所好。

隋文帝和武则天在解释自己的天命来源时，都借用过佛教的概念。那么，佛教为什么会成为很多起事者的革命理论呢？因为佛教自诞生之时就是以推翻婆罗门为目标的，释迦族作为旧秩序中的第二等阶级，提出众生平等和佛陀的概念，既抹除了婆罗门的阶级优势，也提高了释迦牟尼的地位。但是，当颠覆者建立新秩序之后，佛教就有可能成为培养下一代颠覆者的理论基础，因此要限制佛教的发展。

当屠龙少年变成恶龙之后，他最惧怕的就是有另外一个少年捡起他当年屠龙的宝剑。这也是资源的诅咒，你因什么而伟大，必然会因什么而消亡。

昙曜为了保护佛教与石窟，设计了让佛教壮大的宗教制度，这些制度反而在其圆寂后的五百年间一直让佛教与石窟面临生死挑战。直到宋代儒、释、道三家合流，禅宗也改变了寺院的生活方式之后，佛教再也没有遭受灭佛的危机。

从平城到洛阳

昙曜对佛教日后的发展影响很大，而他对石窟艺术的影响则更为长远。

公元471年，孝文帝拓跋宏即位。自太武帝镇压盖吴起义之后，北魏国内的起义依旧有增无减，冯太后分析眼前的朝局，认为北魏已经统一北方，治理国家的方式应该从创业模式转为守业模式。此时，北魏民族化的治理方式和落后的官僚制度导致国内矛盾重重，政局很不稳定。基于此，冯太后和孝文帝推行了一系列的汉化改革，历史上称为孝文帝改革。

为了便于学习和接受汉族先进文化，进一步加强对中原核心区的统治，孝文帝把国都从平城迁到洛阳。

第一批迁往洛阳的是建造国都的工匠，而这些工匠中就有曾经开凿了云冈石窟的凉州僧人及匠人，于是规模宏大的龙门石窟群也在皇家的授意下开始营造。凉州匠人是云冈石窟、龙门石窟的重要技术力量，昙曜则是北魏石窟营建的精神领袖。由此可见，在佛教文化和石窟寺艺术方面，河西的石窟走廊是北魏的源头，龙门石窟的建造艺术风格，无不体现着天梯山石窟和云冈石窟的特点，因此，天梯山石窟被称为石窟鼻祖。

公元485年，南朝画圣陆探微逝世。陆探微把张芝的草书体运用到绘画上，创造了"秀骨清像"的审美风格，是以书法入画的创始人。这种天衣飘举、清秀瘦削人物审美，颠覆了犍陀罗艺术中传统的"曹衣出水"（人物衣纹线条紧贴肉身，形成一种刚刚出水时衣服被打湿的效果）。在龙门石窟开凿的时候，孝文帝汉化的思潮和陆探微"秀骨清像"同时被汇入龙门石窟的艺术中，从而反映出河西文化、鲜卑文化、中原文化和南朝文化的多重因素，石窟艺术呈现出中国化的趋势。所以龙门石窟是中国石窟艺术变革的"里程碑"。

公元525年，北魏宗室元荣出任瓜州刺史（敦煌当时属于瓜州治下），在治理敦煌的时候，他将这种艺术变革也带入了敦煌石窟之中。学者们考证指出，莫高窟第285窟应该就是元荣的功德窟。窟内造像及壁画人物形象呈现褒衣博带的服饰风格，继承了云冈石窟和龙门石窟的艺术审美，造就了莫高窟北朝艺术的巅峰。元荣在瓜州任职近二十年，对莫高窟的开窟造像保有很大的热情，对敦煌佛教艺术的发展作出了重要贡献。

孝文帝的汉化改革不仅推动了佛教艺术的发展，也促进了中国历史的发展进程。鲜卑统治者接受了先进的汉文化制度，不仅缓和了民族矛盾，巩固了政权基础，更促进了民族的大融合，为后来的隋唐王朝结束长期分裂局面、重新走向国家统一提供了条件。

孝文帝的改革在大获成功的时候，也埋下了王朝灭亡的隐患。因为推行汉化政策的时候太过急躁，导致鲜卑旧贵族无法在短时间内适应，从而引发了北方势力的强烈反对。

北魏迁都洛阳后，长期戍守在北边的沃野、怀朔、武川、抚冥、柔玄、怀荒六镇的贵族地位下降，将领与士兵不和，加上北方冬季极端气候的影响，最终在公元523年爆发了六镇起义。这次起义虽然最终被镇压，但在战争中却培养出了一大批军事将领，成为后来颠覆北魏王朝和再次统一南北的主人翁。

在六镇之中，最耀眼的就是武川镇（今内蒙古武川县）。北魏时，有一位道人云游到武川镇，他走进城内的时候，发现满街都是帝王之气。道人惊诧不已，怕朝廷知道此事，就赶紧烧掉了相书。

我们不能嘲笑道人的惊诧，因为当我们在一千五百年前的武川镇逛街时，同样会目瞪口呆。我们来看看武川的居民都有谁呢？宇文泰，北周的奠基人，唐太宗李世民的外曾祖父；杨忠，隋文帝杨坚的父亲；李虎，唐高祖李渊的爷爷。由此可以看出，北周、隋朝和唐朝的皇族都来自武川镇，他们影响了近三个半世纪的中国历史。

隋唐帝国即将在北朝的混沌里诞生，但此时，在武川镇当大头兵的杨忠还在为吃不饱饭而发愁。他决然想不到的是，自己的儿子将会成为南北朝的终结者，自己则会被追封为隋唐那个灿烂时代的第一位皇帝。

第九章

隋朝的佛教与炀帝西巡

隋朝皇帝的佛教渊源

昙曜把凉州模式带到了云冈和龙门，敦煌石窟接过凉州石窟的接力棒之后，北朝贵族又把中原成熟的佛教艺术带到了敦煌，这是中原对敦煌的回馈和反哺。

北魏和西魏时期，东阳王元荣主政敦煌，为敦煌带来了"秀骨清像"的艺术风格。西魏灭亡之后，北周建平公于义又为敦煌带来新的艺术血液。莫高窟现存刻于公元698年的《李君莫高窟佛龛碑》，记载了这两位北朝贵族来到莫高窟的事迹，即"刺史建平公、东阳王等各修一大窟"。上一章讲到，东阳王元荣在莫高窟营建的洞窟应该是第285窟，专家推测，建平公于义则开凿了第428窟。这两个洞窟艺术成就极高，是西魏和北周两个时代的莫高窟艺术巅峰。他们营建洞窟也引发了当地百姓的纷纷效仿，从而揭开了莫高窟大规模开凿的浪潮。

北周时期，莫高窟的绘画艺术为之一变，不再是元荣带来的那种人物修长、面目清秀的"秀骨清像"风格，而是呈现出一种人物形体丰腴、面部凹凸晕染的"面短而艳"风格。这种风格是南朝梁武帝时期的张僧繇（yáo）所创，画史上称为"张家样"。这位画家就是中国古代神话传说中"画龙点睛"的主人公，可见他的绘画艺术之高。张僧繇的绘画艺术对后世有着深远的影响，在其绘画艺术的基础上，唐代逐渐发展出丰满圆润的绘画风格，从而成就了敦煌唐代雕塑和绘画艺术的巅峰。

就在于义任瓜州刺史，把"张家样"带到敦煌的十年后，公元 574 年，北周武帝开始了灭佛运动，于义被召回长安。好在莫高窟天高皇帝远，灭佛运动并没有波及这里。

于义的老朋友杨坚就没有这样的好运气，他只好把自己家的智仙尼姑藏起来。好在，他在一年前把自己的女儿嫁给了太子，所以杨家成为周武帝的亲家，智仙尼姑逃过一劫。

杨坚的老婆是气场强大的独孤皇后，即使杨坚成了皇帝，也特别怕她。独孤皇后干脆废除了三宫六院制度，每天盯着夫君上下班。有一次，杨坚在宫中偶然遇见一个楚楚动人的宫女，于是派人跟皇后说晚上要加班批奏折，实则当夜就临幸了这个宫女。第二天，杨坚草草应付完早朝，就溜回宫中，还想睡个回笼觉，推开门看到的却是那个宫女的尸首。杨坚惊魂未定，声泪俱下地喊到："这皇上当得太窝囊，老子不干了！"翻身上马奔向山里，当晚躲在一所寺庙里抱膝抽泣，悲伤得像个 200 斤的孩子。大臣们闻讯后急忙跑到寺中安慰："陛下，国不能一日无君，为了天下苍生而跪老婆搓衣板，苍生会感谢您的，万岁！"

杨坚听到这样的日子还要万岁，对大臣杨素翻了翻白眼，感叹道："朕贵为天子，而不得自由！"说完发现也没有其他办法，娶了独孤氏就注定孤独，他只能无奈地返回宫中。

这样狠辣的独孤氏，怎能允许一个尼姑住在家里呢？因为这个尼姑是杨坚的养母。

公元541年，杨坚出生于般若寺。《隋祖起居注》记载了他出生时的场景：红光充满了产房，产房外紫气弥漫，院子里很多人的衣服竟然被染成紫色。

这显然是杨坚当了皇帝之后，专门找宣传部门做的形象公关，以掩盖自己从北周静帝那里夺权的事实。草根出身的朱元璋后来抄袭了杨坚的出生方式，他老爹朱五四说他出生时，四面通风的破瓦房里也充满了红光，邻居以为他们家着火了，纷纷端着洗脚盆来救火。

杨坚出生是在夏天，他的乳母用扇子给他扇风消暑，结果他受凉后差点喘不上气来。此时，智仙尼姑刚好云游到此，略懂医术的她救了杨坚一命。从此，杨忠夫妇就把杨坚托付给智仙尼姑抚养，智仙尼姑一直把杨坚视为亲生儿子。有一次，杨坚的生母吕苦桃去寺院中看婴儿杨坚，当她抱起儿子时，杨坚额头突然长出龙角，杨母大惊，失手将杨坚扔在地上。智仙尼姑赶紧抱起杨坚,失落地说:"我儿是真龙,夫人一摔,导致他晚得天下啊!"

这又是杨坚对"天命"的解释,还是抄袭了刘邦出生时的故事。我们不能怪刘邦、杨坚、朱元璋互相抄袭,毕竟中国历史上有太多的创业皇帝,而天命只有一份。

正是因为自幼长于寺院,深受智仙尼姑的影响,杨坚十分笃信佛教。佛教不仅丰富了杨坚的精神生活,也为他解释"天命"提供了学术支撑。

佛教中代表未来的是弥勒佛,佛教认为弥勒会在释迦牟尼涅槃五十六亿七千万年后,从兜率天宫降生到人间。所以很多得位不正的皇帝都曾借用弥勒的故事来解释自己的"天命",其中最著名的就是武则天。隋文帝杨坚也盯上了弥勒下世的故事,并专门找文案高手伪造了一本《佛说德护长者经》。经文记载:"于当来世,佛法末时,于阎浮提大隋国内,作大国王,名曰大行。能令大隋国内一切众生,信于佛法,种诸善根。"杨坚鼓吹自己是弥勒的化身——月光童子。按经文中的意思,释迦牟尼在一千多年前就给印度僧人们说,东方会有一个大隋国,皇帝叫杨坚,圣明贤德,让百姓都皈依了佛教。

虽然听起来荒唐,但从外孙那里抢来皇位的杨坚也找不到像样的祖先,只好利用佛教讲故事了。故事的好处是,只要人们讲的次数足够多、时间足够长,就会成为习以为常的共识。

后来隋炀帝杨广继承了父亲的宣传技能,也加入了佛教故事创作的阵营中。

公元588年，年仅二十岁的晋王杨广率军南下，灭亡陈朝，平定江南，结束了自东晋以来三百年的南北分裂，完成了国家统一的伟大功绩。

正是因为从小生活在佛教氛围十分浓厚的家庭环境中，受父亲杨坚的影响，杨广也信仰佛教。他还在江都（扬州）时，就万分仰慕陈朝的国师智𫖮（yǐ）大师，等他攻灭陈朝之后，就把智𫖮大师请到江都，并受戒成为智𫖮的徒弟。

公元597年，智𫖮大师圆寂。第二年，杨广为智𫖮大师修建天台寺以作纪念，后来更名为国清寺。为什么改名呢？时人都说"寺若成，国则清"。看来这又是为杨广取代昏庸的杨勇成为太子而制造的"天命"舆论。

周武帝灭佛后，佛教在中原大地一蹶不振，正是因为隋朝两代皇帝有深厚的佛教渊源，才扭转了佛教发展的颓势。在隋朝短短的37年间，据不完全统计，新出家的僧尼达五十余万人，修建了寺塔五千余座，塑造佛像数以万计。仅以隋代莫高窟的营建为例，新开凿的洞窟有94个，比此前北凉、北魏、西魏、北周四个时代莫高窟开凿洞窟的总数多两倍。

与此同时，佛教宗派也开始在中国大地上诞生。自敦煌高僧昙猷晚年在天台山隐居，天台山成为南方佛教圣地，智𫖮大师传承天台山法脉，创造了天台宗。后来，吉藏大师又在长安创立了三论宗。于是，中国的佛教宗派如雨后春笋般从隋代开始生长，唐代时终于形成了著名的佛教八大宗派。

自此之后，中国接替印度和中亚，成为佛教文化和艺术的中心，并开始向东亚地区辐射，佛教及其艺术迎来了巅峰时期。

帝国的弥合剂

隋唐时代的佛教确实灿烂如满天星辰，但我们还是不能被艺术的表象所迷惑。中国的先秦诸子在百家争鸣的时候，打造了中国人"子不语怪力乱神"的哲学宗教观，所以延承至今，中国人的宗教信仰观念比较淡薄。隋朝两代帝王虽然显现出对佛教的狂热，但并不是单纯出于宗教信仰的目的，而是为了解释"天命"和维护国家统一。

北周最开始在国境内推行灭佛运动，灭亡北齐后，把灭佛运动扩展到中国北方全境，有专家猜测，中国雕塑史上著名的邺城造像和青州造像就是因此被埋到地下的。周武帝灭佛意志坚决，北方许多名僧和佛教徒都纷纷逃往江南，比如北齐的昙迁和靖嵩等僧众三百余人迁徙到江东，带去了后来佛教八宗之一法相宗的启蒙思想，隋炀帝的师父智𫖮大师也在此时来到天台山修行。

北朝时期，识字率还很低，识字的人中很大一部分就是僧人。为了学习佛经，有的僧人不仅识字，还懂得几门外语，于是寺院承担起了扫盲教育的职能。因为拥有大量信徒，作为知识分子的僧人在社会中号召力很大，他们逃到南朝，痛斥周武灭佛，成为北朝政权的坚决反对者。

就算在北周内部，也有很多反对势力，"凉州瑞像"的诞生就与此有关。传说高僧刘萨诃云游到凉州的时候，对着御谷山（今甘肃省永昌县境内）礼拜，并对弟子说：日后有一尊佛将会从这座山中出现，如果天下太平，佛像就完好无损；如果出现乱世，佛头就会脱落。公元520年，果然有一座石像出现在这里的崖壁上，但是没有佛头，于是人们雕刻了佛头放在石像的脖颈上。公元573年，就是周武帝灭佛的前一年，瑞像的佛头突然自行落地，人们白天重新安放好，夜晚又脱落了，反复十余次都是如此。之后，北周灭佛就开始了，人们认为这印证了刘萨诃的预言。

这尊瑞像确实存在，它是山崖经过风吹雨打之后形成的一个人体的大概轮廓，当时的人们认为它就是佛像。这个故事应该是僧团为了抵抗灭佛、反对北周政权而附会的。兰州大学张善庆先生研究认为，佛头的跌落与北周建德年间河西地区的地震有关，御谷山正处在祁连山地震带上。

隋文帝知道了这个故事之后，认为凉州瑞像顺应天命，预言了北周政权的灭亡和隋朝的诞生，是护佑隋朝的神像。于是，开皇年间就在原址之上修建了瑞像寺，大业五年（609年）隋炀帝西征，还亲自前往礼觐，并改为感通寺。隋朝皇帝确实应该感谢天命，因为自隋朝建立后，凉州地区再也没有发生地震，所以佛头没有再次掉落。

北方僧众南逃之后，南朝的佛教迎来了较大发展。南北朝佛教的主要特点是"北造像，南造寺"，北朝看重禅修，以开窟造像为多；南朝看重义理，以建造寺庙为主，所以才有"南朝四百八十寺"的诗句。南朝统治者也十分重视佛教，梁武帝甚至在寺院里舍身四次，僧人吃素就是他首先提倡的，后来成为佛教的教规。

佛教在南朝日益壮大的同时，南北方之间思想文化和生活习惯上的差别也逐渐增大。隋朝虽然在地理上统一了南北，但思想上的分歧还很大。对于当时的百姓来说，三百年的分裂才是常态，统一倒是稀奇的事。此时的隋朝与刚刚建立联邦时的美国十分相似，帝国内部正孕育着如林肯时代一般的南北对抗，国家安全遭受重大威胁。

作为统一南北的主将和南方的监管者，杨广在当晋王的时候就敏锐地发现了这一点。他拜名僧智𫖮为师，正是为了获得江南的支持。为了维护国家统一，隋朝皇家希望通过推崇佛教来弥合南北方在思想上的矛盾。

仅在思想上统一还远远不够，隋炀帝就开启了他的一系列超级工程：为了摆脱关陇贵族的控制，在更加靠近帝国地理中心的洛阳重新营建帝都；为了打通南北的交通，提高洛阳对全国的控制能力，开凿了以洛阳为中心的大运河；为了改变佛教独大和加强南北方对中央的政治依靠，开创了科举制度。

除此之外，隋炀帝在全国范围内搜罗、整理典籍，在洛阳建立了宏大的藏书殿和秘书省，洛阳成为天下学子向往的圣地。全国性方志图经的编撰也在此时开始，当一张全国地图放在隋炀帝的面前时，他终于露出了满意的笑容。

虽然统一了南北，隋朝周边还有高句丽、室韦、突厥、高昌、吐谷浑等政权，所以面临着十分复杂的民族矛盾和地缘政治问题。中原地区"华夷之辨"的民族思想根深蒂固，使其无法受到周边民族的认同。面对这样的隔阂，隋文帝又从佛教中找到灵感。因为周边民族或多或少都有佛教的信仰者，佛教讲求众生平等，因此在与周边民族对话时，隋朝的外交政策逐渐从天朝上国的自我设定转变成了"教友"。

隋文帝在"众生平等"这个共识的基础上求同存异，再采取军事上防御和政治上招抚的两手抓政策，有效处理了民族矛盾，被北方少数民族尊称为"圣人可汗"。后来唐太宗就学习他姨姥爷这一招（李世民的祖母是独孤皇后的姐姐），对周边民族说"自古皆贵中华贱夷狄，朕独爱之如一"，于是就有了"天可汗"的尊号。

从隋朝皇帝建立统一国家的措施中可以看出，佛教发挥了重要的联结、弥合作用。

文化特区敦煌

我们已经知道，佛教作为外来宗教，最开始与中国传统文化相抵触。佛教传播者急切地想要找到自己的目标用户，而找到一座开放包容的城市，做一个线下的试点是不错的方法。纵观当时的天下，似乎只有敦煌才能接受这一批怀有梦想的思想创业者。

自汉朝设郡治之后，来到敦煌的移民迤逦不断，移民的身份也非常复杂，汉人有戍卒、家眷、罪犯、流民、望族、避难学者等；外国有侍者、商人和僧人等；民族身份有羌、月氏、乌孙、吐谷浑、粟特等。他们在这里交相汇达，从而形成了以汉文化为底色、多种文化并存的包容结构。

这种文化结构的形成，和敦煌的地理环境也有极深的关系。在敦煌，既有广阔的草原和湖泊，也有中原王朝苦心经营的肥沃良田，因而游牧、渔业、农耕、贸易等多种经济样式并存，多样的经济样式能够养活不同生活习惯的各个民族，这就为多元文化的共存奠定了长期基础。

当多种民族和文化在敦煌汇集的时候，敦煌实在是个太小的城市（直到现在从城东步行到城西只需要 40 分钟），大家都是邻里街坊，免不了要打招呼。这个时候就需要"社交货币"。就像世间万千商品，需要一个大家都认可的一般等价物来进行交换，这些不同文化背景的敦煌居民，也需要大家共同认可的文化和语言。语言自然是汉语，而在诸多文化的备选项中，他们选择了佛教。因为佛教认为众生平等，而人格的平等是对话和贸易的基础。所以佛教就变成了认知世界的一般等价物，把他们联结了起来。

另外，敦煌又处于帝国的边境，属于国家制度的边缘地带和地理开放区，中央政治的高压到达这里时会大大削弱。所以敦煌既能够接纳多种新的文化，也能让外来文化在这里完成中国化改造，而改造之后的文化往往既有汉文化的气质，又有域外文化的吸引力。

佛教传入中国后，敦煌常有外国僧人途经或居住，他们在学习汉语和汉文化的同时，又把佛经翻译为汉语，做足了去中原传播佛教的准备。到隋朝建立时，这种事业已经运行了五百年，敦煌成为佛教进入中国的试验田和基站。

可以说，敦煌不仅为隋朝贡献了弥合剂属性的佛教，也贡献了基本盘属性的儒学。隋朝统一后，以河西四郡为代表的河西儒学与传承自东晋的南朝儒学开始合璧，河西文化、中原文化、江南文化共同构成了隋唐文化的培养基。

隋炀帝西巡

公元 604 年，杨广即位，改年号为大业。"大业"这两个字几乎涵盖了隋炀帝的一生，成也大业，败也大业。

隋炀帝一直把超越汉武帝作为自己的人生目标，回顾汉武帝国的版图，隋炀帝发现，自己还有两块土地没有拥有，那就是西域和朝鲜。为了同样实现"张国臂掖"的宏图，他派裴矩去了张掖。

此时经过二十余年的稳定发展，河西四郡作为中国最早的对外开放城市，重新焕发了活力。西域商人迫切希望与隋朝贸易，但是，以悬泉置为代表的河西驿站已经破败不堪，无法为商旅提供军事和经济保障。此时，横跨东西的丝绸之路已经断绝了三百余年，大运河的修建已经打通了南北，为了完善中国大地上的一纵一横，丝绸之路的重新启动已迫在眉睫。

裴矩就是隋炀帝的张骞，强大的突厥被分化为东、西两部，就是裴矩外交智慧的成果。裴矩来到河西，敏锐地发现佛教在丝绸之路上的作用，于是以佛教信徒的身份与商人亲切交流，最终写成《西域图记》。书中记载了西域44个国家的山川地貌和风土人情，更为珍贵的是，这套地理图册第一次详细记录了丝绸之路的具体路线。

北道：从敦煌向北到达伊吾（今哈密市），沿着天山北麓，经过伊犁、怛罗斯、咸海、里海、地中海；

中道：从敦煌出发，沿着天山南麓，经过高昌（今吐鲁番）、焉耆（今焉耆回族自治县）、龟兹（今库车）、撒马尔罕等地至地中海；

南道：从敦煌出发，沿着昆仑山北麓，由鄯善（今楼兰）、于阗（今和田）、疏勒（今喀什地区）等地至地中海。

收到《西域图记》的隋炀帝对裴矩的工作十分满意，这本图册为国防安全和军事部署提供了地理指导，为国家治理提供了宏观视角，也为商人贸易指引了方向。

在给隋炀帝的上书中，裴矩还提到了重启丝绸之路的隐患。在当时，今天青海境内是鲜卑族政权吐谷浑的势力范围，随着西藏地区部落势力的崛起，吐谷浑的西部边境面临重大威胁，为了获得生存空间，常常派兵入侵河西走廊。如果河西丢失，长安也会受到威胁。

于是，609年3月隋炀帝率领十万大军亲征，打算一举解决吐谷浑。隋炀帝在今甘肃永靖县炳灵寺石窟附近渡过黄河，进入青海。吐谷浑伏允可汗得知隋炀帝亲征，早已逃之夭夭。隋炀帝无仗可打，就在拔延山（今乐都、化隆一带）举办了一场游猎比赛，算是隋军的一次野外团建。

5月，一份军事情报送到了隋炀帝的营帐：伏允可汗隐藏在覆袁川（今俄博河）。隋炀帝立刻派军队合围，大败吐谷浑，伏允可汗只带了十余骑逃走。这一仗彻底摧毁了吐谷浑的军事力量。

与此同时，裴矩已经在张掖为隋炀帝准备好了盛大的欢迎晚宴，27国使者也在张掖翘首以待，想要面见这位英武的帝王。

6月初，隋炀帝横穿祁连山途经大斗拔谷（今民乐县扁都口）时，遭遇了猛烈的暴风雪。这是祁连山区十分常见的现象，笔者就曾在6月份到民乐的同学家里打雪仗。隋炀帝没有天气预报可看，从洛阳出发的时候也没有准备好军大衣。祁连山风雪袭来的时候，文武官员和奴婢士兵冻死者过半，隋炀帝的姐姐杨丽华也得了感冒，最后病死在张掖。

6月17日，隋炀帝在焉支山上接见了西域27国的朝拜使臣，并举行了祭天仪式。西域国家财政拮据，一般不能给使臣报销太多的出差费，所以这些使臣也多是商团成员。于是，张掖城中举行了为期近三个月的文化交流和商业贸易大会。这次大会被誉为世界历史上第一次"万国博览会"。盛会之后，丝绸之路进入了最辉煌的阶段。

回到长安的隋炀帝心满意足，他在新征服的吐谷浑地区建立了鄯善（今若羌）、且末（今且末）、西海（青海湖西岸）、河源（今兴海东）四郡，这明显是对汉武帝河西四郡的模仿。隋炀帝比汉武帝更进一步，打通了青海到西域的通道，但这也为崛起的吐蕃扫清了东进的道路，导致后来敦煌成为吐蕃的领土。当时的隋炀帝沉浸在自己的伟大功绩中，他当然无法预料到百年之后的事。此时，河西这条西边的臂膀已经张开，下一个目标就是东边的高句丽。

后来隋炀帝深陷在征伐高句丽的泥潭里无法自拔，最终没有完成像汉武帝一样在朝鲜设立四郡的目标，反而落得身死国灭的结果。后世的史家无数次为他惋惜，如果他从张掖回来的时候也患病逝世，他将是比肩汉武帝的千古一帝。

这一切的源头，开始于晋王杨广变成太子的那一刻。那一年是公元600年，隋朝的命运自此改变，巧合的是，一个影响大唐和中国历史的人也在这一年降生，他就是玄奘。

第十章

玄奘取经与孙悟空的「诞生」

玄奘的成长经历

唐僧的名字在中国几乎家喻户晓。《西游记》中的唐僧，出身高贵，父亲陈光蕊是新科状元，母亲殷温娇是当朝宰相殷开山之女；后来其父亲在上任途中被水贼杀害，母亲也被霸占，小唐僧因此成了遗腹子；出生之后，母亲为保他的性命，把他放在竹篮中随江而下，后来被金山寺的老和尚捡到，后来成为一代名僧。

然而，历史上唐僧的出身远没有这么高贵，经历也没有那么离奇。下面我们通过玄奘的弟子慧立写的《大慈恩寺三藏法师传》，来了解玄奘的真实故事。

唐僧本姓陈，单名一个"祎（yī）"字。公元600年，陈祎出生于今河南偃师县缑氏镇陈河村。虽说也是官宦人家，但他的父亲陈惠只做过隋朝江陵县令这么个七品芝麻官，因为看不惯官场的腐败，就辞官回家，过着一面种田一面读书的隐居生活。他的母亲姓宋，在陈祎四岁时便去世了。陈祎并不是家中的独子，有三个哥哥和一个姐姐。在父亲的熏陶之下，他自幼好学，是一个标准的儒家弟子。

陈祎十岁那年（609年），父亲因病去世，他一下子变成了孤儿。早先出家的二哥陈素回家奔丧，就把无人照顾的弟弟带到了洛阳的寺院里。陈祎耳濡目染，后来就在净土寺出了家，法名玄奘。

公元618年，隋朝灭亡，天下大乱，洛阳变成一片废墟，玄奘和二哥为了躲避战乱，逃到了长安。但长安城也十分残破，唐朝初建，长安城里没有一座完整的寺庙，百姓甚至连吃的都没有，作为僧人的两兄弟只能化缘。为了求生，他们打算前往益州（今四川）。因为相对封闭的地理结构，益州在隋唐之际没有被战火波及，当时有很多僧人都逃往蜀中避乱。

玄奘和二哥商量之后，就收拾行囊，经过两个多月的艰难跋涉，终于通过了"难于上青天"的蜀道，来到了天府之国。这是玄奘的第一次取经之路。远行中获得的旅行知识和徒步经验，为他后来的西行壮举打下了基础。玄奘一生中大多数的时间都在路上，锻炼了极强的野外生存能力，堪称唐朝的"贝爷"。

在益州，玄奘学习非常刻苦，两三年间已精研了佛学的重要经典。在当时名僧云集的益州，玄奘兄弟两人是青年僧人的代表，被时人誉为"陈门二骥"。

玄奘是一个求知欲极强的人，小小的益州城已经不能满足他了，他想回到已经安定了的京城去学习佛法。二哥怕他在远行中遇到盗匪，也不愿意唯一的亲人离开自己，所以不同意。但玄奘去意已决，在那个将要偷偷乘船离开的夜晚，他回头望了一下灯火下的成都，之后就再也没有见过二哥了。

玄奘一路顺江而下，开始了他的游学之旅。这算是他的第二次取经之路。他先后游历了荆州、相州（今安阳）、赵州（今邢台），寻访了各地的名僧，几乎读遍了各家各派的佛教典籍。最后，他终于来到了长安。这时，他已是很有名气的佛学大师了。

一路向西

此时的长安是大唐的首都，也是世界上最大的城市，很多名僧会集到了长安。在长安城学习佛法的玄奘发现了一个问题，当时佛教的流派很多，各派有不同的佛经版本，而且版本之间分歧很大，甚至不能自圆其说。到底哪一版本才是真正的佛经呢？后来一位天竺来的僧人告诉他，佛教的诞生地天竺有最原始的典籍，于是玄奘就打算去天竺求法。

当时，为了防备北方的东、西突厥，朝廷封闭了玉门关，不许百姓随意流动，出关越境必须申请过所（护照）。玄奘就跟几个相约同去天竺的僧人向朝廷上表申请。

唐太宗李世民因为姓李，将老子李耳追认为自己的祖先，将道教奉为国教，此时的他也不认识玄奘，就毫不犹豫地拒绝了。

皇帝下了诏令，同伴们都打了退堂鼓，只有玄奘一直等待着新的机会。

这个机会终于让他等到了。公元 627 年，关中平原大旱，长安城的百姓纷纷出城找饭吃。恰好有一个秦州（今甘肃天水）的和尚孝达，在长安学习佛法，正准备返回家乡。玄奘就和他乔装打扮混在灾民当中，逃出了长安城。两人沿着陈仓古道，翻过巍峨的陇山，到了秦州。之后，玄奘独自启程，渡过黄河，翻过乌鞘岭，到达了凉州。

凉州的僧人们听说玄奘来了，纷纷前来邀请他开坛讲经，一留就是一个多月。凉州是丝绸之路上的重镇，西域的商人们听说玄奘要去天竺，就纷纷把消息传到了西域各地，也传到了当地行政官员的耳朵里。当时大唐和西域还处在敌对关系中，不准百姓随意出境。当有人向凉州都督李大亮举报玄奘的目的之后，都督大吃一惊，立即派人找到玄奘，令他不要再向前一步。

凉州的慧威法师知道了玄奘的志向和处境，十分同情他，就立刻派自己的两个弟子护送玄奘连夜逃出凉州，一路继续西行。这时的玄奘，不再只是求经的僧人，还成了朝廷追捕的逃犯。为了躲避官府的追捕，他们只能晚上出行，经过几天赶路，终于来到了大唐最西北的城市——瓜州。

也许是凉州都督还没有发现玄奘已经逃出凉州，所以玄奘要偷越边境的消息并没有传到瓜州。瓜州是大唐的边境了，怎样才能出关呢？玄奘暗地里从商人那里打问到了前往西域的路途。再往前走，就是八百里的戈壁和荒漠，没有人带路，根本走不过去。玄奘听了又愁又急，从凉州骑来的马也病死了，玄奘无计可施，只能暂且住在瓜州城外的开元寺（今锁阳城遗址塔尔寺），一面讲经，一面等待机会。

一个月过去了，追捕令到了瓜州。负责追捕的官员叫李昌（官职类似于瓜州派出所所长），他是虔诚的佛教徒，接到追捕令之后就立刻独自来找玄奘。玄奘以为李昌要捉拿自己，不敢承认真实身份。李昌着急地说："法师必须说实话，如果是，我才能给法师一条生路啊！"玄奘听了这话感动不已，将自己的取经心愿全部说了出来。李昌听了，被玄奘舍身求法的精神所感动，当着玄奘的面将通缉令撕毁。在唐代，撕毁公文是杀头的重罪。为了避免惊动其他官吏，他匆匆辞别了玄奘。

玄奘望着他的背影，来不及感动，赶紧收拾行李。

玄奘遇上石槃陀

收拾好行李的玄奘发现自己还面临着一个重大的问题：没有向导。近千里的沙漠，玄奘可从来都没有走过，如果一个人向前走，那绝没有活下来的可能。前面是沙漠，后面是追捕令，这让玄奘无路可逃了。

第二天，玄奘在寺院里参拜佛像时，有一个年轻的胡人来到了寺院里，他不拜佛，而是打量着玄奘转了两三圈。玄奘就叫住那胡人问话，胡人说他叫石槃陀，见法师特别像昨夜梦中出现的僧人，所以十分好奇，想拜玄奘为师。玄奘知道了缘故，就收他做了徒弟。这是玄奘一生中收的第一个徒弟。石槃陀向玄奘讲了自己的身世，原来他是往来西域多次的商人。玄奘十分高兴，就说出了自己西行求法的计划，石槃陀当即答应保护师父取经。

当天，两个人为了收拾行李忙了一晚上。第二天黄昏，玄奘早早就来到约定的地点，过了一会儿，石槃陀和一位老胡人来到玄奘跟前。玄奘见有外人来，心想：他不会把我偷渡的行踪给暴露了吧！

石槃陀怕师父疑心，解释说："阿伯是我们这里走过驿路最多、最熟悉去西域路途的人，所以我请阿伯来介绍一下西去要注意的事情。"

老胡人说："从这里西去，遍布着沙漠和荒滩，除了烈日和沙尘暴，还有时常出现的鬼魅热风，十分凶险。以前，僧侣们都是成群结队出行，但活下来的往往不到半数。法师一人前行，与送死有什么分别？"

玄奘说："我曾发誓，一直向前，前往天竺，宁死也决不退后一步，老伯就不要再劝我了。"

老胡人见玄奘不顾性命也要取得真经，感动地说："法师如果一定要西行，你的这匹白马可不行，它看着很健硕，但一直被养在马圈里，从来没有走过长路，所以走不出近千里的大沙漠。你要去，就骑我的这匹马吧。老家伙虽然又老又瘦，但它去过西域多次，对西行的路可熟得很，定能助你渡过难关。"

老胡人的这匹又老又瘦的枣红马，就成了玄奘取经时的坐骑。榆林窟第2窟出现的"玄奘取经图"（图13）中的马就是红色的，后来颜料氧化变成了黑色。当然，在《西游记》中，它又变成了白龙马。小说中第三十回"邪魔侵正法，意马忆心猿"，唐僧变成老虎，三位师兄都不在身旁，白龙马舍身救过唐僧。而历史上枣红马也曾在取经路上救过玄奘一命。

天黑以后，玄奘和石槃陀上路了。三更时分，他们来到葫芦河的上游，偷偷渡过了玉门关。两个人赶了一天的路，第二天傍晚才打算在沙堆里休整。

玄奘吃过干粮之后安然入睡了，石槃陀却怎么也睡不着。原来他的妻儿老小都在瓜州，此去西域万分凶险，丢失性命还是小事，要是被官府捉住，知道了自己偷渡的大罪，一定会连累家人的。这让他越想越害怕，又想到师父已经逃出瓜州，一定不会再回去。在家人和刚认识两天的和尚之间，他果断地选择了家人，一时起了杀心，从怀里摸出刀来，缓缓走向玄奘。

玄奘被身后的脚步声惊醒，但又怕这时候转身看见石槃陀，导致他应激杀人，就只好装作起夜。石槃陀见玄奘有了防备，只好又退回去睡下。

黎明时分，玄奘叫起了石槃陀，吃过早饭之后准备动身。石槃陀劝玄奘返回瓜州，玄奘自然不肯答应。石槃陀掏出腰刀，威逼玄奘，玄奘宁死也不后退一步，石槃陀只好一个人往瓜州走去。走了几步，又转过身来说："师父，前方各处都有官兵把守，你被官兵捉住，逼问之下把弟子供出来怎么办？"玄奘对着他发誓说："如果被捉住，即使把我剁成肉泥，也不会提你一个字。"石槃陀见师父说了这番话，就不再多言，跪别玄奘，孤身一人回瓜州去了。

玄奘的生命危机终于解除，他也继续向前出发了。

后来，玄奘独自穿过八百里的戈壁沙漠。抵达高昌之后，国王麹（qū）文泰十分崇敬玄奘，拜他为御弟（御弟哥哥的名称就是这么来的）。玄奘启程时，国王又派遣使团保护他，此后取经的路基本上畅通无阻。

对于玄奘来说，途经瓜州的这一段经历是取经之路上最艰难的时刻。如果不是李昌撕毁文书舍命相救、老胡人赠予老马和石槃陀协助偷渡，玄奘很难完成他的壮举。他在晚年回忆起这段经历时感叹道："此等危难，百千不能备叙。"

孙悟空的"诞生"

瓜州县榆林窟现存壁画里有3幅玄奘取经图，都绘制于西夏时期。此外，绘制于西夏的玄奘取经图在东千佛洞石窟有2幅、文殊山石窟有1幅。这6幅玄奘取经图中的5幅都是一僧人、一行者、一马的形象，表现的就是石槃陀帮玄奘渡过玉门关的那个夜晚。随着绘制时间的从早到晚，图像中的玄奘和石槃陀逐渐有了头光，石槃陀也逐渐从人的形象变成猴的形象（图13—16）。这是典型的神化现象，其实，石槃陀就是孙悟空的原型[①]。

中国文学中的诸神，一般都是从人到神长期积累的结果，比如关羽变成了财神爷。就像考古工地上常见的地层一样，历史也是层累而成的，对于重要的人，历史总能为他戴上光环。石槃陀是历史上唯一陪玄奘取过经的弟子，而且是他一生中的首位弟子，玄奘在后来的回忆中常常提起。后来石槃陀进入了文学创作之中，便有了孙悟空的形象。

对于演绎的过程，我们可以做以下推测。

其一，孙悟空是从石头里蹦出来的，而石槃陀刚好姓"石"。石槃陀是唐代时期的粟特人，故乡石国在今天的乌兹别克斯坦首都塔什干附近。外国人入大唐户籍的时候，要取个中国名字，因为石槃陀来自石国，于是就以国为姓。古代重要人物出生时往往天生异象，孙悟空作为小说中的主角，当然要有不凡的身世，作者于是依托"石"字让孙悟空从石头里蹦了出来。

其二，石槃陀为胡人，因为拜玄奘为师，史书中多称其为胡僧。《西游记》中孙悟空因本性为猴，神仙们轻蔑他时多用"猢狲"一词。胡僧的"僧"为后鼻音，猢狲的"狲"为前鼻音。我

[①] 笔者又在榆林窟第3窟《文殊变》中，发现了疑似玄奘取经图的新图像，从而理清石槃陀从人到猴的演化过程，参见《榆林窟发现西夏第七幅玄奘取经图》，《西夏学》2021年第2期。

国有很多方言是前后鼻音不分的，在口口相传的过程中很有可能将"胡僧"异化成了"猢狲"。

其三，石槃陀是粟特人，与安禄山是老乡，相貌特点是毛发旺盛，高鼻深目，今天陕西历史博物馆中就有大量粟特人陶俑。古代中原人歧视少数民族，连苏轼都说过"譬若禽兽"的话，在中原画师的笔下，石槃陀毛发越来越旺盛，就变成猴相了。

其四，东千佛洞第2窟中石槃陀的头上有一带状的饰物（图15）。这是因为胡人多不着帽冠，但毛发旺盛，为行动方便，通常用一发带系住头发，后来就演变成紧箍的形象。更巧的是，古籍中记载石槃陀起杀心时，玄奘念的就是观音菩萨。

其五，《西游记》中孙悟空收服小白龙，使之成为唐僧的坐骑，而历史上玄奘的马确实是因为石槃陀的引见而得到的。元代画家王振鹏的《唐僧取经图册》上册第6幅图原题签就是"石盘（槃）陀盗马"。

其六，刀剑作为利器，唐代出行时一般禁止携带，但是前往西域的路十分凶险，所以往来西域的胡商一般要带一根木棍防身，有时也可用作扁担。石槃陀就是胡商，他曾往来西域多次，陪玄奘出行是偷渡，木棒当然是必不可少的。东千佛洞第2窟玄奘取经图中的石槃陀左肩就扛一长棍（图16）。后来，这根长棍就在小说中变成了如意金箍棒。

诸多证据表明，石槃陀是孙悟空最早的原型，只有他最符合从历史到小说的演绎过程。但是，孙悟空并不是完全由石槃陀演绎而成的，从唐至明的七百年间，有无数崇拜玄奘的人参与过玄奘取经故事的演绎，也有无数人的性格与孙悟空融为一体。所以，正是时间的不断层累和众人的口头创作，成就了齐天大圣的鲜明形象。

玄奘与皇室的关系

玄奘经过四年的时间，终于到达那烂陀寺。学得佛法后，携带大量梵文经典返回长安。在返回途中，本来要去见见自己的结拜兄长麹文泰，但不幸的是，高昌王麹文泰因为联合西突厥扰乱大唐边境，唐太宗于公元640年派侯君集攻下了高昌城。在大唐军队还没有到高昌的时候，麹文泰就被吓死了。

在国外偷渡了19年的玄奘，本来还怕唐太宗治他的罪。但当他回来时，唐太宗却下诏让他速来相见。贞观十九年（645年）正月二十四日，宰相房玄龄亲率百官在长安城外迎接玄奘，全城百姓排了长达十里的欢迎队伍，都想见见这位历经千难万险的传奇人物。

在洛阳，唐太宗第一次见到了玄奘。此后半个多月，玄奘被连续召入内殿密谈。一年后，玄奘把一本书交给唐太宗，这就是《大唐西域记》。唐太宗向玄奘约稿，不是因为"世界那么大，我想去看看"，而是因为他的目标是西域，而《大唐西域记》就是一份详细的西域情报。当年，唐太宗的表舅隋炀帝都没有打通西域，玄奘回国之后，唐太宗看到了建立伟业的希望。

唐太宗十分欣赏玄奘，像这样精通外语、熟悉各国、智慧高深的人才实在难得，于是几次邀请玄奘还俗担任朝廷官职，以助他平定西域，但玄奘都以出家人不杀生的戒律为由拒绝。玄奘也十分清楚，如果想要弘扬佛教，守住自己千辛万苦取来的真经，就必须获得皇帝的支持和保护。所以虽然拒绝了唐太宗的多次邀请，但凡是皇帝征召入宫，他都是知无不言、言无不尽。在一次次的促膝相谈中，唐太宗被玄奘的智慧所折服，两人结下了深厚的友谊。

唐朝两任皇帝都对玄奘十分崇敬，唐太宗为他撰写了《大唐三藏圣教序》，敕令列为所有经卷之首，皇太子李治又写了《述圣记》，宰相褚遂良又用楷书写下了这两篇序文。后来弘福寺的怀仁和尚汇集了唐太宗喜爱的王羲之字体，镌刻了《大唐三藏圣教序》碑，这就是今天西安碑林的镇馆之宝。后来为了安置玄奘带回的佛经，唐高宗又下令修建慈恩寺塔，这就是今天西安的地标大雁塔。

起初，玄奘在与皇室互动时也十分谨慎，因为大唐的国教是道教。佛教历来与道教相悖，是竞争对手，因此归国之后的玄奘一直处在不安之中。王玄策出使印度的时候，唐太宗还命玄奘把《道德经》翻译成梵文，以便向印度传播道教。

但是，随着与玄奘的交往越来越深，唐太宗对佛教也逐渐产生了兴趣。他开始积极支持玄奘翻译佛经，并放开了对佛教诸多方面的政策束缚。唐初以来受压制的佛教，因为玄奘的努力而开始复兴。

公元 649 年，唐太宗的身体每况愈下，床畔除服侍的嫔妃和太子李治之外，最常见的就是玄奘。唐太宗从玄奘的陪伴中得到很大的慰藉，魏征死后，玄奘填补了太宗知心好友的位置。太宗生命的最后阶段，一直是玄奘陪着他度过的。

玄奘在翠微宫里讲经说法时，除了病危的唐太宗，还有两个十分好学的年轻人——皇太子李治和才人武则天，他们就是在此时相爱的。玄奘的智慧对他们影响深远，木材商人的女儿武则天因此开始了蜕变。玄奘与唐太宗讨论的往往是军国大事或佛学智慧，在翠微宫的那个场景下，玄奘和唐太宗就是天下最好的老师，而武则天则是天赋最高的学生。

武则天生下李显的时候，请玄奘为皇子剃度，赐名佛光王。玄奘的信仰就是弥勒信仰，武则天就从老师的弥勒信仰中找到灵感，命人编造了《大云经疏》，鼓吹自己就是弥勒降世，像莫高窟第 96 窟"北大像"那样的大型弥勒佛造像开始在全国营建。

公元 600 年，杨广成为太子的那年玄奘出生；公元 627 年，唐太宗登基的那年，玄奘西行取经；公元 645 年，玄奘回国；公元 664 年，圆寂。玄奘的一生经历了隋唐变革，完成西行壮举；《大唐西域记》成为关于中亚和印度的权威历史，为大唐帝国提供了开阔的视野；以一己之力使佛教获得皇室支持，改变了唐代佛教发展的面貌；译经事业创造了众多新词语，丰富了汉语世界；他以人格魅力影响了李世民、李治、武则天、李显等人，其思想照亮了唐代最耀眼的一批人，影响了唐王朝的精神气质。

玄奘与榆林窟的开凿

玄奘的伟大功绩被后人永远铭记,在不断缅怀他的过程中,他逐渐从高僧变成圣僧,最终促成了《西游记》的诞生。因为玄奘经过瓜州时的刻骨铭心,瓜州人更自豪于玄奘取经时为他作出的贡献,这段故事就一直流传下来,西夏时期人们就把它画在了榆林窟的壁画里。

榆林窟作为敦煌石窟的第二大石窟群,人们一直以来却无法确定它的开凿时间。笔者在榆林窟的峡谷内生活了六年,在参与整理《榆林窟内容总录》的时候,一直在思考这个问题。后来,终于从玄奘取经的故事里找到了榆林窟开凿时间的线索。

玄奘作为虔诚的佛教徒,每经过一处佛教圣地,往往亲自前往朝圣、礼拜。《大唐西域记》中记载,玄奘对每个经行国家的寺庙、圣迹、舍利供养情况都有描述,阿富汗的巴米扬石窟、犍陀罗的艺术、天竺的寺庙、佛陀的脚印、佛钵、佛影窟等,都有记载。瓜州是玄奘在取经之路上玉门关内停留最久的一站,榆林窟则是瓜州的佛教中心,但玄奘却从来没有提及榆林窟。所以,玄奘来到瓜州时(627年),榆林窟应该还没有被开凿出来。

这一推论与瓜州当时的历史背景也十分吻合。唐朝建立后,唐王朝虽然已经控制了河西走廊,但瓜州和敦煌仍旧是战乱不断,豪强多次反叛。如620年,瓜州(今敦煌,622年在今天的瓜州县设立瓜州,敦煌设西沙州,后改为沙州)刺史贺拔行威举兵反叛，次年 5 月始被平定；623 年，沙州人张护、李通反叛，杀死瓜州总管贺若怀广，后被瓜州长史赵孝伦击败。正是因为唐初瓜州地区政局不稳，民生凋敝，连温饱都难以为继，亟须维持社会稳定和发展生产，所以完全没有时间和财力营建石窟。

榆林窟曾出土了一尊笈多风格的象牙佛（图 26），常书鸿先生认为这很有可能是玄奘取经返回时，为感谢李昌和石槃陀等人而留在瓜州的纪念之物。古代寺院的营建，一般就是为了纪念当地发生的重大事件，并且需要镇寺之宝。也许是为了纪念瓜州人在玄奘取经时作出的贡献，人们依托于玄奘带回来的象牙佛，在玄奘归国的 645 年之后开凿了榆林窟。

玄奘在后世的追捧中，逐渐进入了吴承恩的神魔世界，变成了羸弱且迂腐的唐僧。当人们忘记了玄奘取经的真相时，瓜州榆林窟的壁画依旧在幽暗的洞窟里为我们保存了玄奘最真实的面孔。

瓜州与玄奘一样命途多舛，就在玄奘与石槃陀相遇的一百年后，瓜州城被大军攻破，只剩夕阳下的断壁残垣。

第十一章

唐蕃互动与敦煌石窟

吐蕃崛起

公元 634 年，是隋炀帝穿过大雪纷飞的大斗拔谷的 25 年后，吐谷浑人又悄悄穿过了峡谷。

吐谷浑是鲜卑慕容氏建立的政权，它存在期间刚好赶上隋唐和吐蕃最强盛的时期，因而被夹在中间两头受气。吐蕃从拉萨地区向北扩张的时候，吐谷浑只好向北翻越祁连山。公元 609 年隋炀帝一举攻灭吐谷浑之后，伏允可汗带着残部躲在深山里休养生息，隋唐王朝更迭的时候，他们又趁机回到了青海湖畔。

公元 635 年，唐太宗打算一次性解决吐谷浑问题，任命大唐第一名将李靖为西海道行军大总管，侯君集、李道宗、薛万均为大将，在凉州刚与玄奘相遇过的凉州都督李大亮等人也率军出战。第二年，在几路大军的攻击之下，吐谷浑损失惨重，伏允可汗自缢而死，他的儿子慕容顺率残部投降，吐谷浑归附唐朝。

李靖是唐代军神，一生几乎逢战必胜，这一战又让他的威名响彻青藏高原。后来人们认为李靖是佛教中毗沙门天王（图 17）的化身，因为毗沙门天王的法器是宝塔，所以称他为托塔天王，明代小说《封神演义》中托塔李天王的形象就是从此而来。李靖几乎陪伴了李世民的一生，于公元 649 年 7 月逝世，八天后，唐太宗也逝世了。

就在李靖率军出征的前一年，吐蕃赞普松赞干布派使者来到长安，他想要成为唐太宗的女婿，但遭到了唐太宗的拒绝。此时恰逢吐谷浑王入唐朝见，吐蕃使者没有完成任务，回到拉萨后便对松赞干布说，唐朝拒绝婚约是因为吐谷浑王从中作梗。松赞干布以此为借口，出兵攻击吐谷浑、党项和白兰羌，扬言若不和亲，便率兵大举入侵唐朝。然而，牛进达率领的唐军先锋部队很快就击败了吐蕃军，侯君集也率领唐军主力紧随其后，松赞干布立马退出战场。为了谢罪，公元 640 年，松赞干布派大论（相当于宰相）禄东赞携带厚礼再次向大唐求亲。阎立本作为唐朝的宫廷"摄影记者"，把这一幕画成了著名的《步辇图》。为了稳定吐谷浑地区的局势，制止吐蕃东侵的野心，唐太宗终于答应了和亲。

按照中原王朝和亲的惯例，皇帝几乎都不会让自己的亲生女儿嫁给少数民族的王。文成公主是皇家宗室的女儿，具体是谁的女儿还没有定论。她与当年的刘解忧一样，被叔叔唐太宗封为文成公主，肩负起大唐教化远邦的重任。

公元 641 年，文成公主入藏，松赞干布大喜过望，着手修建布达拉宫迎接公主（亦有学者认为不是为文成公主而建）。文成公主入藏加强了汉藏两族的联系和团结，为后来西藏归入中国版图奠定了基础。同时，文成公主与随行工匠带来了先进的生产技术，促进了藏地经济文化的发展，吐蕃的实力在此后进入了腾飞期。

公元650年，唐太宗逝世一年之后，三十三岁的松赞干布也英年早逝了。此时吐蕃已经统一西藏，实力强盛，为了获得更多的土地，后来的赞普不再遵守与唐的和平盟约，在西域、吐谷浑、松州（今四川省松潘县）三个方向上频繁试探。公元663年，为松赞干布提过亲的禄东赞亲率大军灭了吐谷浑，吐蕃直接威胁到唐朝西北领土的安全。

为了打击吐蕃和光复吐谷浑，公元670年，唐高宗派名将薛仁贵出征吐蕃，薛仁贵的对手就是禄东赞的儿子论钦陵。此时，跟随唐太宗平定天下的凌烟阁名将早已仙逝，薛仁贵和论钦陵都是当时唐蕃双方最杰出的将领。可惜，这一战中，薛仁贵遇见了"猪队友"郭待封。他是名将郭孝恪之子，取名"待封"，可见郭孝恪认为儿子能封侯，自此培养了他的傲气。作为官二代和名将之后，他不甘心屈居于贫民出身的薛仁贵之下，经常违抗薛仁贵的命令。

唐军来到青海湖南面的大非川，薛仁贵命郭待封在大非岭上构筑前沿阵地，守护粮草，自己亲率主力寻找战机。薛仁贵大败吐蕃军后进驻乌海城（今青海省玛多县东北黑海），等待郭待封的辎重后援。郭待封不听军令，擅自冒进，吐蕃军抓住战机，几乎全歼郭待封部，唐军粮草尽失。薛仁贵被迫退回大非川，此时论钦陵率 40 余万大军前来决战，薛仁贵无险可据，大败而归。这是唐朝开国以来对外作战中最大的一次失败，此时西域防务空虚，吐蕃乘机占领西域的大部分地区，成为与唐比肩的大国。

瓜州保卫战

五十年后，吐蕃已经消化了吐谷浑和西域等新占领区，开始侵吞河西走廊和陇右地区。公元 711 年，是唐玄宗登基的前一年，为了加强边防，唐朝在凉州设置河西节度使，兵力 7.3 万人，仅次于范阳节度使，战马 19.4 万匹，占全国的四分之一，实力十分强劲。

虽然吐蕃常常越过祁连山，但因为河西节度使和陇右节度使的设置，两地形成了网格化的军事防区，吐蕃并没有讨到便宜。更重要的是，在此前的圣历二年（699 年），武则天使用反间计，迫使吐蕃赞普除掉了功高震主的论钦陵，他的弟弟赞婆走投无路，率部向武则天投降，吐蕃已没有名将。而此时先后任陇右和河西两大节度使的是郭知运和王君㚟（chuò），两人都是唐玄宗初期的名将，而且都来自瓜州常乐县。

学术界已经确定，唐代常乐县的遗址就在今瓜州县的六工古城。笔者现居地就在六工村，距离常乐县城遗址仅 5 公里，平生第一篇学术论文就是关于常乐县城遗址的探讨。唐代玉门关迁移到瓜州境内，常乐县城就是丝绸之路新北道的起点，代替敦煌成为当时丝绸之路的岔路口。这座小城名将辈出，唐代西北边境的将领中有很多都出自这里。

727年春，河西节度使王君㚟大败突袭甘州（今甘肃张掖）的吐蕃大将悉诺逻，率军追击上千里，一直打到大非川，俘获大批军士和辎重，一雪薛仁贵大非川之战的前耻。

逃走的悉诺逻对王君㚟恨得咬牙切齿，于9月率军突袭瓜州，俘虏了王君㚟的父亲王寿。悉诺逻同时分遣副将围攻王君㚟的老家常乐县，县令贾师顺于婴城固守。瓜州城陷后，悉诺逻率军近十万攻打常乐。贾师顺仅靠五千左右的士兵百姓守城，坚守了近三个月，终于等来了王君㚟的援军。这一次，瓜州艰难守住。

此战后不久，王君㚟被回纥人谋杀，大大影响了前线士气。鉴于河西和瓜州的重要战略地位，朝廷紧急调派萧嵩为河西节度使，在瓜州刺史一职上，他推荐了张守珪。

公元728年，张守珪来到瓜州，满眼残垣断壁，他马上当起了包工头，组织军民日夜赶工，修筑城防。城墙刚修好，悉诺逻又率军来了。可是，来到瓜州城下的悉诺逻目瞪口呆，刚刚被他摧毁的城墙现在竟然完好无损，而且城门大开，大街上还有瓜州环卫正在清扫。城门楼子上，大红灯笼高高挂起，还没到大年三十，却像要开联欢晚会的架势。唐军士兵用粗糙的大手拨弄着长琴，张守珪就在这极不协调的噪声中，用浓重的山西口音演唱着"瓜州欢迎你"的新曲。

吐蕃军一时手足无措,悉诺逻猜测城中一定有伏兵,正犹豫间,后方的山上突然燃起大量火把,远远的尘土飞扬,悉诺逻赶紧下令撤军。张守珪命令城内士兵一齐涌出追杀,终于赶跑了吐蕃兵马。

张守珪使用的是真正的空城计,可惜这个时候的悉诺逻,不可能看过明朝人罗贯中写的《三国演义》。其实,历史上诸葛亮没有使用过空城计。这个时候,张守珪刚到瓜州,士兵还没有配齐,使用空城计实在是孤注一掷的豪赌。如果悉诺逻有望远镜,就能看到张守珪在瓜州城楼上满头大汗。这一次,瓜州又逃过一劫。

战后,河西节度使萧嵩使用反间计,散布消息说悉诺逻准备与大唐合作,赞普又像杀论钦陵一样,为张守珪除去了心腹大患。

公元728年7月,吐蕃大将悉末朗再次进攻瓜州,也被张守珪击退。为了解决瓜州被动防御的局面,张守珪联合沙州刺史贾师顺(因常乐之战有功,迁任沙州刺史,管理敦煌),对吐蕃大同军发动突然袭击,迫使吐蕃军队退回到青海地区。瓜州的危机终于告一段落。

公元733年,张守珪因瓜州的战功,被唐玄宗移调幽州,担任长史。他刚到任,就抓住了一个偷羊贼,后来这个贼差点偷走整个大唐。

大唐致癌物出世

张守珪到任幽州后不久，一个胖子偷羊被抓。张守珪军纪严明，当即下令拖出去乱棍打死。这个胖子挣扎着叫喊道："大夫难道不想消灭两个蕃族啊？为什么要打死我！"

张守珪一看这胖子有点志向，就放了他，让他当了一名"捉生将"戴罪立功。这个胖子就是安禄山。从此，开元盛世迎来了它的终结者。

安禄山生于公元703年，是粟特人。粟特族善经商，据说每当生下儿子，他们就会给小孩的嘴唇上抹上蜂蜜，在手掌上涂上胶水，当他长大后就能轻易说出甜言蜜语，手中也能握得住财富。唐代丝绸之路贸易的兴盛，很大程度上是粟特人的功劳。安禄山长大后果然很有商业头脑，据说他精通六种语言，在唐代边境幽州充当商业贸易中的牙郎（翻译）。

史思明比安禄山早一天出生，他俩是发小，也都成了张守珪的"捉生将"。"捉生将"是张守珪的敢死队和情报特工，负责深入敌境刺探情报和暗杀叛徒。因为做过牙郎的关系，安禄山十分熟悉北方各民族的语言和生活习惯，更有遍布草原的贸易关系网，所以安禄山和史思明在组织内部业务能力极强。

张守珪越看越喜欢这个憨态可掬的胖子，安禄山也是官场人精，认了张守珪做干爹。安禄山的才能确实适合当商人或特工，可张守珪让他当了将领。

公元736年，杨玉环进宫的前一年，张守珪为了让自己的干儿子积累战功，派安禄山领军出征契丹。安禄山并没有将才，他因轻敌冒进而中了埋伏，全军覆没。张守珪不想依军法杀了自己的干儿子，便把他用绳子捆了押到长安，请皇上裁决。这是官场的套路，暗示朝廷要留他干儿子一命。

此时，宰相是写过"海上生明月，天涯共此时"的张九龄，他似乎有超前的预见性，总觉得安禄山这个胖子不顺眼。作为正直的文官，他也不允许边境将领法外徇私，所以极力建议斩杀安禄山。可是唐玄宗却很买张守珪的面子，决定饶安禄山一命。

张守珪对死里逃生的安禄山充分展现了老父亲的慈爱。安禄山喜欢吃肉，最重时达到三百多斤，张守珪总是抚着他的背提醒他少吃点！晚年的安禄山得了严重的糖尿病，眼睛都瞎了，这与他进食没有节制有很大关系。

好在盛唐以胖为美，安禄山的样貌反倒成为他职业生涯的助力。在张守珪的庇护下，安禄山跟随着干爹南征北战，立下不少功劳。在安禄山成为平卢兵马使的时候，张守珪病逝了。他在临终的时候当然想不到自己为保护国家戎马一生，却培养了一个窃国大盗。

盛唐似乎也流行"萌"文化，蠢萌蠢萌的安禄山十分招人喜欢，刚没了干爹，他就马上为自己找了一个干妈。这个干妈就是杨贵妃。

杨玉环是在公元745年被封为贵妃的。在这之前，安禄山已经兼任平卢节度使和范阳节度使，掌握了天下五分之一左右的兵马。

唐朝的衰亡与节度使的设置有很大关系，到了唐玄宗时期，国家战略从唐太宗时期的进攻转为防守。此时边境上有诸多的民族政权与唐王朝接壤，所以需要常驻军，负责管理军镇的节度使应运而生。节度使是中央派出的，地方官员受其监督，在天高皇帝远的情况下，节度使基本上就代表了天子。再加上边境常常受到袭扰，甚至波及整个北方，节度使为了统一协调各方，管理的范围进一步扩大，管理的时间也逐渐变长，这让节度使在地方的势力逐渐坐大。就像汉代的纪检长官刺史变成了大权独揽的封疆大吏，节度使也在沿着同样的轨迹演变。

安禄山在任节度使的时候，充分发挥商人的天赋，副业搞得有声有色。他用金钱利诱北方部落，分化他们，各个击破，因此捷报频传；对朝廷高官，他贿赂手法高明，加上他憨厚的外表，博得了官僚的一致好评。通过这一番操作，唐玄宗几乎每天都能听到关于安禄山的好话，所以就把他喊到皇宫里来了。

唐玄宗第一次见到安禄山就特别喜欢他。唐玄宗是音乐天才，安禄山则可以说是黑池舞者。粟特人喜爱舞蹈，安禄山就是其中的佼佼者。史书记载，他重三百多斤，但跳起胡旋舞的时候简直就是小陀螺，轻易就用舞姿征服了唐玄宗和杨贵妃。安禄山趁着他们高兴，立刻跪地请求杨贵妃收他为义子，杨贵妃也想攀附有实力的外臣，欣然同意。

公元 751 年，安禄山四十九岁生日的时候，三十三岁的杨贵妃亲自主持了"洗儿礼"。"洗儿礼"本来是为新生儿洗浴庆祝的礼仪。杨贵妃让宫女们把安禄山放在自己的华清池里刷洗，之后又把他包成大肉粽子的样子，用彩车抬着招摇过市。之后，安禄山兼任河东节度使，掌握了天下三分之一的兵马，权力达到顶峰。

安史之乱与河西局势

这个时候，在西北边境，大唐和阿拉伯帝国黑衣大食（阿拔斯王朝）发生了怛（dá）罗斯之战。唐军将领是安西四镇节度使高仙芝，他是唐高宗征服高句丽之后进入中国的高丽人。朝鲜人作为大唐的名将出征中亚，这代表着隋唐帝国再一次实现了汉武帝设计的朝鲜—中原—西域的反包围圈计划。这是大唐疆域扩张的顶点。但高仙芝在怛罗斯之战中惜败了，此后的唐朝就像弹簧被拉伸到最长，开始了迅速收缩的过程。

本来杨国忠或许能够阻止安史之乱的发生，他嫉妒安禄山，曾不断提醒唐玄宗安禄山可能要反。唐玄宗却对安禄山十分有信心，他认为安禄山是泥腿子出身，只是自己以胡制胡的工具，更不会像权臣那样有庞大的家族支撑。

就在唐玄宗欣赏安禄山送来的战报和宝物的时候，安禄山正在磨刀。

渔阳鼙鼓动地来，惊破霓裳羽衣曲。

公元755年，安禄山从范阳起兵造反，用的还是"清君侧"的把戏，宣称要讨伐逆臣杨国忠。安禄山率领的三镇兵马因为长期与北方的奚族和契丹族作战，是唐朝最有战力的边防军之一，其中精锐是他干爹张守珪的老底子。

安禄山一路势如破竹，高仙芝和封常清临时组织起来的军队无法抵挡，东都洛阳很快失守。高仙芝等人退守潼关，终于获得喘息的机会。此时连续征战的安禄山已显露疲相，但唐玄宗却责怪高仙芝等人阻敌不力，杀了手中唯一可以打败安禄山的高仙芝和封常清。安禄山大喜过望，认为天下已无敌手，于是就在洛阳登基，自称雄武皇帝，国号"大燕"。

高仙芝死后，放眼天下，似乎只有河西节度使哥舒翰能够与安禄山一战了。为了靖难，哥舒翰带领河西地区的兵马入驻潼关。哥舒翰分析局势后认为，安禄山不能久拖，只要坚守潼关，就能让孤立无援的叛军自行瓦解。但唐玄宗以往对安禄山有多少爱，今日就有多少恨，勒令哥舒翰出关与安禄山决战。结果哥舒翰因兵力不足，河西带来的兵马损失殆尽。之后，长安也被攻破，唐玄宗逃往西蜀避难。

哥舒翰带领河西兵马入驻潼关之后，河西走廊防务空虚，吐蕃趁机开始大举入侵。

与张守珪在幽州的相遇，是安禄山登上历史的开始；张守珪之所以能移镇幽州，是因为瓜州保卫战的功劳；瓜州之战的开端，则是因为吐蕃想要吞并河西走廊。后来吐蕃人再一次兵临瓜州城下，原因却是安禄山。这简直是一个完美的因果闭环。

公元776年，就在莫高窟庆祝148窟的建成时，吐蕃攻克了瓜州，河西走廊只剩下沙州（敦煌）一城还在唐军控制下。沙州刺史周鼎一边坚守城池，一边向西州（今新疆吐鲁番）回鹘求援。可是吐蕃早先已经入侵西域，回鹘也自身难保，周鼎无计可施，打算实施焦土计划，焚城突围。结果沙州百姓都不愿意离开家乡，合谋杀了周鼎。

此后，都知兵马使阎朝继续带领沙州军民坚守孤城11年之久。吐蕃赞普派尚绮心儿围困沙州，在弹尽粮绝之后，沙州百姓与尚绮心儿谈判，尚绮心儿答应了他们不屠城和不移民的请求。公元786年，沙州城降于吐蕃，敦煌进入了吐蕃统治时期。

吐蕃文化的影响

占领敦煌时的吐蕃赞普是赤松德赞，他出生于公元742年。那一年安禄山刚成为平卢节度使，李白第一次被唐玄宗征召，兴奋地写下"仰天大笑出门去，我辈岂是蓬蒿人"。公元755年，赤松德赞即位时，安史之乱爆发，安禄山为新赞普创造了建功立业的好机会。后来，西域也被吐蕃收入囊中，赤松德赞时期，吐蕃的疆域和国力达到了巅峰。与此同时，他也是藏传佛教在青藏高原的奠基者，被誉为与松赞干布和赤祖德赞并称的"吐蕃三大法王"。

如同隋炀帝为摆脱关陇贵族而大兴科举一样，赤松德赞为了摆脱苯教旧贵族对赞普权力的控制，在青藏高原上大力推行佛教。藏传佛教祖师寂护和莲花生就是在他的支持下进入青藏高原的。在吐蕃占领瓜州的前一年（775年），桑耶寺建成，成为藏传佛教历史上的第一座寺院。赤松德赞让七位吐蕃贵族出家为僧，是为藏传佛教僧团之始。赤松德赞也十分关注译经和佛教艺术事业，佛教开始从各个方面在藏区蓬勃发展。

安史之乱后，丝绸之路断绝，敦煌很难再获得域外文化的滋养，敦煌石窟艺术出现僵化趋势。但是，吐蕃占领敦煌之后，莫高窟作为河西佛教圣地备受关注，藏传佛教艺术就沿着唐蕃古道传入敦煌。在吐蕃统治敦煌的六十多年中，莫高窟新开凿了五十多个洞窟。吐蕃艺术对敦煌石窟的空间布局、艺术风格、绘画内容、信仰主题等方面都进行了重构，使敦煌石窟艺术更加丰富。吐蕃艺术为敦煌石窟输入了新的血液，其中最具代表性的就是被誉为敦煌石窟艺术之冠的榆林窟第25窟。

笔者陪伴第25窟整整六年，几乎熟悉它的每一个细节。洞窟的前室门南北两壁各画一天王，北方天王是吐蕃风格，南方天王是唐风，两种文化在此对话、融合。主室内弥勒经变和观无量寿经变是敦煌经变画艺术的代表，线描简练准确、色彩鲜亮饱满、人物气韵生动，堪称绝品。最重要的是正壁的八大菩萨曼荼罗，是藏传密教壁画在中原地区最早的一幅。因为后来青藏高原也曾经历灭佛，这幅壁画就成了公元8世纪密教大型壁画的孤品。整个洞窟传承唐代前期壁画艺术的技法，同时用密教题材重构洞窟空间，形成了显密双修的佛教信仰，成为敦煌石窟历史上的创举。

在这个洞窟的墙壁上，有一条吐蕃文题记，恩师谢继胜先生将它翻译为"曹氏幼弟施画此铺圣图，此乃尚希之功德，甚佳！"学者们认为"尚希"指的是尚书，或许就是攻下敦煌的尚绮心儿，他晚年定居敦煌，并在敦煌建造了圣光寺，致力于弘扬佛教。同时，他也致力于唐蕃和睦的事业，在他的努力下，吐蕃与唐王朝于长庆二年（822年）在逻些（今拉萨）举行唐蕃会盟，史称"长庆会盟"。会盟重申了文成公主时期"和同为一家"的亲密友谊，巩固了汉藏两族人民的情感联系，为藏族融入中华民族大家庭奠定了良好的基础。今天大昭寺前的广场上就矗立着《唐蕃会盟碑》，尚绮心儿在碑文中名列第二位。

据笔者研究，榆林窟第25窟应开凿于中唐晚期。这与唐蕃关系的改善不谋而合，窟中保存的《汉藏和亲图》（图18）是目前敦煌石窟唯一的和亲图，深刻地印证了这一点。这个洞窟壁画里的净土，或许就是尚绮心儿为汉藏两民族勾勒的宏伟蓝图。

敦煌石窟的洞窟和藏经洞的文献里，保存了大量吐蕃早期文化遗存，包括古藏文经典、文书、壁画和绢画，这在藏区都是极为少见的。从这些文物来看，吐蕃艺术为敦煌艺术注入了大胆创新的精神。

因为经变画是根据经文绘制的，敦煌画师一般因循就范地按照经文的内容绘制壁画，但在榆林窟第25窟的观无量寿经变中，画师竟然在严肃的佛陀旁边画了一只小白鼠。这是敦煌石窟中唯一的小白鼠形象，因为佛经中并没有相关内容，但画师为了表现极乐世界的众生平等，就让小老鼠在佛陀的课堂上惬意地嬉戏。更难得的是，作为窟主的甲方，在洞窟完成后要检查验收，作为乙方的画师的创作如果不符合经典，就要铲掉重新绘制，但第25窟的窟主却让这只小白鼠保存了下来。这种包容精神和敦煌画师的创新精神，都是敦煌艺术的核心价值。

在吐蕃艺术影响敦煌石窟的同时，敦煌艺术也对藏传佛教的唐卡艺术产生了深远的影响。安多藏区（今青海、甘肃、四川等地的藏区）靠近河西走廊，而藏传佛教艺术于公元8世纪刚刚出现时，敦煌艺术已经发展了4个世纪。藏地的画师在吐蕃统治敦煌时期纷纷来此朝圣学习，之后又把学习成果带到藏区，从而成就了安多绘画艺术。因此，唐卡又被称为移动的敦煌壁画。

唐武宗会昌年间（841年—846年），藩镇割据的问题日益严重，很多藩镇不向朝廷纳税。佛教也发展到顶峰，寺院经济空前繁荣，唐王朝的赋税压力越发严重。唐武宗因此发动了又一次灭佛运动。此时敦煌在吐蕃的统治之下，所以没有被波及。

几乎与此同时，青藏高原也开始了朗达玛灭佛（838年—842年），藏传佛教遭受毁灭性打击，藏传佛教的前弘期到此结束。幸运的是，尚绮心儿此时就在敦煌，在他的保护下，敦煌佛教也没有遭受到朗达玛灭佛的影响。敦煌附近的安多地区则成为藏传佛教的避难所，在藏传佛教的后弘期，吸收了敦煌艺术的安多地区藏传佛教传入拉萨，与印度传来的密教艺术相结合，创造了藏传佛教艺术的辉煌。

公元849年，苦心守护敦煌和汉藏和睦的尚绮心儿被吐蕃大将论恐热杀害，而就在一年前，敦煌迎来了一位新的守护者。

那个骑白马穿赤袍的将军就是张议潮。

797年,带领吐蕃达到巅峰的赤松德赞逝世;两年后,守护敦煌的张议潮诞生。

有学者猜测敦煌人张议潮是草圣张芝之后,虽然目前证据链不完整,但张氏家族似乎确实继承了汉魏以来敦煌儒学的传统。张议潮自小生活在吐蕃统治下的敦煌,从未踏足唐王朝的土地,只是从长辈口中知道了那个曾经辉煌的王朝,也知道了自己是唐人。到长安去,这是张议潮很早就萌生的梦想。

吐蕃没有成熟的治理模式,在敦煌采取了部落式的统治,结果激起很多大家族的不满。高压政策的背后,反抗的力量也在聚集,其中的代表就是高僧洪辩。洪辩的父亲吴绪芝原来是敦煌守军的千夫长,吐蕃占领敦煌后,他辞去官职,隐居乡间。洪辩受父亲影响,归唐之心十分强烈。无心仕途的吴家人成了佛教信徒,而洪辩对佛学有极高的天赋,公元832年,他任敦煌的释门都教授(僧界最高领袖),成为敦煌佛教界的代表人物。

吐蕃推行僧官制度,洪辩利用职权,在吐蕃粗暴的统治中保护了很多人,他们中不少人都成为日后推翻吐蕃统治的英雄,其中就有张议潮。张议潮一直奉洪辩为师,年轻的他从洪辩那里学会了隐忍,后来那场惊天动地的起义也是洪辩帮他精心谋划。

公元842年,发起吐蕃灭佛运动的赞普朗达玛在拉萨大昭寺前阅览唐蕃会盟碑时,被高僧拉隆·贝吉多杰用箭射死,吐蕃王朝自此陷入了内部争权的动乱时期。这场内斗也影响到了河西走廊，杀死尚绮心儿的论恐热和尚绮心儿的同族尚婢婢刚好站在不同阵营，他们相互攻伐。张议潮终于看到了回归大唐的机会。

公元848年，张议潮联合敦煌索氏、翟氏、李氏、阴氏等望族，对敦煌城内的吐蕃军突然发难。洪辩以僧团最高领袖的威望振臂一呼，僧户的兵马甚至一度超过家族起义军。他们协力合作，一夜之间，沙州复归大唐。

张议潮在起义中表现出超凡的军事天赋，洪辩也派弟子悟真担任随军参谋。在短暂休整后，他们一举拿下军事重镇瓜州。自此，瓜、沙二州成为归义军延续近两百年的根据地。

但是，起义军毕竟名不正言不顺，如果要收拾旧山河，还需要千里之外大唐的支持。为了让大唐能够收到光复的消息并配合夹击吐蕃，张议潮派出了十路信使。他们从沙州的各个方向出发，穿越了今天的巴丹吉林大沙漠、腾格里大沙漠、库布齐大沙漠……穿过无数戈壁草原。最后，只有悟真带领的一路信使活着走到了大唐边境，后在天德军的帮助下于公元850年抵达长安。

在朱雀大街上，黑瘦的悟真像一个来自异国的苦行罗汉，长安万人空巷，都想一睹这个来自河西的僧人。这场景就像两百年前玄奘回到长安的时候。

"瓜沙大捷，皇帝犹念陷蕃生灵否？"悟真满含热泪地看着唐宣宗。

唐宣宗激动不已，这是安史之乱百年后大唐第一次收复失地。那一日，长安城记住了张议潮的名字。因为他，唐宣宗重燃收复河山的信心，昔日大唐的骄傲也再次重回唐人的心中。

悟真抵达长安的时候，离起义开始已经过去了整整两年。其间张议潮率领义军开始了大规模战略反攻，河西民众纷纷揭竿而起，连克伊州（新疆哈密）、西州（吐鲁番）、河州（甘肃临夏）、甘州（张掖）、肃州（酒泉）、兰州、岷州（甘肃岷县）、鄯州（青海乐都）、廓州（化隆）九州。在中晚唐沉沉的黑暗中，这是最耀眼的光亮，宣宗正式赐军号"归义军"。从此，归义军作为大唐最后一个藩镇登上历史舞台。

到大唐去

公元851年，张议潮的兄长张议潭率领归义军使团来到长安，向宣宗进献十一州地图、户籍和贡品。中晚期的唐王朝十分警惕藩镇，实行"藩镇质子"制度，而此时收复河西的归义军成了实力最强、名望最高的藩镇。在张议潭提出要返回敦煌时，宣宗说他实在太喜欢张议潭了，须臾不见就会想他。很明显，这是想把张议潭作为人质留在长安。其实张议潭早在出发之前就预见到了这个结果，这也正是他代替弟弟来长安的原因。张议潭确实是一个典型的中国式哥哥，他知道敦煌不能没有张议潮，而自此之后，他再也没能与弟弟相见。

公元867年，张议潭在长安逝世。六十八岁的张议潮做了一个惊人决定：到长安去。他当然知道此去就再也不能回到故乡敦煌了，但他必须去。因为皇帝不能容忍没有质子的归义军，而一旦皇帝撤除归义军的建制，他一手光复的河西又会陷入泥潭。张议潮前往长安的时候，让张议潭的儿子张淮深执掌归义军，并把自己的儿子张淮诠和张淮鼎也带到长安，以便巩固侄子的地位。满朝文武都被这位守护河西的将星所折服，时人写下这样的诗句：

河西沦落百余年，路阻萧关雁信稀。赖得将军开旧路，一振雄名天下知。（出自敦煌藏经洞P·3451残卷）

公元872年，七十四岁的张议潮在长安逝世，坟墓就在哥哥张议潭的旁边，张氏两兄弟终于叶落归根，魂归大唐。

兄弟相残

张议潮死后，朝廷并不承认张淮深归义军节度使的名号，并持续拆分归义军，使归义军不得不从原来的十一州退回到瓜、沙二州。

公元881年，写下"满城尽带黄金甲"的黄巢攻入长安，张议潮的儿子张淮诠和张淮鼎趁乱逃回了敦煌。于是，归义军内部形成张淮深和张淮鼎两派夺权的局势。公元890年，张淮深及其六个儿子全部被杀，张淮鼎成为新的掌权者。曾经为了彼此愿意付出生命的张议潮兄弟，看到儿子们相互仇杀不知作何感想。

  自此之后，归义军内部相互仇杀的潘多拉魔盒被打开。张淮鼎死后，将幼子张承奉托孤于姐夫索勋。索勋据说是索靖后人，文韬武略兼备，让归义军暂时稳定下来。公元894年，吐蕃重新占领凉州，原先张淮深派遣镇守凉州的李明振已经亡故。李明振的妻子是张议潮的女儿，她认为索勋窃取了张家在归义军中的地位，回到敦煌鼓动张氏族人发动政变。杀掉索勋之后，张氏成为归义军政权的实际掌控者，她没有把大位归还给侄子张承奉，而是让自己的四个儿子李弘愿、李弘定、李弘谏、李弘益主掌大权，归义军成为李家的天下。

  公元896年，张承奉联合族人杀了李氏诸子，重新掌权。英雄建立的功业，成了后代仇杀争抢的家产。连续的内斗消耗了归义军的实力，盘踞在甘州的回鹘乘机攻入瓜州。张承奉为了加强瓜、沙二州的防御，建立了六个军镇，保住了这份来之不易的遗产。

  公元907年，张承奉从逃难的乡民口中得知朱温攻破长安，世间已经没有大唐了。三年后，张承奉在沙州登基，建立西汉金山国。这是除短暂的西凉之外，第二个以敦煌为国都的政权。

  截至归入西夏，敦煌基本是由大家族维系的，这个时候由于相互仇杀，盛极一时的张氏、李氏、索氏都消耗殆尽，所以西汉金山国也命不久矣。

曹氏的家族技能

张淮鼎、张承奉父子都是在政变中登上归义军节度使的大位，到了张承奉的时候，张家已然成了孤家寡人，这就给曹家创造了机会。

公元914年，西汉金山国在张承奉的统治下内忧外困，人们推举曹议金执掌大权。曹议金取消国号，恢复归义军军号，自领节度使。

曹氏本来在敦煌的大家族中排不上名号，他们能够脱颖而出的秘诀就是"结婚"。曹氏是"包办婚姻"的高手，他们起初担任归义军内部的低阶官职，势力弱小，在张氏归义军时期一边隐忍一边结婚。据不完全统计，曹家与敦煌大姓中的十几个家族都有姻亲关系。幼年的曹议金手中也没有一张A3大的思维导图，常常把亲戚们的辈分叫错。在识别庞大的关系网的时候，他的逻辑思考能力得到很好的锻炼，这对他后来处理民族关系也大有裨益。

曹家的一顿操作，对内让敦煌几乎所有的家族都与他们有了血缘关系，有效提升了归义军内部的凝聚力，化解了家族仇杀的矛盾。对外方面，曹议金的姐姐嫁给了鲜卑族慕容归盈，因此曹家获得了盘踞在瓜州的吐谷浑后裔的支持；曹议金娶了甘州回鹘公主，缓解了与强大的回鹘的矛盾，维护了瓜、沙二州的外部安全；曹议金把女儿嫁给了于阗国王李圣天，建立了与西域的联系。曹议金通过几桩婚事，就解决了归义军的内忧外患，延续了归义军的生命。这是超高的政治智慧。

曹氏祖先的"来头"

曹氏如此善于通过关系解决问题，与其家族血脉有很大渊源。中国敦煌吐鲁番学会会长荣新江先生认为，曹氏应该是粟特人的后裔。古代外国人进入中国后需要重新起名字，粟特人常常使用的姓氏是康、安、曹、石、米、何、史等，所以被称为昭武九姓（昭武是地名，即今天张掖临泽县）。前文讲到的石槃陀和安禄山都是粟特人。河西地区作为丝绸之路的主干道，是经商的粟特人常驻的地方，就像居住在瓜州的石槃陀一样，曹氏也在这里繁衍生息。经过隋唐三百年的汉化，到曹议金时他们已经成为本土大姓。也正是粟特人的商业传统，让曹氏有了通过结婚和贸易处理问题的家族技能。

不过，曹氏在统治归义军期间从未说过自己是粟特人的后裔，原因还在于"天命"。榆林窟第16窟是曹议金的功德窟，笔者从窟壁上抄下来的名号是"谯郡开国公曹议金"。谯郡是今天的安徽省亳州市，三国中魏国的奠基者曹操就出自这里。谯郡曹氏在当时的曹姓中名列第一，在敦煌这个家族社会里混，一个撑得起门面的祖先很重要，曹操的威名绝对不输敦煌其他大姓的祖先，于是成为曹议金家族追认的对象。

在当时的河西走廊，"祖先内卷"的现象十分严重。回鹘因为曾被唐王朝赐姓李，所以自称陇西李氏。在姓氏IP争夺战中，曹操和李世民是最受追捧的。也正是因为曹氏与回鹘的姻亲关系，曹议金终于可以通过回鹘联系到唐王朝。不过，这时候的"大唐"是五代时期李存勖建立的后唐。当派遣去后唐的使者回来时，曹议金再次获得了归义军节度使的称号，并对内称"托西大王"，意思是为中原王朝驻守西境。

"模范丈夫"背后的秘密

然而，因为曹氏过于依附回鹘和后唐，归义军内部出现了回鹘化的现象，回鹘人占据了很多重要职位。曹议金逝世前将大位传给了长子曹元德，后者上位后开始肃清回鹘势力，甘州回鹘从此与曹氏交恶。

曹元德与其后曹元深接管归义军的时间都很短，没几年就因病去世，最后曹元忠执掌了大权。榆林窟第19窟是曹元忠的功德窟，甬道壁上画着一对夫妻（图20、21）和儿女的形象。曹元忠大概是古代的模范丈夫，他颜值极高，被誉为敦煌最帅供养人。在敦煌石窟现存的所有曹元忠的供养人像中，一般都有翟氏的供养人像相伴出现，他们常常在洞窟的墙壁上遥遥相望，羡煞无数游人。那么，曹元忠为什么如此宠爱翟氏呢？

究其原因，也许与其妻所在的翟氏家族在河西的权势有关。翟氏是敦煌的望族，著名的莫高窟第220窟就是翟家的家窟。张氏、索氏、李氏等老牌家族在内斗中凋零之后，翟氏一跃成为瓜、沙地区家族政治中的代表之一。他们的社会声望和实力是新建的曹氏归义军政权不可或缺的，所以曹氏极为重视与翟氏姻亲关系。

除此之外，翟氏一门僧人极多，主持修建莫高窟第85窟的翟法荣更是河西都僧统（僧界最高领袖）。这个职位对于归义军政权而言极为重要，得到它就等于得到了佛教的支持。归义军时期，佛教成为敦煌人的普遍信仰，它潜在的号召力甚至超过节度使。

因为长期从事文字和翻译工作，僧人是古代识字率极低的社会中人才高度集中的群体。而敦煌也拥有十分发达的寺学（以寺院为学校），这是敦煌基础教育的重要组成部分，连张议潮的学识都是出自洪辩大师，所以寺院为归义军政权提供了大量的管理人才。佛教译经师懂得多国语言，因而归义军的外交人才也几乎全靠寺学的培养，曾经出使大唐的河西都僧统悟真就是其中的代表。所以，佛教深刻影响了归义军政权的诸多方面，甚至开始裹挟政治。

综上所述，曹元忠的夫人翟氏拥有大量曹氏稀缺的资源，而她本人也是一位很有能力的政治家。在藏经洞出土的文献中，我们可以看到她积极参与到归义军的诸多事务中，甚至还组织匠人修复莫高窟的第一大佛像（第96窟"北大像"）。

所以，曹元忠与翟氏之间也是一桩典型的政治婚姻，他只娶翟氏的原因或许与隋文帝只娶独孤皇后的故事同出一辙。在牵一发而动全身的政治网络中，曹元忠必须要考虑翟氏家族的广泛影响力，因此造就了"愿得一人心"的爱情故事。

自曹元忠之后，归义军政权进入了漫长的衰退期，直到1036

年被党项人攻灭。在瓜、沙二州狭小的地理空间里，归义军政权从张议潮起义开始，延续了近两百年的历史，实属不易。归义军是唐代最后一个藩镇，孤悬于西北，经历了唐王朝的衰亡，走过了五代梁唐晋汉周的更迭，迈进了北宋，是中国历史上唐宋变革的重要一环。

河西慕容氏的渊源

归义军的历史是一部家族史，在张氏衰落的时候，曹氏并不是最佳接班人选，要论实力强劲，还要数慕容氏。

在榆林窟五代第12窟甬道左右两侧的墙壁上，画着两排供养人的形象，右侧墙壁上的13位男性大多姓"慕容"。笔者从小就是金庸迷，看到"慕容"两个字，不禁想到《天龙八部》中那个与乔峰齐名的慕容复。壁画上五代时期的供养人，与小说里北宋的传奇武侠，两者时间相差百年，他们之间是否有什么联系呢？

要探清慕容家族的历史，还要从本书第二章的主人公冒顿说起。鲜卑是继匈奴之后在蒙古高原崛起的游牧民族，兴起于大兴安岭一带，学界认为他们属于东胡族群的一支。冒顿单于统一蒙古草原之后，被他打败的东胡分裂为两部，分别退到乌桓山和鲜卑山，两个民族因此以山为名，成为匈奴的附庸。

东汉时期，匈奴衰亡之后，鲜卑成为草原上最强盛的势力。西晋末年皇权衰微，政治动荡，再加上周期性的小冰期到来，原居于北方的五个少数民族鲜卑、匈奴、羯、氐、羌，逐渐迁移至长城以南，史称"五胡入华"。在他们建立的十六国中，以鲜卑族建立的国家最多，如乞伏部乞伏国仁建立的西秦，秃发部秃发乌孤建立的南凉，以及拓跋部建立的北魏和宇文部建立的北周。慕容氏也是鲜卑部族中的一支，他们在北方地区先后建立前燕、后燕、西燕、南燕，合称"四大燕国"，这就是慕容复做梦都想恢复的大燕。

四大燕国的统治范围主要在今天的山东、河北、辽宁一带，但是榆林窟第 12 窟的慕容氏供养人是在瓜州，为何会跨越如此远的距离？这要从一次离家出走说起。

前燕奠基人是慕容廆（wěi），他的哥哥叫慕容吐谷浑（约 245 年—约 317 年），两兄弟从小一起长大，原本感情很好。有一年春天，两人在放马的时候，吐谷浑的马突然发情，咬伤了慕容廆的马。慕容廆异常愤怒，埋怨哥哥说："父亲已经把我们的牧区分开，你的马为什么跑来咬伤了我的马？"慕容吐谷浑回答说："马在春天发情是它的自然本能，马儿相互争斗，你怎么能对人发怒呢？如果你想要我们的马儿彻底分开，那我就离开你一万里好了。"慕容廆非常后悔伤了哥哥的心，想要挽留哥哥，但吐谷浑决心离去。于是公元 283 年，吐谷浑率领自己的部落开始西迁，最终在枹罕（在今甘肃临夏）扎下脚跟。吐谷浑逝世后，族人逐渐占领了青海和甘肃南部的广大地区，为了追思慕容吐谷浑，就以他的名字为国号。

隋代，崛起的吐蕃对吐谷浑的生存空间形成挤压，所以后者多次侵扰河西走廊和陇右地区。于是就有了大业五年（609年）的隋炀帝西巡，吐谷浑伏允可汗逃入党项部落。隋唐变革之际，吐谷浑乘乱收复故地，唐初李靖率军击败伏允可汗，吐谷浑归附，唐朝改立诺曷钵为可汗，还把弘化公主嫁给了他。唐高宗龙朔三年（663年），吐蕃彻底消灭了吐谷浑，诺曷钵被迫带领数千帐百姓迁入凉州，从此慕容氏进入河西走廊。

公元723年，这是张守珪来到瓜州的四年前，河西走廊的一大部分吐谷浑部众来到瓜州和沙州，并参与了之后的瓜州保卫战。

金山国时期，慕容家族已经成为瓜州的实际掌控者，在瓜州有三处军镇，是归义军的精锐。曹氏家族通过联姻获得慕容氏的支持，从而取代了张氏在瓜、沙二州的统治。

榆林窟第12窟的主人名字叫作慕容归盈，曾担任瓜州刺史，是曹议金的姐夫。学者们通过对《旧五代史》《五代史记》《册府元龟》等史书的梳理，发现慕容归盈和曹议金曾一同向中原进贡，可见他治下的瓜州有很强的独立性。第12窟中还出现了慕容归盈的出行图，而这原本是节度使才有的待遇，由此可见慕容家族在当时的实力。慕容归盈逝世后，瓜州刺史由曹元忠接任，曹氏终于掌控了整个瓜、沙二州，此后慕容家族在政权的博弈中逐渐衰落。

宋代以后，留在河西的慕容氏逐渐与各族人民相融合，文献中已不见对慕容家族的记载。金庸小说中的慕容复是文学创作的结果，他与瓜州慕容氏并无关系。

榆林窟第 12 窟甬道墙壁上的供养人画像，是慕容家族的最后一张全家福。曾经盛极一时的慕容王族如今去了哪里，我们不得而知，或许就同慕容复想要恢复的"大燕"一样，如一只燕子，飞入了寻常百姓家。

回鹘的历史影响

如果说鲜卑慕容是一只燕子的话，回鹘就是一只迅猛的鹘鹰。

回鹘原来属于铁勒的一支，最早的驻地在贝加尔湖畔。隋唐初期称回纥，被突厥汗国所奴役。隋唐王朝与突厥的关系类似于汉与匈奴，回纥不堪忍受突厥人的压迫，于是与唐军联合起来攻打突厥，成为唐王朝最信任的战友。

公元 744 年，杨玉环入宫的这一年，回纥在漠北建立了汗国。一年后，回纥怀仁可汗把突厥白眉可汗的头颅献于唐王朝，回纥取代突厥成了草原的统治者。

安史之乱爆发后，唐军的精锐损失殆尽，名将郭子仪建议向回纥求兵，于是唐肃宗派遣具有长相优势的堂哥李承寀（cǎi）出使回纥汗国。回纥葛勒可汗提出，如果李承寀娶了自己的女儿，他就派兵助唐。李承寀为了李家的天下，毅然迎娶了回纥公主。葛勒可汗于是派遣儿子叶护带领回纥兵出击，与郭子仪合兵征讨安禄山。有趣的是，李承寀的王号是敦煌郡王，第二位迎娶回鹘公主的敦煌王就是曹议金。

公元788年，回纥改名为回鹘。回鹘的命运似乎是曾经奴役过他们的突厥汗国的延续，几乎也是草原上所有强大民族的宿命。统一草原的回鹘开始了新一轮的横征暴敛和无道统治，激起了附属部落黠戛斯的反抗，回鹘在公元840年被灭国，余部散入中国各地。

到了归义军时期，回鹘人主要集中在归义军政权的东西两侧。东部在张掖的就是与曹家有联姻的甘州回鹘，西夏人占领河西走廊之后他们隐入祁连山，逐渐演变成今天的裕固族。西部回鹘人以高昌（今吐鲁番）为中心，建立了高昌回鹘政权，他们后来改称"畏兀儿"，成了如今的维吾尔族。

据笔者恩师杨富学先生的研究，在西夏和元代，回鹘因为游牧民族的属性和佛教的信仰，成为统治阶层经济和文化的重要支柱。回鹘人往来于五代以后日渐萧条的丝绸之路，延续着这条路的生机。蒙元帝国以回鹘字母拼写蒙古语，因此有了回鹘式蒙古文，而满文更是直接借用了回鹘式蒙古文字母，所以回鹘人的语言也影响深远。

敦煌的归义军时期，是一个家族与民族相互激荡的时代。敦煌张氏代表了两汉以来的汉族家族传承，鲜卑慕容代表了魏晋时代的雄浑胡风，粟特曹氏代表了隋唐之际的丝路协和，回鹘李氏则代表了西夏、蒙元时期的民族融汇。

敦煌的家族主导模式是由李元昊终结的，那就让我们来看看他建立的神秘西夏。

第十三章

西夏的天命

党项的渊源

西夏的主体民族是党项，而党项是羌族的一支。那么，党项羌族又是来自哪里呢？《隋书》中记载："党项羌者，三苗之后也。"看来，故事又要回到本书的第一章，党项的祖先是三危山下的三苗，他们与创造了犍陀罗文明的贵霜人一样，也是先秦时代敦煌人的后裔。

古代的羌是一系列民族的统称，其中有很多分支，党项羌就是其中的一支。党项羌中最强大的一支是拓跋氏，学者们推断他们是鲜卑族拓跋氏的后裔，西夏开国君主李元昊就出自拓跋氏。

现在我们看起来觉得错综复杂，其实这种民族融合现象在古代中国十分常见。蒙古高原、河西走廊、青藏高原、天山南北等地区的草场几乎连成一片，形成北中国规模庞大的游牧带，游牧部落一旦进入另外一个族群的生活区域时，为了适应新的自然环境和社交，就会逐渐获得双重属性。各民族数千年来不断交替介入，就逐渐形成了中华民族的大家庭。

北周时期，党项开始强大起来，与吐谷浑同时居住在今天甘肃、青海等地的草原上。随着吐谷浑的势力越来越强，党项的地盘逐渐缩小，主要居住在河曲一带（甘肃、青海、四川的交界地带）。吐谷浑被李靖灭掉之后，吐蕃与大唐开始接壤，党项人面临着两条道路：一条路是臣服于吐蕃，另一条路是归顺大唐。

这个时候，唐太宗推行开放包容的民族政策，北方少数民族纷纷归附。党项人的首领拓跋赤辞看到机会，也尊称唐太宗为天可汗，唐太宗封拓跋赤辞为都督（唐代地方最高武职），赐姓李氏。党项人终于可以躲在大唐的屋檐下躲避吐蕃的箭雨了。

然而，强势崛起的吐蕃不久就吞并了整个青藏高原，党项成为他们向东发展的障碍。党项只好再次向大唐求救，朝廷就把他们迁到了庆州（今甘肃庆阳）。庆州是周人和秦人的发源地，党项人居住在中原文明的核心地带，从此与大唐的命运紧紧联系到了一起。

安史之乱爆发之后，唐肃宗在灵武称帝。庆州距离灵武很近，党项人有感于大唐对自己危难时的照顾，积极参与平叛。安史之乱平定后，唐朝皇帝总结安禄山的教训，十分忌惮少数民族将领，郭子仪建议唐代宗将庆州的党项人迁到夏州（今陕西省靖边县）附近。从此，这里成为西夏人的故地。

西夏崛起

张议潮在长安逝世前后,党项首领拓跋思恭被封为夏州节度使。后来,他与中央军共同平定黄巢起义,一度帮助朝廷收复长安,因此继拓跋赤辞之后再次被赐姓李,封"夏国公",管辖地区改称"定难军"。

五代十国时期,定难军采用和归义军一样的策略,不管中原政权如何沉浮都俯首称臣。中原动荡不安,党项人却用灵活的外交手段换来了上百年的和平。他们依托黄河流域的水利条件,大力发展灌溉工程,经济获得了长足的进步,实力大增。

北宋建立之后,夏州节度使李继捧于公元982年率领族人入京朝见宋太宗赵光义,申请归附宋朝。李继捧的堂弟李继迁不肯入京,逃到了地斤泽(今内蒙古巴彦淖尔),带领族人反抗北宋统治。

对文弱的宋朝,党项人显示出强大的军事能力,而且党项的三代首领都有较高的军事天赋。宋太宗派五路大军攻击李继迁,都被他打败。宋太宗驾崩后,宋真宗割让党项人原来的五州之地给李继迁,承认了党项的独立。

党项的东南是繁荣的大宋,东北是强大的辽国,这两个庞然大物都没有什么便宜可占,李继迁把目标放在了鱼龙混杂的河西走廊。当时,位于归义军东面的甘州回鹘还很强大。李继迁在与河西地区的吐蕃势力会盟的时候被暗算而死,其子李德明多次与甘州回鹘交战，虽然消耗了回鹘人的实力，但自己也在不久后就病逝了。公元1032年，李元昊即夏国公位，继续对河西走廊用兵，终于在1036年占领敦煌。归义军最后一任节度使曹贤顺投降，敦煌的归义军时代宣告结束。

公元1038年，这是苏轼出生的第二年，李元昊即皇帝位，国号为"夏"，定都兴庆府（今宁夏银川）。因为夏国位于大宋的西北方，正史统称为"西夏"。西夏建立之后，形成了与宋、辽鼎立的局面，中国历史上的后三国时代开始。

宋夏竞争

李元昊称帝之后，北宋皇帝的肠子都悔青了，万万没有想到当年逃跑的党项人的后代在五十多年里变成了一个国家。对于大宋而言，辽国已经很难对付，此时又多了西夏，如果不把这个新兴的国家扼杀在摇篮里，大宋将永远没有恢复汉唐盛世的可能。

宋、夏两国关系破裂后，李元昊主动挑起三川口之战，并获得了胜利。北宋朝廷这才知道李元昊的实力，于是连忙向陕北边境调兵遣将，名将韩琦推荐范仲淹为自己的副手。范仲淹是写下"先天下之忧而忧，后天下之乐而乐"的文学家，也是优秀的战略家。

范仲淹到任后，积极练兵、修建防御工事，让边防军的实力在短时间内得到提升。如果说范仲淹是阵地战的高手，那李元昊就是游击战的天才,他深知范仲淹的厉害,所以总是挑选宋军其他将领镇守的薄弱环节发动进攻。范仲淹被迫成为战场上的救火队员。再加上北宋的将领一般在战场上没有指挥权,因为这项权力掌握在京城开封的皇帝手里,赵家天子发明的这套打法确实害惨了范仲淹。那时候又没有互联网,而战场上瞬息万变,一旦发生新情况需要写奏折送到开封,皇帝研究、批示了行动方案再送回战场,这么一个来回至少得半个月。李元昊充分利用这个时间差,占尽了宋军的便宜,最终导致宋军在好水川之战、麟府丰之战、定川寨之战三大战役中的连续失败,西北精锐折损大半。

这场战争对宋、夏两国都影响深远。对宋而言,虽然战争失败了,但两宋儒学却在这次战火中被孕育出来。那是在1040年的延安,有一个二十岁的陕西年轻人来求见范仲淹,他怀着满腔热血想要参军保卫家乡。经过深入交谈之后,范仲淹看到了这个年轻人的不凡,认为他是一个儒学天才,就劝他回家读书,将来争做圣贤。年轻人听从了范仲淹在儒学上的点拨,于是回家苦读经典。这个年轻人,就是后来写出"为天地立心,为生民立命,为往圣继绝学,为万世开太平"的张载。张载是程颢、程颐两兄弟的表叔,二程深受他的影响。他们和后来的朱熹建立的思想体系并称程朱理学,成为晚期儒学思想的主流。可以说,范仲淹是理学诞生的源头之一。

李元昊在战争中保护了新生的王朝,但长期的战争也透支了国力,于是在1043年向北宋议和。与西夏战事的失败深深震撼了北宋朝廷，各种社会问题也暴露了出来。为了改变积贫积弱的局面，被宋仁宗召回京城的范仲淹与韩琦、欧阳修等人发动了"庆历新政"。虽然新政最终宣告失败，但北宋君臣已经从水榭歌台的梦境中醒来。为了治愈宋王朝的肢体"肥大症"（冗官冗兵现象），新的改革一次次被发起，最著名的当数王安石变法。

与此同时，李元昊也开始了他的新政。西夏占据河西走廊和黄河流域的上游地带，这里土地肥沃、水热资源良好、交通便利。李元昊根据西夏的资源禀赋，大力发展农业、商业和科技。农业方面，围绕黄河和河西走廊的内流河大力发展水利灌溉，粮食产量迅速提升，为立国奠定了坚实的基础。商业方面，重新打通了陆上丝绸之路，西夏生产的青盐成为经济支柱。科技方面，军事工业独步天下，"夏国剑"锋利无比，榆林窟第3窟中就有一幅《冶铁图》（图22），展示了西夏先进的冶炼技术。值得一提的是，榆林窟第3窟五十一面千手千眼观音图中，保存有108种224件西夏的生活生产工具和科技产品（数据来自笔者和恩师王惠民先生的最新整理和研究），是西夏社会发展史的集中体现。

在西夏国力蒸蒸日上的同时，党项人也开始关注他们的精神世界，西夏艺术迎来了百花齐放的时刻。

"理工男"的壁画技术

在西夏的诸多艺术之中，最灿烂的就是佛教艺术。

听说甘州回鹘被西夏攻灭之后,佛教信仰浓厚的归义军政权惊恐不已,同时也为先辈们呕心沥血修建的石窟的命运深感担忧。然而,当曹氏投降之后,人们惊喜地发现西夏人也信仰佛教,并且对这里的佛教圣地非常感兴趣。于是,西夏人开启了对敦煌石窟艺术的变革。

西夏早期壁画的特点是图案极为简单,一般是由佛像、菩萨像、弟子像、莲花等少数元素组成简易的经变画,因为颜色以绿色为主,被称为绿壁画。这类壁画在曹氏归义军时期就产生了,西夏时期发展到最简化的阶段。壁画之所以简化,主要是因为当时佛教已经在中国发展了近一千年,人们已经很熟悉经文,所以在美术和修行上都进行了简化。除此之外,还有技术的因素。

学术界认为,敦煌复制性壁画应该是使用"粉本刺孔法"绘制出来的。古人把画稿称为粉本(图23)。绘画的方法有两种:第一种是用针沿着画稿的墨线刺上密布的小孔,把白垩粉或高岭土粉扑打在纸面,白粉就可以透过纸张留在墙壁上,然后再用墨线把这些留在墙壁上的点连起来,就成了一幅和画稿一模一样的壁画线稿了;第二种是在画稿的反面涂上白粉,然后把画稿贴在墙上,用竹针沿着正面画稿的墨线轻轻画描,背面的白粉就印在了墙壁上,最后再画线、染色。

"粉本刺孔法"大大提高了绘画的效率,节约了材料、人工和时间成本,就类似于亚当·斯密在《国富论》开头写下的那个制针的故事一样,促进了壁画从艺术创作向模块化作业转型。转型的根源是绘画技术的发展，缺点是绘画陷入了流程化的作业。

这种绘画技术最开始是一种无奈之举。西夏人占领敦煌之后，被石窟里的壁画艺术惊呆了，当即也想开窟绘制壁画。但他们发现自己的民族自隋唐以来一直走在被迫迁移的路上，在生存线上挣扎的他们完全没有时间积累艺术，所以刚刚建国的西夏艺术人才极为匮乏。任何艺术的童年都是起源于模仿，西夏人的处事风格就像理工男，他们用自己的工程学思维拆分了艺术创作的步骤，从而形成这种模仿的技术。

这种模仿产生了严重的副作用。石窟营建的过程中最重要的一对关系是甲方和乙方，当乙方画师掌握了简单省力且能赚钱的技术，为了生计他们必然走向对这种技术的依赖。

很多人都会对这种复制风格的壁画嗤之以鼻，当人们站在西夏早期壁画的面前嘲笑这种艺术的时候，笔者却希望保持一份历史研究者的审慎和冷静。因为从另外一个角度来讲，这对当时的百姓不失为一件好事。

开凿石窟是极其耗费时间的，而任何一个人的时间都是恒定的一天24小时，在一个农民的人生中，如果开凿洞窟的时间占得多了，分配给其他社会生活的时间就必然减少。使用新技术却可以将洞窟的开凿时间大大缩短，这样当时百姓在短暂的一生中，不必抽离出宝贵的时间投身于服务贵族的信仰，而可以有更多的时间来辛勤耕作和陪伴家人。

当我们明白了这一点，也许就能在粗糙的画笔下看见一个个幸福安稳的敦煌小家,而这才是对于一个具体的古人最有意义的事。

壁画新高峰

分工提升效率,合作产生繁荣。一个经济体的发达程度,其实就取决于它内部分工的深度。在分工技术的成熟和国民利用大量时间从事生产的背景下,西夏国力迎来了蓬勃发展,随着物质条件的提高,西夏人对艺术也产生了新的需求。

西夏早期壁画艺术对图像的简化是一次重要的变革,它降低了艺术的门槛,因为操作极为简单,更多的人可以参与到佛教艺术的创作中来。这促进了行业内部的文化和技术激荡,不仅增加了佛教艺术品的用户,也使绘画艺术在频繁互动中迅速提高,西夏艺术开启了新阶段。

由于西夏领土靠近青藏高原,此时恰逢藏传佛教艺术开始向外传播,敦煌和吐蕃在唐代就有相互交流的先例,所以敦煌壁画在西夏中晚期大量出现了藏传佛教因素。敦煌壁画自此一改格式化的发展路径,从复制严重的绿壁画里走了出来,焕发出新的生命力。

西夏是一个极其爱学习的王朝,它不仅引入了藏传佛教艺术。随着国力的增强,西夏与宋、辽没有任何一国的实力可以吃掉其他两国,所以形成了动态的势力平衡。这种平衡就为彼此的频繁交流创造了条件。当我们来到榆林窟第3窟时，就能看到密宗的坛城、净土宗的经变画、水墨山水、白描等精彩纷呈的壁画。这种类似艺术超市的风格，正是西夏与外界频繁交流的结果。而其中也涉及了"天命"问题。

中国是世界上史书系统最完备的国家，一个王朝有史书就代表天下人对它天命的认可，而在"二十四史"中唯独没有西夏史。所以，西夏是一个不被正史认同的王朝。在这个背景下，整个西夏的历史就是寻找自己天命的历史。

西夏人找到的第一个天命来源是姓"李"。大唐是被天下人认可的王朝，李元昊的祖先被唐王朝赐姓"李"，这是西夏十分珍贵的政治资本。这样对比起来，宋朝的赵家天子倒没什么天命，是欺负后周孤儿寡母的乱臣贼子。

当然，这种赐姓而来的天命，说服力很差；宋、辽、金因为没有这样的好姓氏，也不承认这种做法。对于中国古代晚期的王朝，文脉成为更重要的天命来源，儒家和佛家文化也逐渐成为提供天命的工具。回顾当时的情况，南宋虽然偏居江南，但拥有儒学的根脉传承，从而成就了程朱理学的文化名牌；金占领了中原地区，女真人继承了北宋的儒学和佛教中心。由此看来，西夏手中天命的筹码少得可怜。好在西夏还有河西，还有敦煌。

本书第六章讲到，河西本身就是中原儒学的避难所，所以可以为西夏提供不少儒学筹码。金国拥有五台山和长安两个佛教中心，南宋在江南也在推动峨眉山佛教道场的确立，与北方在佛教文化上抗衡。西夏则占据了敦煌，这里自唐代就成为全国佛教中心之一，对于偏居西北的西夏来说，敦煌是唯一可以拿出来的名片。西夏学的前辈史金波先生在识读榆林窟的西夏文题记时，发现西夏人把这里叫作"朝廷圣宫"，足见西夏对敦煌石窟的重视。

为了改变不被认可的命运，在西夏中后期，他们把大量的精力花在敦煌石窟的建设上。西夏人积极学习那些被认同了的文化和艺术，以开放和包容的姿态，把它们全部拿来，融合进壁画的创作中。从此，敦煌艺术的面貌发生了天翻地覆的变化。在敦煌石窟众多的西夏石窟中，以榆林窟第3窟的壁画最为典型，洞窟内不仅汉藏艺术巧妙搭配，而且兼容儒、释、道三教的风格，是西夏艺术的最高殿堂，代表了敦煌壁画艺术自唐代以来的第二个高峰。

翻译的力量

西夏的历史没有被后来的史书所认可和记载，所以给我们留下来的仅仅是一个神秘的背影。如果我们想要让西夏的面目清晰起来，就要来到敦煌石窟。因为敦煌壁画就是墙壁上的史书，这里保存了世界上关于西夏最多的图像资料。从传承有序和精彩纷呈的壁画里，我们就可以认识那个勤奋好学的西夏。

西夏之所以在文化和艺术上有如此灿烂的成就，是因为它学到了翻译的力量。翻译是两种文化彼此相遇时需要的第一种能力，敦煌作为各种文化的交汇之地，拥有强大的翻译能力。当西夏遇上敦煌，就从洞窟里学到了三种翻译的能力，从而成就了西夏兼容并蓄的文化面貌。

第一种是文本翻译，就是把一种文字翻译成为另外一种文字，它是一维空间内的翻译。最初的佛经都是用巴利文、犍陀罗文、梵文等写成的，所以敦煌就把这些佛经翻译成汉文。然而翻译到此并没有停止，因为经文总是艰涩难懂，普通老百姓还是理解不了，所以还要进行认知降维。于是，就出现了变文。变文把经文变成了故事性的语言，文章内容就像古罗马时期的寓言故事，而经变画就是根据它画出来的。这种翻译也在重塑着语言。敦煌藏经洞中出土了各种语言的文本，说明敦煌已经成了一个国际语言学校。这些外文需要用汉字进行翻译，以鸠摩罗什和玄奘所代表的中国翻译者，积极学习域外文化，不畏生死，往来于丝绸之路上。通过他们的努力，汉字成为当时世界上最成熟的文字系统之一，从而建构起中国通往世界的语言桥梁，提升了古代中国积极吸收域外文化的能力，为文化的多样性提供了基础条件。

第二种是符际翻译，把一种符号翻译成另外一种符号，它是二维空间的翻译。文本翻译不能解决所有问题，因为当时的高僧面对的绝大多数人不是知识分子，而是识字率不到10%的古代百姓，文字翻译得再好，如果看不懂，岂非白费力气？敦煌解决的方法是回归到文字本身，因为文字如同贺兰山里的岩画一样，是从史前的图像和符号里来的。所以，先贤们聪明地将文字还原成它们的先祖"图像"。就像猫在世界各地的语言中的读法和写法都不一样，但当我们面对的是一张猫的照片时，任何一个人都能认识它。在敦煌，面对不同的民族和不识字的百姓，高僧们把经文翻译成了壁画，经变画因此应运而生。

第三种是实体翻译，把一种符号翻译成一种物理实体，它是三维空间的翻译。当有了经文和经变画之后，高僧们发现还有一种东西没办法让百姓看见，那就是经文中所描述的那个众生平等、幸福美好的极乐世界。于是，石窟开始在敦煌的山水之间被建造出来，人们把经文中的那个世界，在远离城市的隐秘峡谷中翻译为三维的洞窟空间和塑像，从而营建出古人的精神原乡。

直到今天，敦煌的翻译还远没有结束，那些壁画、塑像和洞窟，都逃不开时间流逝带来的损伤。千万要记住，敦煌石窟已经是一个一千多岁的老人了。在笔者陪伴它的时候，分明从日渐斑驳的壁画和开裂的墙壁上看到它的老态龙钟。当我一个人待在洞窟里时，仿佛就能从墙壁上听到它粗重的呼吸声。为了让敦煌永葆青春，敦煌研究院使用数字化技术为敦煌"冻龄"，这是新时代重新翻译敦煌的典范。

玄奘取经图的深意

宋代是中华民族共同体逐渐形成的重要阶段，宋、辽、西夏、金等民族政权的对话越来越频繁，而对话的基础就是这种翻译的能力。在以儒学和佛学所代表的文化互动中，各民族开始向同一个文化共同体融汇，我们从玄奘的故事中就能看到这个共同体的诞生过程。

在本书第十章，我们讲到了在榆林窟、东千佛洞和文殊山石窟出现的玄奘取经图，这些图像都绘制于比《西游记》写出来还要早三百多年的西夏。西夏人为什么这么喜欢画玄奘呢？不仅仅是出于西夏人对玄奘的崇拜，更深层次的原因是玄奘能够为不被认可的西夏提供"天命"。

玄奘作为中国历史上最著名的取经人，在唐代及以后成为佛教符号化的一个人物。宋代，随着佛教传播的时间越来越久，各地对佛经的翻译也是五花八门，佛经再次出现了大量的印刷版本和翻译版本，在众多的版本中究竟哪一本才是正版佛经教科书呢？当时天下普遍认为玄奘从印度带回来的才是真经，他翻译的版本才是正版。于是，当时的寺院纷纷参与到抢夺玄奘真经的热潮中，他们都宣称，自己藏经阁里的经书就是当年玄奘带回来的真经，并且通过在寺院里画玄奘取经的形象来佐证。

在国家层面，南宋认为自己在南渡时把玄奘带回的经典都带到了南方；金国认为自己占据了长安和洛阳，这里都是玄奘译经的圣地，保存了玄奘大量的真经；西夏则拥有玄奘取经时走过的整条河西走廊，还有瓜州石槃陀的故事，所以认为这里的佛教都受到玄奘的真传。

随着各国依托玄奘鼓吹自己的佛教中心，玄奘的信仰流行起来，玄奘取经的故事也开始从历史进入文学光怪陆离的世界中。当全天下人开始谈论玄奘的智慧和经历的时候，玄奘的取经故事，在当时新兴的市民文化的口头创作中也变得丰富起来。

西夏壁画里的石槃陀变成了猴行者，金国关于玄奘取经的戏曲里开始出现神魔怪鬼，而南宋的《大唐三藏取经诗话》里猴行者已经为帮助三藏法师取经而大显神通。玄奘取经的故事在元代的戏曲和民间传说中更是变得越发丰富，明代的吴承恩总结前朝的成果，最终创作出了四大名著之一的《西游记》。

从《西游记》的诞生过程中，我们可以看到，这并不是吴承恩一个人完成的，而是从玄奘取经的那一刻开始，直到明代将近九百年的民间创作的成果。尤其是在宋代，西夏的党项人、辽的契丹人、金的女真人与两宋的汉人共同参与到玄奘取经的想象中，从而创作出了一个精神世界里的"西游宇宙"。这是当时中华大地上多个民族的想象共同体。

当一个地域内的所有人都围绕着一个文化符号开始想象和创作的时候，所有人也就身处在同一个精神世界里，这就是一个新民族的诞生过程。所以，玄奘取经图在整个中华大地上的普遍出现，代表着中华民族这个共同体在中国人的精神世界里开始孕育，西夏就是其中最为神秘且不可缺少的重要一环。

榆林窟静谧的峡谷中，就在西夏人画完最后一幅玄奘取经图的时候，成吉思汗已经为自己的长弓拉上弓弦。即将掩盖西夏历史的漫天沙尘，正从草原上滚滚而来。

第十四章

凉州会盟与八思巴

蒙古征服河西

1343年，濠州（今安徽省凤阳县）发生了严重的蝗灾和瘟疫。在半个月内，朱重八的父亲、大哥和母亲先后去世，这是他一生中最痛苦的时刻。朱重八为了活命，去皇觉寺剃度当了和尚。寺院是当时拥有田产而不需要缴税的地方，忽曜当年对寺院经济的制度设计救了可怜的朱重八一命。

朱重八就是大元帝国后来的终结者朱元璋，然而居住在元大都的蒙古统治者并不知道这一切。元顺帝守着黄金家族的先辈打下来的这片广大领土心满意足，开始学习汉人的样子总结前朝，在朱重八挨饿的同一年下令编写史书。元末的名相脱脱主持编纂史书的工作，然而他只编写了《辽史》《宋史》《金史》，唯独没有《西夏史》。

问题仍然出在"天命"上。在中国古代，编纂史书就等于官方承认天命的程序，对于蒙古人而言，他们在天命的问题上遇上了比以往朝代更复杂的情况。面对宋、辽、金、西夏四个天命来源，该做怎样的选择呢？蒙古人首先认为自己是草原的孩子，辽和金同样也是，所以必须要承认他们；两宋是传统的中原王朝，天命这个概念就是中原王朝创造出来的，因此也必须承认。

这样看来，唯独西夏没什么用处，所以就不必承认了。这就是西夏历史变得神秘的根本原因。除此之外，西夏被抛弃的另一个原因，也许是由成吉思汗而起的。

1206年，成吉思汗建立了蒙古汗国。黄金家族引领的草原帝国从这一刻拉开了序幕，在帝国的发展需求和他那执柄天下的雄心驱动下，蒙古政权开始积极向外扩张。在蒙古帝国刚刚崛起的时期，广袤的河西地区仍处在西夏政权的统治之下。这里有温暖的气候和水草肥美的草原，也是古老的草原民族匈奴曾经的故土，因而牵动着蒙古汉子庞大的胃和草原祖先的荣辱。草原的儿郎们，要去夺回额吉的"胭脂山"（今张掖焉支山）。

南宋开禧元年（1205年）、开禧三年（1207年）和嘉定二年（1209年），蒙古先后三次进攻西夏，迫使西夏国主李安全嫁女求和。在与西夏的战争中，蒙古人见识到了科技含量十足的"夏国剑"的厉害，强悍的党项人着实是块难啃的骨头。蒙古于是把目标转向西域的回鹘和西辽，蒙夏之间维持了一段相对平静的局面。

凭借强大的军事实力，成吉思汗很快攻下了西辽和花剌子模。蒙古军队的足迹最远到了克里米亚半岛，这是蒙古的第一次西征。

蒙古人的战场，简直是人间炼狱。作为游牧民族，他们攻下一座城池之后，不会派大队人马进行监管和殖民，因为那样人手根本不够。他们的办法是收集好城市里的财物，然后进行屠城。他们还要去往下一座城市，不能让仇人留在身后，只好把一路上的敌人全部铲除。

当蒙古军队要退回草原的时候，欧洲人以为是上帝救了他们，然而真正的救赎者名字叫作丘处机。

成吉思汗作为草原最伟大的王，他跟秦皇汉武一样，也想延长自己的寿命，直到黄金家族的马蹄走遍太阳照耀的土地。然而，就在征服花剌子模的时候，他分明感受到自己的力不从心。他从军师耶律楚材那里早就听说了丘处机的名号，于是派使者去山东邀请丘处机前来相见。

1220年，七十三岁的丘处机与其弟子尹志平等18人从山东出发，历时两年，穿越蒙古草原，最终在大雪山（今兴都库什山）行宫与成吉思汗相见。丘处机与成吉思汗探讨治国和长生之道，成吉思汗被他的智慧所征服，尊称他为"老神仙"。他告诉成吉思汗长生的秘诀是"去暴止杀"。这对成吉思汗后来的军事征服有很大的影响，这就是著名的"一言止杀"。

成吉思汗对丘处机十分崇拜，下令让他统领天下道教，全真教在全国开始流行起来。榆林窟第23窟就是受此影响，成为敦煌石窟全真教的祖庭。会面结束之后，丘处机先一步返回中原，成吉思汗对他思念不已，还曾写信说"朕常念神仙，神仙勿忘朕也"。

眼看蒙古不断凭借强大的军事实力在西域和中亚剪除一个个传承已久的势力,西夏人当然也知道"覆巢之下,岂有完卵"的道理,听到枕头边那磨刀霍霍的声音,再也不能等死了。1224年,西夏趁蒙古西征的机会,向蒙古其他部落使用反间计,派使者重金贿赂对成吉思汗不满的人,企图搅乱蒙古人的老巢。西夏本来就是成吉思汗预留的过冬肥羊,征服花剌子模后,东归的成吉思汗听到这头肥羊竟然要回过头来咬自己,六十四岁的他决定亲征西夏。

成吉思汗与霍去病征河西的方法一致,先攻下了居延海旁边的黑水城(今内蒙古额济纳旗),然后分兵攻打沙州(今甘肃敦煌)。沙州的军民熟悉这个强势的邻居,依靠着雄伟的沙州城,展开了英勇的攻防战。蒙古兵眼看围困了一个多月都无法攻克,于是使用地道战术,在夜里偷偷挖掘了运兵地道。西夏守将施以火攻,一把火烧尽了他们的幻想。守城到了最后阶段,连战马和老鼠都捕食绝迹,蒙古军又掘断了党河。到了10月,城中几乎没有一滴可以饮用的水了,忽然天降大雪,算是救了全城百姓的性命。就在如此艰苦的情况下,固守州城近半年之久,1227年3月,沙州城因为弹尽粮绝,最终被攻克。

1227年7月,攻打西夏的成吉思汗在六盘山的军帐里病逝(同年,丘处机也仙逝了)。窝阔台继任大汗后秘不发丧,对西夏发起了总攻。几天后，西夏国主李晛（xiàn）投降，成吉思汗的小儿子拖雷因为父亲死在六盘山而愤恨不已，杀了李晛。正是因为成吉思汗死在攻打西夏人的路上，所以蒙古绝不会承认西夏王朝的"天命"，不然就等于否定了成吉思汗。于是，西夏的历史就被深深埋藏在敦煌幽暗的洞窟里了。

卑微的画师

　　蒙古在攻打河西走廊时，遇到了顽强的抵抗，动辄"帝怒城久不下，有旨尽屠之"。这种侵略如火的军事行动，严重破坏了瓜、沙等地的经济基础，致使数百里的土地上人烟稀少。直到1281年，元朝设立甘肃行省，河西地区补充了大量移民。后来，中亚地区各个汗国的诸王纷纷脱离元朝统治，瓜、沙州的蒙古部落戍守在河西走廊的西段，成为中原阻隔中亚诸叛王的战略重地。

　　随着经济的逐渐恢复，管理瓜、沙二州的蒙古诸王也开始加入敦煌石窟的营建之中。元代的敦煌艺术与西夏一脉相承，是莫高窟壁画艺术的最后一个阶段，其中最具代表性的是莫高窟第3窟。洞窟的主题为观音菩萨，壁画以纯熟精湛的线描技法画出千手千眼观音菩萨（图24），是敦煌艺术的杰作之一。

　　就在这个洞窟佛龛门北侧的观音像左下角，出现了一条题记——"甘州史小玉笔"。在莫高窟4.5万平方米的壁画中，题记中留下的画师名字只有 12 个。这位元代甘州（今甘肃张掖）画师史小玉所绘制的千手观音，后来被中国残疾人艺术团编制成舞蹈，于 2005 年春节联欢晚会上出演，舞蹈以层出不穷、千变万化的视觉效果感动了全中国。这也是敦煌艺术在当代焕发全新生命力的经典案例。

当游客们来到敦煌的时候，总会问到一个问题：为什么在大部分的壁画里看不见画师的署名？

在古代，一般的画匠和塑匠属于"百工"之列，在士农工商的传统观念中不被看重。我们所熟知的顾恺之、阎立本、吴道子等画家之所以有名，是因为他们同时也是官僚，阎立本甚至当过唐朝的宰相。直到宋徽宗时代官方画院的出现，画家地位才逐渐提升。

在敦煌石窟的营建过程中，画匠只是乙方，而甲方就是出资人。出资人的不同身份和需求决定了石窟类型的多样，寺院为日常使用而出资修建的有殿堂窟、禅窟、仓储窟和居住窟，高僧或其弟子出资修建的有纪念窟和瘗（yì）窟（安葬去世的僧人），百姓集资修建的有功德窟，等等。因为开凿洞窟的成本很高，在身份众多的出资人之中，政府官僚和世家大族是敦煌石窟最主要的甲方，因此绝大多数洞窟是政府的文化工程或家族的家庙。如果在壁画里写上画匠的名字，就意味着地位低下的画匠也进入了佛教世界；画匠与佛陀同在一幅壁画里，这在当时的尊卑观念下是不可想象的。另外，作为家庙的洞窟里一般绘制有供养人，后世子孙还要来这里做法事和瞻仰自己的先祖，如果壁画上有画匠的名字或形象，当后世子孙磕头行礼的时候，等于也给画匠磕了，这是绝不允许的。

因此，甘州人史小玉只能将自己的名字用小字偷偷写在不起眼的地方。榆林窟第 29 窟是西夏艺术的杰作，该窟是瓜、沙二州监军司中担任高级武官的赵麻玉家族开凿的功德窟。因为在供养人中出现了西夏国师和负责皇宫禁卫军内宿御史司正统军向赵，所以专家一致认为该窟应该是在皇家授意下开凿的洞窟。洞窟内的壁画是西夏汉藏艺术结合的典范，画师高崇德也想让后人知道这些壁画出自他之手，但如此高等级的洞窟必然没有画师的署名之处。于是，同样是甘州人的高崇德，就在榆林窟第 19 窟女供养人（即曹元忠夫人翟氏，见图 21）的衣裙上，用小刀刻了一行细若游丝的字："甘州住户高崇德，小名那征，画秘密堂记之。""秘密堂"就是榆林窟的西夏第 29 窟。

凉州会盟

元代，敦煌石窟的壁画里很少有传统汉传佛教的内容，主要以藏传佛教艺术为主。究其原因，还要从成吉思汗的孙子阔端说起。

征服行动完成之际，黄金家族把"天下"作为一份家族产业分封给宗王贵族。其中，成吉思汗长孙拔都大王封于沙州，拥有河西走廊西部。后来拔都西征，建立了金帐汗国，覆盖现在的俄罗斯西部、东欧大部分、高加索部分地区，莫斯科公国都是他的附庸。以凉州为中心的河西走廊东部，则是窝阔台之子阔端的封地。窝阔台即大汗位后，阔端成为西路军统帅，册封凉王，封地囊括了西夏故地和青藏地区。

1234年，蒙古灭金，东亚的对手只剩下南宋和吐蕃。要灭南宋，就要占领青藏和四川，从而形成包围圈。

1239年秋，阔端派多达那波出征青藏高原。虽然蒙古大军战力强悍，但在前藏受到了武装僧人的强烈反抗。多达那波仔细分析了青藏地区的局势，认为这里高山阻隔、气候恶劣，人民排外情绪高涨，靠军事征服很难取得胜利。

在青藏驻留的两年多里，多达那波对当地的宗教、军事、经济等各方面进行了详细地调查，最后认为蒙古可以通过宗教手段和平接收青藏。于是，他给阔端写了一封《请示迎谁为宜的详禀》，相当于"青藏地区和平解放的可行性报告"。他在这份报告中说明了萨迦派在藏区的影响力，推荐萨迦班智达去凉州进行和平会谈。萨迦班智达是萨迦派的第四代传人，由于他学识高深，人们尊称他为"班智达"（等同于玄奘的"三藏"），是名望响彻整个青藏高原的佛学大师。

1244年秋，阔端向萨迦班智达发出正式邀请，多达那波作为他的"金字使者"，带着一封满是威胁的信来到萨迦寺。

萨迦班智达非常清楚，强大的蒙古帝国已经占领了青藏周边几乎所有的土地，此时的雪域就像一座被包围的孤岛。自吐蕃王朝结束后，长期分裂割据、相互仇杀的高原地方势力根本无力对抗蒙古大军。为了人民免遭战争的屠戮，为了佛法能够弘扬到更广大的地区，六十三岁高龄的萨迦班智达决定带着十岁的八思巴和六岁的恰那多吉这两个侄子以及众多僧人前往凉州。

1247年，丘处机的弟子宋德方和尹志平等主持重修山西芮城永乐宫。其中丘祖殿（1942年被日军焚毁）内的壁画，记录了他们随丘处机前往大雪山与成吉思汗的那次伟大会面。此时，正是道教发展最鼎盛的时刻，也是盛极而衰的转折点。就在这一年，阔端在凉州见到了期盼已久的萨迦班智达，佛教即将代替道教成为蒙古皇室的新思想。阔端作为蒙古王室的代表，萨迦班智达作为西藏地方代表，在凉州开始了长时间的会谈。由于当时双方没有成熟的会晤制度，会谈的过程和详细内容并未被记录下来。我们可以想象，他们为了彼此的利益一定有过言辞激烈的交锋。最后，双方达成共识，阔端拜萨迦班智达为师，皈依佛教，萨迦班智达则承认青藏高原是蒙古帝国的一部分。

蒙古族因为本身没有成熟的宗教信仰，外来宗教在蒙古帝国传播的时候都不会受到强大的阻力。蒙古王室对藏传佛教的包容，令萨迦班智达十分满意，为了让雪域人民知道这次会盟的结果，他写下了《萨迦班智达致蕃人书》。这是中国历史上非常重要的一份文件，标志着西藏正式纳入中国版图。

《萨迦班智达致蕃人书》很快传到了西藏，人们无不欢呼雀跃。萨迦班智达积极争取西藏的利益，使蒙藏之间避免了一场战争，雪域高原也迎来了继吐蕃王朝之后的新繁荣。对于蒙古帝国而言，这次会盟是宗教与政治达成的一次完美交换，藏传佛教为蒙古提供了珍贵的"天命"。

会盟结束之后，萨迦班智达为了把藏传佛教从雪域带到草原，决定留在凉州弘扬佛法。在阔端大力支持下，萨迦班智达在凉州幻化寺讲经传法五年之久，无数僧侣慕名而来学习佛法，藏传佛教在河西走廊和青海等地传播开来。

1251年，萨迦班智达在凉州圆寂，阔端为他修建了高达42.7米的灵骨塔。他的遗体虽然没有回到他深爱的雪域，但他的灵魂依旧在凉州这座伟大的城市里守护着他为之奋斗了一生的土地。就在萨迦班智达圆寂后不久，阔端也在同年去世，长眠于肃南皇城滩草原。两位来自不同地域和民族的凉州会盟代表，同时与河西大地融为一体。这次会盟的精神在他们逝世后的数百年间，仍在持续塑造着中国。

八思巴与忽必烈

就在阔端去世的1251年，忽必烈的大哥蒙哥登上汗位，根据草原兄终弟及的传统，忽必烈看到了希望。两年后，忽必烈奉命率军出征云南，在六盘山（今宁夏固原境内）驻军时，邀请八思巴前来相见。

此时，萨迦班智达从雪域带来的两个侄子已经长大。他们最初来到凉州，或许就是来充当质子的。另外一个原因是年迈的萨迦班智达知道自己时日无多，迁到凉州之后也许再也无法回到雪域，于是将八思巴和恰那多吉作为自己的传承人，时刻带在身边教授佛法。

八思巴果然不负所托，他的天赋连萨迦班智达都自叹不如，萨迦班智达圆寂后，八思巴继承了萨迦派首领之位。凉州是蒙元时期河西走廊的文化中心，也是八思巴生命的转折点。八思巴就像当年困在凉州的鸠摩罗什一样，积极从中原儒学和汉传佛教中汲取营养，这使他的佛学视野走出了雪域的局限。而且八思巴在十岁时就到了凉州，他与蒙古诸王子是自幼的玩伴，弟弟恰那多吉还娶了阔端的女儿。八思巴与蒙古贵族结下了深厚的友情，为他后来进入蒙元政坛奠定了基础。

1253年被忽必烈召见时，十八岁的八思巴也已被称为"班智达"。忽必烈被比自己小二十岁的八思巴的智慧所折服，也像他的堂哥阔端对萨迦班智达那样，以八思巴为自己的"上师"。从此，蒙古皇室尊封佛教高僧为上师的政策成为惯例，皇室也牢牢掌握着尊封的权力。这种制度不断发展，最终演化成了中央管理藏区的宣政院制度。清代依旧延续这种民族政策，维护了青藏高原的和平稳定。

这次会见之后，八思巴和忽必烈既是师徒，也是战友。忽必烈为八思巴提供了政治支持和官方身份，八思巴为忽必烈提供了天命来源。

忽必烈继位的合法性有很大问题，因为大汗蒙哥是死于战场，并没有指定忽必烈为他的继承人。1260年，忽必烈宣称即汗位，引起了蒙古贵族的不满，弟弟阿里不哥也在和林称大汗。也许是"阿里不哥"这个名字就注定了阿里果然不如他的哥哥，忽必烈成为汗位之争的胜利者，但合法性问题还是悬在忽必烈头顶的一把剑。

八思巴为忽必烈提出佛教转轮圣王的宗教依据，宣称他是圣王降临。这显然是武则天弥勒佛降临的翻版。忽必烈开始在全国推行藏传佛教，攻灭南宋后，连杭州的飞来峰上都出现了藏传佛教的石刻。八思巴终于完成了叔叔交给他的弘扬佛法的任务。

1276年，八思巴终于返回了阔别三十多年的故乡。八思巴也是一位语言大师，堪称雪域的玄奘，他在凉州时掌握了汉语和蒙古语，后来又为蒙古创制了以藏文字母为基础的蒙古新字"八思巴字"。晚年的八思巴在萨迦寺整理和翻译佛经，最终完成了中国历史上第一部完整的藏文大藏经《甘珠尔》。这部经书经历了七百多年的岁月洗礼，至今还保存有两万多函，因此萨迦寺有"第二敦煌"的美誉。

一座庙抵十万兵

1279年，即八思巴圆寂的前一年，忽必烈消灭了流亡在崖山的南宋残余势力，完成了全国的统一。这时的蒙古帝国囊括了欧洲、亚洲的大部分地区，拥有着古代世界历史上最广大的国土、最强大的军事实力和最多的人口。

　　与此同时，这是中国历史上草原民族第一次跨过长江，统治了全部的儒家文化圈。忽必烈一生受儒家文化的影响很深，当他为这个庞大的帝国取名字的时候，就从《易经》"大哉乾元"中选择了"元"。古代中原王朝的很多国号都与地名有关，比如汉朝得名于刘邦曾被封为汉王，元朝是中国历史上第一个抛弃地名因素而以传统经典为依据的朝代。这个名字代表着忽必烈想要开创的不是蒙古人的帝国，而是天下人的国家。

　　然而，蒙古原有的管理技术十分落后，面对如此广大的地区和多元的文化，忽必烈该怎样治理这个国家呢？

　　纵观中国历史，草原民族是具有极大潜力的，但本来不多的人口因游牧生活而散布在广袤的区域，人与人之间互动的时间和距离都太长了。这大大稀释了草原民族的整体动能。想要激发草原民族的整体潜能，就要找到一种可以把所有人联系到一起的东西。

　　铁木真找到的工具是"仇恨"，通过仇恨发起战争，通过战争产生新的仇恨，草原民族被打造成一架强大的战争机器。蒙古政权开始积极向外扩张，几乎所有的草原儿女都加入了"创业"的大军，这应该是中国历史上动员草原底层力量最彻底的一次。当时的人们认为草原很大，草原之外还有很多未知的地域，但"很多"终归不是"无限多"。当蒙古的铁骑踏遍整个欧亚大陆时，才发现这个世界是有边界的，他们已经将扩张的潜力发掘到了极限。

面对这沉重的肉身所带来的负担和危险，忽必烈需要新的联系工具。忽必烈学习中原文化的时候，得到了儒家文化认可的"天命"这个工具。面对民族地区，他受八思巴的启发，得到了政教合一这个工具。

因为管理技术的落后，少数民族建立政权之后，往往建立僧官制度，归义军和吐蕃王朝都有很长时间的僧官历史。佛教作为宗教，天然具有僧团所代表的组织性、经典所代表的思想性、佛教徒所代表的传播性。这是一种非常有效的组织方式，可以把草原上分散的人们用同一个信仰联系起来。当所有人都信仰佛教的时候，忽必烈作为转轮圣王的神权也具有了合法性。

忽必烈十分依赖八思巴，他即位后，尊封八思巴为国师，统领天下佛教徒。1264年，八思巴领总制院（宣政院前身）事，成为西藏地方最高行政长官，统领西藏十三万户，政教合一的萨迦地方政权对西藏的统治由此开始。

在这个背景下，藏传佛教开始在整个帝国流行，甚至一度传播到了朝鲜，也深刻影响了蒙元和清王朝统治者的信仰和生活。元代敦煌壁画因此也以藏传佛教艺术为主流。

为了加强王朝内部联系和稳固政权，蒙元和清王朝都是基建狂魔，他们除了像今天修高铁一样修驿站，还在草原和雪域修建了大量庙宇。

为什么要建寺庙呢？"庙"字的意思是在公众建筑下因为一个共同理由而聚集。因为佛教的基础是众生平等，所以寺庙是中国古代社会中没有门槛的基层社会组织，就好比如今的村委会、街道办、基层派出所和文化广场一样。这些机构，经常被我们忽略，但这些机构每天服务于每一个具体的个人，是让中央宏观政策能够落实的实施主体，是整个社会上下互动的通道，也是让社会正常运转的核心力量之一。在王朝的官僚体系正常运行的时候，佛教因为不受地域限制和动员性更强等优势，被统治者作为补充性的管理系统，与官僚系统相互配合，架构起王朝的组织和秩序。

通过莫高窟出土的《六字真言碑》（图25），我们就能看到这种效果在元代的具体体现。这块碑是在凉州会盟100年后的公元1348年，西宁王速来蛮命人刻石立在莫高窟的。碑的上部，刻"莫高窟"三个汉字。碑中央阴刻四臂观音坐像，坐像三面各有两列文字：上方第一列是梵文，第二列是藏文；左边外列是汉文，内列是西夏文；右边外列是回鹘文，内列是八思巴文。这六种文字都是同样的意思，即佛教的"唵嘛呢叭咪吽"六字真言。

由此可以看出，敦煌的蒙、汉、藏、西夏、维吾尔等民族以佛教为纽带，多民族在这里长期共存，相互影响和融汇。与此同时，各民族在元朝的统治下，进入了统一的文化语境，中华民族作为一个多民族共同体，已经在莫高窟的残碑上初见雏形。

蒙元从原本以仇恨催动的武力征伐转变成以文化和宗教为纽

带的社会治理，这是伟大的政治进步。后来，清王朝也十分赞同这种做法，积极在草原和雪域营建寺庙，康熙皇帝在收到成效之后不禁感叹道"一座庙抵十万兵"。

不过，当一座座寺庙在草场里拔地而起的时候，游牧的人们为了信仰，不得不围绕寺庙放牧自己的牛羊，但寺院周围的草场毕竟有限，草原迎来沙漠化的过程，可怕的沙尘暴从此在草原上肆虐起来。

第十五章

历史分流时刻的敦煌

抢戏的傅友德

1354年,那位唯独没有编《西夏史》的元末宰相脱脱,被革职流放到了亦集乃路(今内蒙古额济纳旗)。这里曾是西夏军事重镇黑水城,也是成吉思汗出征河西时的要道。脱脱望着居延海清澈的湖面,应该满怀感伤。

几个月前,脱脱率百万大军去平定刚刚在江苏高邮称王的起义军首领张士诚。就在将要攻下高邮城时,因为朝廷里的反对派向皇帝进谗言,元顺帝就立刻撤换了脱脱。临时换将是兵家大忌,高邮城下的元军不战自溃,私盐贩子张士诚保住了性命,大元则性命堪忧。

这一战是元末战争的转折点,让各路起义军看到了胜利的希望,他们掀起了规模更大的反抗。这一战也大大削弱了张士诚的实力,为朱元璋灭掉张士诚创造了条件。

1368年,朱元璋在应天(今南京)称帝,国号"大明",开始了对元朝的北伐和西征。

明军攻占元大都（今北京）后，元顺帝逃回草原，其政权史称北元。洪武五年（1372年），朱元璋对北元发动了新的攻势，十五万大军三路并进，分别由徐达、李文忠和冯胜带领。这次北伐的主将是徐达，可是冯胜的副将傅友德却成了这次战争的主角。

朱元璋任冯胜为征西将军，出击甘肃，本来是辅助徐达和迷惑元军的疑兵，所以没有明确的作战任务。冯胜在兰州的军营里无聊到发慌，那时候"兰州牛肉面"还没有被发明出来，贫苦的西北没什么可打牙祭的，于是他决定让部队分兵在兰州周围寻找战机或野菜，来打发平淡的生活。

傅友德从冯胜的手里分到了五千人的兵力，他是一个类似于李云龙的人物，最擅长自己带着队伍单干。他知道蒙古军队躲在乌鞘岭背面的河西走廊，于是就像霍去病当年追赶浑邪王一样，翻过乌鞘岭后直扑凉州。

凉州守将失剌罕从来没有想过有人会翻越高耸的乌鞘岭，当傅友德的军队像火牛一样冲进凉州城时，正在烤羊腿的他惊慌得连手中的孜然都撒落了一地。黄金家族的骑术曾经纵横天下，可如今在太平日子里日渐肥胖的肉身让蒙古儿郎连翻身上马都费劲，而他们统治下的人则在悄悄学习这种骑术，傅友德就是其中的佼佼者。傅友德几乎就是霍去病当年的翻版，凉州第一场胜利之后，他以白驹过隙之速度一举攻下永昌，杀敌数千人，获得第二场完胜。

当冯胜收到战报时，重新认识到了这个属下的才能，当即决定将西征部队主力交给傅友德，助他取得更大战果。

傅友德沿着河西走廊一路向西，连续攻下张掖和酒泉。两次战役分别俘虏了元军的平章（全称叫平章政事，是地方最高长官之一）和将领上都驴（这是个真名字）。这是傅友德的第三场和第四场完胜。

攻下酒泉之后，傅友德突然撤出了甘肃，进入蒙古军事重镇亦集乃路。元军的守将伯颜帖木儿听说傅友德来了，吓得连逃跑的欲望都没有，赶紧打扫街道，准备好烤肉开门迎降。傅友德带着军队杀气腾腾而来，面对的却是蒙古兄弟精心准备的欢迎晚宴，这第五场胜利给他都整尴尬了。

傅友德在亦集乃路短暂休整之后，进入草原寻找战机，在别笃山遇上元军，获得了第六场胜利。元军听说傅友德来了，纷纷逃往草原的更深处。傅友德眼见草原西部已经没有战机，于是再次回军甘肃，在瓜州打了西征的最后一战，至此收复了整个河西走廊。

傅友德在数月之间横扫甘肃和蒙古西部，创造了七战七捷的神话，是这次北伐的最大战果。傅友德的传奇也被河西走廊的人民所传颂，正是因为他的最后一战发生在瓜州，于是瓜州榆林窟第23窟中就有了关于这场战争的壁画。

然而，这幅壁画并不是明代所画，而是清代的作品。细心的游客可能会发现，当我们在莫高窟、榆林窟、西千佛洞等敦煌石窟参观时，唯独没有明代的壁画。这是为什么呢？

营建嘉峪关

原来，瓜州之战后，冯胜奏请朱元璋，把敦煌石窟所在的沙州和瓜州等地抛弃了。这就是"冯胜弃地事件"。弃地的原因，是当时明朝面对的国际形势。

占领河西走廊之后，虽然冯胜获得了巨大胜利，但徐达和李文忠的军队都无功而返，北元的问题依然没有得到解决。新生的明王朝仍旧受到北方蒙古部的军事威胁，而甘肃东部成了明朝防御蒙古部的重点。冯胜的兵力有限，五万人驻守河西走廊都已经捉襟见肘。此时的西域由成吉思汗的二儿子察合台建立的察合台汗国统治，沙州和瓜州刚好处于蒙古和西域的夹缝之中。而且这里是平坦的绿洲和戈壁地形，无险可守，很容易受到两方的联合攻击，冯胜已经没有兵力可以应对了。

如果此时依托河西走廊出征西域，冯胜将面临两线作战的困境。另外，自唐代吐蕃占领西域之后，这里先后经历吐蕃、于阗、回鹘、察合台汗国的统治，与中原脱离六百余年。所以朱元璋认为这里是化外之地，紧邻西域的瓜、沙等州也同时被忽视了。再加上蒙元时期的过度放牧，瓜、沙地区土地沙漠化极为严重，在明朝看来，浪费军力守护这种贫瘠的土地是不划算的。

于是，冯胜在撤军的时候，就修建了嘉峪关。《肃州新志》中明确说明了修建嘉峪关的目的，即"宋国公冯胜略定河西，截敦煌以西悉弃之"。

嘉峪关位于今天嘉峪关市西五公里处，夹在黑山和文殊山的山谷中部，是河西走廊西段最狭窄的地方，两山的距离不足十公里，真正扼守着河西走廊的咽喉。自冯胜之后，为加强西北边防，明孝宗和明武宗时又修建了嘉峪关关楼和东西二楼；嘉靖年间修筑关城两翼长城，与明朝九边长城连成一体。至此嘉峪关成为明长城最西端的关口，对保障河西地区的国防安全起着重要作用。

后来，为了进一步拱卫嘉峪关的安全，又在嘉峪关以西设置了关西七卫，即安定卫、阿端卫、曲先卫、罕东卫、沙州卫、赤斤蒙古卫、哈密卫等，敦煌地区由沙州卫管辖。后来随着西域吐鲁番王国的强大，敦煌逐步被吞并，明朝将关西七卫的百姓全部迁到嘉峪关内。

1524年，明朝封闭嘉峪关，完全放弃敦煌。自此之后的二百余年间，敦煌被吐鲁番或蒙古部落交替占据，陆上丝绸之路断绝，敦煌被中原人遗忘。

海陆丝路的交替

敦煌的抛弃和嘉峪关的封闭，早在一百年前郑和第一次下西洋的时候就注定了。

1371年，就在傅友德收复敦煌的前一年，郑和出生于云南。郑和十岁时，朱元璋命傅友德为征南将军，率军平定云贵高原。征服云南之后，郑和成为这次战役的俘虏，被傅友德带到京师，之后被调入燕王朱棣的府中服役。朱棣通过靖难之役夺得大明皇位，郑和在这场夺权中立下了汗马功劳，朱棣赐他姓郑（原姓马）。

朱棣派郑和下西洋的原因，史学界众说纷纭。明代的顾起元认为，靖难之役后，建文帝逃亡海外，朱棣派郑和下西洋名为出使，实为寻找建文帝的消息。主流的观点则认为，朱棣本人好大喜功，大明以天朝上国自居，要通过郑和出使来德化外邦、耀兵异域和开展贡赐交往。除了朱棣个人的主观意愿，更深层次的原因来自中国经济重心的南移。

在隋唐及其以前，北方一直是中国的政治、经济、文化中心，隋唐统一之后，随着大运河的开通，南方经济的活力放开，实力逐步逼近北方。安史之乱后，北方陷入藩镇和民族政权割据混战的泥潭，南方社会秩序凭借长江天险而相对安定，北方百姓实在过不了当炮灰的苦日子，纷纷南下逃难，这就是"客家人"形成的原因。南渡的人们带来了南方经济发展需要的人力和技术资源，全国经济重心也随之南移。

783年，泾原兵变，长安失守，唐德宗仓皇出逃，关中粮草被抢劫一空，连皇帝本人都快要饿肚子了。正在这命悬一线的生死时刻，使者来报说韩滉运来的粮食已经抵达关中。唐德宗感激涕零，抱着儿子说："吾父子得生矣！"这里的韩滉就是中国十大传世名画之一《五牛图》的作者，此时他正担任浙江东西观察使，苏杭已经成为东南的粮仓。

五代和北宋时期，南方经济持续发展。后来金兵大举南侵，灭亡北宋，战争严重破坏了黄河流域所代表的北方经济圈。南宋建立后，中原人再一次大规模南迁，以苏杭为代表的江浙地区成为全国的经济中心。

经济重心的南移也势必会改变国家的战略，两宋及以后的王朝把视野从原来的陆疆转移到了海疆上。这一过程的标志就是泉州逐步代替敦煌的过程。

敦煌和泉州就像丝绸之路孕育出的一对孪生兄弟，如果说敦煌是两千年陆上丝绸之路的西北大哥，泉州则是一千年海上丝绸之路的东南二弟。在敦煌无比荣耀的光环即将褪去的时候，泉州开始承担起新的家庭责任。

安史之乱后，西域和河西走廊都被吐蕃占据，汉武帝张国臂掖的宏伟蓝图被再一次打破。路上丝绸之路中断，敦煌的生命力不断流失；海上丝绸之路成为国家新的出路，泉州的机会到来了。

泉州位于晋江的出海口，对面就是台湾岛，狭长的台湾岛为泉州阻挡了台风的影响，是中国南方的深水良港。更重要的是，泉州处于长江以南中国海岸线的中心位置，因而也是南方经济贸易时交通成本最低的港口。在唐代，泉州已经成为与交州、广州、扬州并立的四大对外贸易港。晚唐，泉州出现了专门负责管理海外贸易的机构。五代，泉州人口激增，城市规模扩大到了唐代的七倍以上，并且有了完整的外贸管理机构，一跃成了东方最大的外贸港口。

宋元时期，商业税成为国家财政的重要来源。宋朝为了应付每年要给辽、金、西夏等国的岁币，十分重视远洋贸易。瓷器、茶叶、丝绸等货物远销海外，最远甚至到了阿拉伯半岛和非洲东海岸地区。1987年在阳江海域发现的"南海一号"沉船，就是南宋海上丝绸之路贸易盛况的真实写照。它是迄今为止世界上发现的海上沉船中年代最早、船体最大、保存最完整的远洋贸易商船，沉船中共出土了18万余件文物精品，切实反映了当时远洋贸易的巨大规模。考古学家们研究认为，这艘船就是从泉州港驶出的。

明代，经过洪武年间的有效治理，农业经济逐渐恢复到战争之前的水平。手工业方面更是有了长足的进步，尤其是元末黄道婆所代表的纺织技术已经普及，景德镇所代表的陶瓷业迎来井喷，雕版和活字所代表的印刷业蓬勃发展，各种产品日益丰富。此外，明朝的造船和罗盘等技术也已成熟，航海经验和航海知识已经十分丰富。在此条件下，郑和终于在1405年第一次起航。

郑和前后七次下西洋，规模最大的一次宝船有240多艘，船员人数达27400名，几乎超过了南洋一个小国家的人口。对比大航海时代欧洲其他探险家的船队，我们就可以直观理解郑和船队的规模。郑和第一次下西洋的87年后（1492年），哥伦布受西班牙女王派遣出海，发现美洲的哥伦布船队只有帆船3艘、船员88人；117年后（1522年），完成环球航行的麦哲伦船队也只有帆船5艘、船员200多人。

中西方历史的分流

郑和远洋航行的壮举让人惊叹，可是明王朝遵从明太祖朱元璋的意旨，后来又一步步收回了对海洋的雄心。苦大仇深的朱元璋骨子里还是一个农民，因为家人亡故时可怜的朱重八连埋葬他们的土地都没有，所以他最看重的就是耕田，为了大明这份田产的稳定，他下令实施海禁。

海禁政策深刻影响了此后明清两代的海洋战略，泉州也因为海禁几乎与敦煌同时被大明遗忘。麦哲伦船队完成环球航行的一年后（1523年），明朝"倭乱"爆发，嘉靖皇帝认为"倭患起于市舶，遂罢之"，实行更加严厉的海禁政策，泉州港被封闭。仅仅一年后，嘉靖皇帝下令封闭嘉峪关，敦煌被遗弃。这对孪生兄弟同时退出了丝绸之路的历史舞台。

在明朝走向封闭的同时，欧洲走向开放。

爱吹牛的马可·波罗不会想到，《马可·波罗游记》让后来的欧洲陷入对东方遍地财富的迷狂，从而引发了大航海时代。哥伦布、达·伽马、迪亚士、麦哲伦等探险家纷纷进入海洋，探索抵达中国的道路，新航路不断被他们开辟出来，人类第一次建立起跨越大陆和海洋的全球性联系。各大洲之间的相对孤立状态被打破，世界开始连为一个整体。

以全球为视野的欧洲人，资本主义开始迅速发展，从而促使工业革命的爆发,欧洲实力在短时间内超过了亚洲。当欧洲的船队终于抵达马可·波罗所描述的中国时,紧闭的大门在枪炮面前薄如纸片,中国沦为待宰的羔羊。

所以,从这个维度来看,1524年嘉峪关的封闭,不仅仅是明朝边境的一个小镇被抛弃的小事,而是敦煌所代表的传统丝绸之路被全球化的浪潮所取代,中西方的历史从这里开始走向各自的道路。

从此以后,在蒙昧中醒来的西方国家纷纷打开国门,拼凑成的小帆船在全球的海面上往来如织,地理大发现的新视野带领着他们走出中世纪沉沉的黑暗,步入了文艺复兴和资本主义的新时代。与此同时,专制皇权即将迎来顶峰的中国,则关闭了嘉峪关这座号称"天下第一雄关"的国门,开始沉浸在天朝上国的美梦中无法自拔。

敦煌的复苏

嘉峪关封闭之后,甘肃的防卫已不是重点,因为女真已经在东北的黑土地上崛起。为了防备努尔哈赤的进攻,明王朝把大量的军事力量抽调到京畿一带,这就苦了在甘肃当兵的李自成。

李自成是陕西米脂人,这里曾经是西夏的领土,因此他常说自己是李元昊的后人。为了混一口饭吃,贫民李自成跑到了甘州(今甘肃张掖)当驿站里的驿卒,却常被领导克扣工资。后来明王朝为了凑出攻打女真的军费，取消了很多驿站和编制，被裁员的老兵李自成只好投靠了起义军。

明王朝就在闯王李自成的起义军和皇太极带领的八旗军联合打击下灭亡了。清王朝建立之后，敦煌仍然在一片草滩里无人问津。噶尔丹所建立的准噶尔汗国统治着关外和西域的土地，敦煌石窟沦为牧民们在野外不期而遇的羊圈。

噶尔丹的野心太大，竟然把手伸进了内蒙古。这是康熙无法容忍的事情，因为从蒙古翻过大兴安岭就是大清的龙兴之地，祖坟可都在那里。康熙拉着刚刚赶走沙俄的红夷大炮，开始了三次御驾亲征。1697年，就在仓央嘉措被选定为五世达赖喇嘛转世灵童的前一个月，噶尔丹败亡，敦煌再一次回到中原王朝的怀抱。

虽然噶尔丹已死，但准噶尔部还是时不时地骚扰敦煌边境。康熙仿照汉唐的战略，打算一举收复西域。1720年，清军西征准噶尔部，进军至吐鲁番，长期受准噶尔部打压的维吾尔首领额敏和卓率众归顺清朝。为了大军的后勤保障，清廷在张芝的老家渊泉县修建了柳沟卫城和布隆吉尔城，并设置了安西直隶州，取安定西域之意，管辖范围与汉敦煌郡基本重合。

由于明朝的弃置，这片古敦煌的土地上人烟稀少。为了充实边防和安抚新归附的额敏和卓部，雍正十一年（1733年），清廷下令额敏和卓率部万余人迁居瓜州。为了迎接额敏和卓的到来，清廷在瓜州修建了回民五堡和汉民五堡。这些堡都用"工"来命名，笔者现在就居住在"六工村"，家里二十多亩棉花田就是当年额敏和卓带领维吾尔同胞开垦出来的，笔者生计全赖于此。写到这里，感激涕零，笔者停笔，向西顿首，以谢郡王当年开荒之恩。

乾隆年间，额敏和卓先后参与到乾隆平定准噶尔和大小和卓的战争中，成就了乾隆爷十全武功的自嗨资本。天山南北再次成为中原王朝的疆土，这片土地因此命名为"新疆"。额敏和卓眼见故乡光复，就在乾隆二十年（1755年），率领在瓜州居住了二十多年的部众返回了吐鲁番。

此时，敦煌的人丁逐渐兴旺起来。就在额敏和卓来到瓜州之前的几年，为了充实敦煌的人口，清廷从甘肃五十六个州县陆续向敦煌开始了大规模移民垦荒屯田。这一阶段的移民构成了今天敦煌人的主体，从而形成如今敦煌的人口学特征和社会文化。

移民文化是创造敦煌的根本，就像四千年前三苗人来到敦煌时一样，清代的敦煌又迎来了一批新移民，他们同样带着四千年历史的敦煌移民精神，在弃置了数百年的荒原上开拓进取、守望相助。这些移民中的绝大多数人来自今天的甘肃东部和陕甘交界地带，因此细心的人会发现敦煌人的方言与陕西方言如此相近。他们不仅带来了陕甘地区的方言和美食，也带来了浓烈的陇山文化，为敦煌文化增添了新的内涵。

石窟里的道家与儒家

敦煌石窟是敦煌文化的晴雨表，清代陕甘地区道教流行。甘肃省平凉市的崆峒山更是道教第一名山，因为黄帝在此山问道于广成子，被视为道教的祖庭。正因如此，陇山悠久的道教文化和艺术随着清代敦煌的移民进入了敦煌石窟。

莫高窟没有清代开凿的洞窟，敦煌石窟最优秀的道教艺术全部在榆林窟之中，如榆林窟第23窟有全真七子的塑像，是清代敦煌和瓜州地区全真教的祖庭。除此之外，还有龙王洞、药王洞、虫王殿、仙姑堂、女娲堂、道长楼、真武塔等洞窟或土塔[1]，内容十分丰富，涉及清代人民求雨、蝗灾、求子、祭祖等社会生活的各个方面。榆林窟第12窟（药王洞）的药王，是清代暴发黑死病的时代背景下，安西直隶州的百姓为了抗击疫情而塑造的孙思邈像。自2020年伊始，新冠肺炎疫情严重影响了人类的社会生活，榆林窟药王洞在新的疫情时代下给予我们新的思考。

中国传统文化以儒、释、道三家为主流，敦煌石窟本身就是佛教艺术圣地，清代时期又加入了道教艺术。儒家文化又是中国传统文化的核心，那么，敦煌石窟中有没有儒家主题的洞窟呢？这个问题一直困扰着敦煌学界。

直到2017年11月19日下午，笔者爬上了榆林窟海拔最高的洞窟——第43窟，经过一个下午的考察和整理，确认了这是敦

---

[1] 其中仙姑堂、女娲堂、真武塔等，是笔者在整理《榆林窟内容总录》时第一次辨识出来的新内容，参见《榆林窟内容总录未编入内容的整理与研究》，《"一带一路视野下的敦煌学研究"学术研讨会暨中国敦煌吐鲁番学会2021年度理事会论文集》，2021年9月。

煌石窟唯一的儒家主题洞窟。

榆林窟第 43 窟内没有壁画，现保存着一座泥塑假山和 15 尊塑像，假山上的 7 尊塑像已经被毁，但塑像的题记都清晰可见。塑像的布局如下图所示。

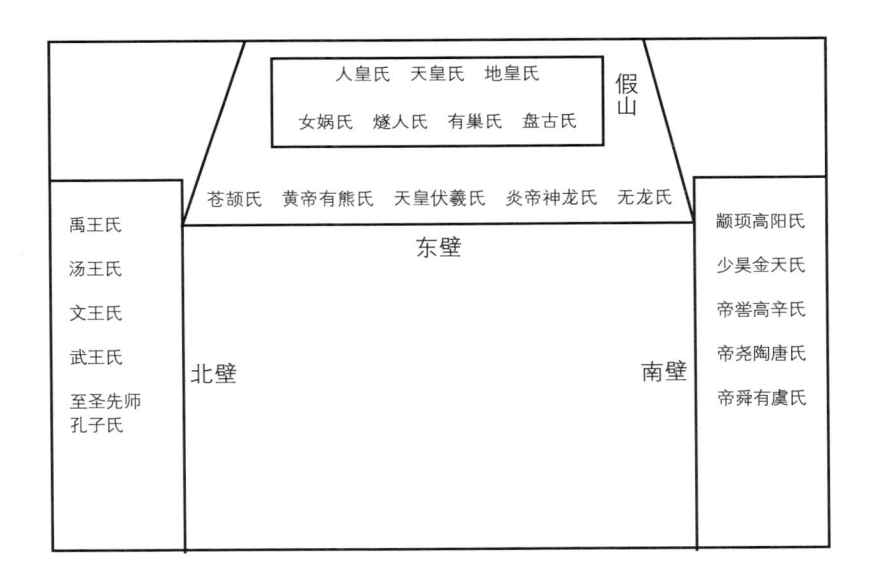

```
                    ┌─────────────────────────┐
                    │  人皇氏  天皇氏  地皇氏   │ 假
                    │                         │ 山
                    │  女娲氏  燧人氏  有巢氏  盘古氏 │
         ┌──────────┴─────────────────────────┴──────────┐
         │ 苍颉氏  黄帝有熊氏  天皇伏羲氏  炎帝神龙氏  无龙氏 │
┌────────┤                                                ├────────┐
│ 禹王氏 │                   东壁                          │颛顼高阳氏│
│ 汤王氏 │                                                │少昊金天氏│
│ 文王氏 │                                                │帝喾高辛氏│
│ 武王氏 │   北壁                              南壁        │帝尧陶唐氏│
│至圣先师│                                                │帝舜有虞氏│
│ 孔子氏 │                                                │         │
└────────┴────────────────────────────────────────────────┴────────┘
```

东壁塑像十二身，分别是人皇氏、天皇氏、地皇氏、女娲氏、燧人氏、有巢氏、盘古氏、苍（仓）颉氏、黄帝有熊氏、天皇伏羲氏、炎帝神龙（农）氏、无（五）龙氏，这显然是中国先祖信仰当中的"三皇"信仰。但三皇究竟是哪三皇呢？历来众说纷纭，所以这里干脆几乎把所有历史上有关于三皇的人物全都塑出来了。南壁供台上塑有五身塑像，东起为颛顼高阳氏、少昊金天氏、帝喾高辛氏、帝尧陶唐氏、帝舜有虞氏，显然这是"五帝"。北壁供台上塑了禹王氏、汤王氏、文王氏、武王氏、至圣先师孔子氏，即夏商周三代帝王和孔子。

由此可见，人物按照三皇五帝和历代先王的顺序，最后以孔子结束。孔子作为儒家的开创者，在这里被认为是"三皇""五帝""三王"的继承者，也是中国古代最后一位圣贤。这是清代敦煌和瓜州地区先贤们的祭祀洞窟，是儒家正统信仰的体现[①]。

综上所述，如果没有清代的敦煌移民，敦煌石窟的内涵就会仅仅局限在佛教艺术的殿堂之中，而不会有今天如此丰富的内容。在这个逻辑之中，我们就能够清醒地认识到榆林窟的重要性。莫高窟的开凿历史是由前秦至元代的一千年，榆林窟的开凿历史是由唐代至清代的一千二百年，两者共同组成了敦煌石窟的完整历史。榆林窟不仅创造了西夏所代表的敦煌艺术第二个高峰，补足了晚期敦煌石窟的缺憾，同时也在万马齐喑的清代，为敦煌艺术添加了道家和儒家的新内容。

笔者在榆林窟第43窟还发现了"大清道光十六年"（1836年）的题记，这是目前在敦煌石窟发现的最晚的一个开窟题记。所以第43窟也许就是敦煌石窟最后的一个洞窟，它与昙猷在353年于仙岩寺开凿的第一个窟遥遥相望。

---

① 可参见邢耀龙《榆林窟第43窟：敦煌石窟仅存的儒家窟》，《敦煌晚期石窟的分期与断代研究工作坊论文集》，2021年6月。

左宗棠的守护

1865 年，就在乾隆平定新疆的 110 年后，中亚浩罕汗国在英国支持下进入新疆，六年后俄国也占领了伊犁。敦煌再次成为军事前线，敦煌石窟的命运迎来新的挑战。

在当时东南沿海已经岌岌可危的情况下，清廷面临着腹背受敌的局面。因为军费奇缺，李鸿章和左宗棠在朝廷展开了海疆和陆疆的争论，如果清廷支持李鸿章的意见，敦煌将会再次被抛弃。在左宗棠的据理力争下，清廷为守住西北的战略大后方和纵深安全，决定出兵新疆。

慈禧太后从社会各界（如乔家大院的东家乔致庸）的手中借来了军费，1876 年，左宗棠领兵出嘉峪关，开启了新疆之战。湖南人左宗棠带领的湘兵来到西北，酷暑和大风导致大军水土不服，左宗棠命令筑路军队在道路两旁栽种杨树、柳树和沙枣树。这些树木不仅美化环境，还防风固沙，算是中国最早的西北防护林工程。为了纪念左宗棠的功绩，人们在称呼这些树时就在前面加上了"左公"两个字。

> 大将筹边尚未还，湖湘子弟满天山。新栽杨柳三千里，引得春风度玉关。（杨昌浚《恭诵左公西行甘棠》）

至今，瓜州县锁阳城镇一带仍然有参天的左公柳，在田埂上摇曳着身姿。

  1880年，为了收复新疆全境，左宗棠命令士兵抬着一口棺材，再次从嘉峪关出发。沙俄被左宗棠为收复伊犁血战到底的决心所震慑，返还了伊犁的大部分领土，并签订了《中俄伊犁条约》。凯旋的左宗棠站在嘉峪关的城楼上，望着这片他苦心经营的河山，亲自写下"天下第一雄关"匾额。

  玉门关最早的遗址在石关峡，汉唐之际，作为国门的玉门关在国家边境线的演变中不断迁移，直到唐代以后，玉门关销声匿迹。1372年，冯胜修建嘉峪关时，关址就在石关峡，所以大明的嘉峪关就是玉门关生命的延续。

  1881年，嘉峪关正式开埠通商，封闭了三百多年的国门再次被开启，中国历史进入了新的一页。

  令左宗棠万万没有想到的是，他不仅改变了嘉峪关、新疆乃至整个中国的历史命运，同时也改变了敦煌的历史命运。那个把敦煌推入世界历史之中的人，就是肃州（酒泉）巡防营刚刚征来的一个名叫王圆箓的小兵，在某个阳光明媚的下午，他与前来阅兵的左宗棠擦肩而过。

第十六章

王道士与藏经洞

王圆箓来了

1849年，全年都没有什么大事发生。但此时，几乎已经被人遗忘的西北小镇敦煌，却迎来了即将在半个世纪后改变它命运的人。

这一年，湖北麻城县的一个贫民家里生下一个男婴。我们不知道他的父亲最初究竟起了一个怎样的名字，秉持着"贱名好养活"的生存法则，他的名字大概与笔者小时候使用的狗狗、狗蛋、狗娃等如出一辙。当然，后来全世界的学者们都不在乎他原本叫什么，只知道他给自己起的名字叫作王圆箓。

小时候的王圆箓生活十分贫困，麻城的家乡也是灾祸不断。1851年—1864年，南方地区爆发了太平天国运动，湖北成为前线和主战场，长期的战乱造成了严重的灾荒。频繁的混战、沉重的赋税、严苛的徭役充斥着小王圆箓十五岁之前的人生，这让本来就在生存线上挣扎的一家人，面临更加窘迫的处境。

当晚年的王圆箓回首自己的童年时，几乎只剩下了那刻骨铭心的饥饿感。这还不是最痛苦的，因为十五岁时的王圆箓遇上了瘟疫，这与当年十五岁时的朱元璋遇上的情况十分相似。朱元璋老家凤阳与麻城相距三百多公里，从史料对比来看，这次麻城的疫情要比当年凤阳的疫情还要严重，从1864年开始，在1869年、1870年和1871年等年份都有大规模暴发，影响深远。

王圆箓的家里大概遭受了与朱元璋一样的变故，亲人们或许就在疫情中接连去世。不知道当时的王圆箓是否还有土地和草席来埋葬亲人，只有空荡荡的胃里，那个叫"饥饿"的鬼怪不停地向他发出贪婪的响声。当家门口那棵曾挂满桑葚的桑树的树皮被邻居偷去煮汤时，王圆箓只好孤身逃出麻城，去北边的河南找饭吃。河南虽然一直是北方的产粮大省，但同时也是人口大省，食不果腹的王圆箓冷静地分析了河南的情况，决定前往陕甘地区碰碰运气。

此时的陕甘总督就是左宗棠，他刚刚平定了在陕甘地区的捻军和回乱。王圆箓好不容易饿着肚子翻越巍峨的秦岭，才发现关中的情况比河南更糟。好在秦岭的深山里有很多隐居的道士，终南山自古也是名士云集，在他们的慈悲之下，王圆箓暂时保住了性命。

中国有句老话叫"当兵吃粮，卖命拿饷"。在古代，很多贫民活不下去的时候往往选择当兵，因为军队再不济，也能管一口饭吃。前有贫民李自成在甘肃当兵逆袭的成功经验，王圆箓也打算前往甘肃，加入左宗棠的大营。

王圆箓当然不可能认识大清的中兴名臣左宗棠，但一直不怎么走运的他恰好遇上朝廷决定出兵新疆，左宗棠在甘肃大量征兵。王圆箓积极应征，来到了西征军的大本营肃州（酒泉）。左宗棠在平定太平天国时的军队号称"楚军"，军队中的湖北人不在少数，王圆箓应该是托湖北老乡的关系加入了左宗棠的肃州巡防营。巡防营属于地方驻防军，所以王圆箓并没有加入西征新疆的队伍中。孤身一人的他没有建功立业的愿望，唯一的目标只是活下去。没有一个人天生不怕死，这是在那个风云激荡的时代，一个小人物做出的再正常不过的选择。

我们至今不知道是什么机缘，也许只是单纯地为了活得更好一点，王圆箓从巡防营辞职，受戒成了一名道士，道号法真。这又是一个十分正常的选择，因为明清时代地方的军队里，常常有克扣军饷的情况，李自成就是受害者。王圆箓应该是分析过当时道教用户市场的，河西地区一直以来就没有浓厚的道教传统，直到晚清，东部陕甘地区的移民入住敦煌，道教才成为当地民俗文化的主流。古代的移民一般都是贫民或难民，有香火钱的道士们往往生活富足，不可能跟随贫民背井离乡，迁移到荒凉的西北。因此，敦煌及周边地区的道教信仰缺少大量的神职人员，当个道士可以不交税、不劳作、有钱花且受人尊重，这是最好的职业选择。

湖北人王圆箓在这方面条件充足，湖北不仅是中国古代巫术盛行的楚地，也有道教名山武当山，王圆箓在这种文化氛围中首先是熟悉道教仪轨的。后来又因为在陕甘逃荒的经历，他先后游历了终南山、龙门洞、崆峒山等道教名山，所以积累了丰富的道教知识。左宗棠平定新疆后，他也曾游历新疆，回到敦煌时，他鼓吹自己受到了天师的启示，从此成为有名的道长。

1897年，徐志摩出生的时候，王圆箓到达莫高窟。

有很多游客常常会问：王圆箓作为一个道士，为什么会住在佛教圣地莫高窟呢？

其实，这是聪明的王道士从经济学方面考虑的结果。云游的生活是十分清苦的，王道士最好的选择就是拥有一座属于自己的道观，但当时的老百姓都极其贫困，实在没有心思和余钱为一个刚来敦煌的道士修建独栋别墅四合院。另外，收香火钱最好的方式就是要有神像，莫高窟就是敦煌神像最多的地方，管他菩萨罗汉，能收香火钱的才是好神像。当时百姓最认可的是《西游记》里的神佛，王道士也是《西游记》的死忠粉，比如王道士在莫高窟第16窟、第96窟等窟的门扇上，请人画的都是《西游记》的故事。莫高窟里现成的塑像符合这些条件，所以这里就成了王道士的栖身之所。

王道士本来就是半路出家，所以无所谓信仰，起初他觉得能够混口饭吃就满足了。但是能力越大责任越大，随着香火钱越来越多，他也觉得自己作为一个道士不能一直指着佛菩萨吃饭，于是在莫高窟修建了太清宫的道观，并在莫高窟第94窟废弃的佛坛上塑了一尊太上老君像。作为守护佛窟的异教徒，他展现出了崇高的包容心，只是这包容心来自宗教知识的平庸。

敦煌石窟中有一些晚清时期开凿或重修的洞窟（多在榆林窟，莫高窟极少），一般不会被列入敦煌艺术的范畴之中。笔者曾就此问过一位十分热爱敦煌艺术的朋友，他立刻带着鄙夷的神情说："那些清代壁画也配叫艺术吗？它们出现在敦煌这座世界上最好的艺术宝库之中，简直是耻辱，应该把它们全部砸掉！"看到他情绪激动，我只好打住。但是，我总觉得这当中存在一种普遍的偏见。

艺术史学家贡布里希曾说："没有什么艺术，只有艺术家。"也就是说，世界上本来没有艺术这件事，我们所说的艺术，只不过是艺术家们对具体的表达问题提出的解决方案而已。每当听到有人说"敦煌艺术是世界上最好的艺术"，我总是无法打消心中的怀疑，因为所有的"最好"后面都有专断色彩。当我们谈及敦煌是最好的，那么景德镇瓷器呢？青铜器呢？当我们开始用一等、二等或高贵、卑贱来形容艺术时，这种类似"社会达尔文主义"的分类认定，就可能会带来艺术的灾难。

那些清代的壁画，是当时敦煌一个个具体的小人物最朴素的信仰需求和精神世界的展现。它们是由没有经过美术训练的小人物创作出来的，但我们不能因此就将它们铲除。那些没有太多技法和套路的野生艺术，往往承载着一个小人物对当时世界最纯粹的理解,是敦煌历史最真实的面目。所以,我们不仅要看敦煌的大唐,看敦煌的盛大辉煌;也要看敦煌的晚清,看敦煌的孱弱与落寞。

敦煌最落寞的时刻,是由王道士开启的。

1900年6月22日,王圆箓正在莫高窟的一层清理洞窟里的积沙,在另外一个洞窟里清沙的工人杨某突然跑来告诉他一件事。原来,杨某在休息的时候喜欢抽旱烟,点完烟之后,就将点烟的芨芨草塞进墙壁上的缝隙里。今天,足足半米长的芨芨草往缝隙里一插,却不见头,再一捅,整个芨芨草都窜进墙壁里了。看来这墙壁里面是空的,莫不是里面封印了什么水怪!他急忙赶来告诉王道士。

王圆箓好歹是个道士,他的主要业务之一就是给敦煌中了邪的人家捉鬼,虽然知道这是骗人的把戏,但捉鬼捉得多了,难免认为自己真的有法力。最不济,莫高窟里还有自己雇人塑的太上老君,老君爷的法力一定能震慑住厉鬼。准备好法器之后,王道士让人凿开了墙壁。

藏经洞就这样被发现了。

藏经洞封闭的原因

藏经洞写本与北京故宫内阁大库档案、河南安阳甲骨文、居延汉简并称为 20 世纪档案史的四大发现。

据目前不完全统计，藏经洞出土了从十六国到北宋近六个世纪的各类文物 5 万多件。其中包括佛经、绢画、文书、律令、户籍、方志、星图、医书等各种图文资料，还有最早的雕版印刷品《金刚经》。这些资料所使用的文字除汉文外，还有藏文、梵文、于阗文、突厥文、回鹘文、吐蕃文、龟兹文、粟特文、希伯来文等多种文字。内容涉及中国古代的政治、经济、军事、历史、哲学、宗教、民族、语言、文学、艺术、科学技术等诸多方面。

藏经洞出土的文献内容丰富且精细，是小人物书写的历史，补足了传统官修史书大人物历史观的缺憾。它几乎就是一扇中世纪的传送门，推进了中世纪中国和中亚的历史学、考古学、语言学、文字学、民族学、宗教学、文学、艺术、书志学、历史地理学和科技史等各个领域的研究。

藏经洞最初不是用来藏经书的，它的编号是第 17 窟，原是第 16 窟甬道上的耳室，而第 16 窟被称为吴僧统窟。这位吴僧统就是张议潮的老师高僧洪辩。

公元 862 年，这是张议潮前往长安的五年前，洪辩圆寂于敦煌，他的弟子悟真等人在第 16 窟甬道开凿了一处小洞窟，当作洪辩的纪念堂。至今，我们依然可以在藏经洞内看到洪辩的塑像。人们注意到洪辩的塑像后背有一个孔，打开之后发现了这位高僧火化之后的舍利。

洪辩的纪念堂怎么变成了藏经洞呢？藏经洞又是什么原因而封闭的呢？

通过对藏经洞现存文物的整理，发现其中最早者是公元368年所写的《法句经》（甘肃省博物馆藏），最晚者是公元1002年（宋咸平五年）《敦煌王曹宗寿编造帙子入报恩寺记》。所以，藏经洞应该是在公元1002年之后的某一年封闭的。

对于藏经洞封闭的原因，学术界有各种猜测，主要有以下几种。

第一种是废弃说。斯坦因在1907年来到莫高窟时，看到洞窟里的经卷散乱地堆在一起，不少文书还是碎片或残片，所以认为这些经卷遗书应该是当时的僧众抛弃无用的废品，但佛法佛典是佛教的圣物，不能随意丢弃或烧毁，只好用这个石室封存起来。

第二种是避难说。第二个来到莫高窟的外国人伯希和认为，藏经洞的封闭时间刚好在西夏占领敦煌之前，应该是莫高窟的僧人为了躲避战乱，临走前把经卷、佛像、杂书等藏入洞内封闭，并画上壁画来掩盖。他们本来打算等到战乱过后再回来，谁知这些僧人一去不返，也许是在战乱中丧失了性命，所以这个秘密再也没人知道。

荣新江先生则认为，藏经洞的封闭与伊斯兰教的东传有关。公元1006年，信仰伊斯兰教的黑韩王朝灭了于阗国，于阗国与归义军政权有姻亲关系，曹议金的女儿就嫁给了于阗国王。于阗是著名的西域佛国，国灭后，大批于阗人来到敦煌的亲戚家里避难，同时也带来了异教徒对佛教毁灭性打击的噩耗。这比信奉佛教的西夏人想要占领敦煌的消息更令佛教徒恐惧，为了保存敦煌佛法的种子，于是学习当年秦始皇焚书坑儒时的伏生，把文书全部放在石室里封存。

第三种是石室藏经说。如果说寺庙是古代的大学，藏经阁就是寺庙必备的图书馆。古代寺院一般都有用来储存经书的藏经阁或藏经楼，发展到后期，藏经楼和钟鼓楼成为寺院建筑的标配，两楼往往对称分布。日本敦煌学专家藤枝晃认为，藏经洞应该就是莫高窟的图书馆。

第四种是装藏说。文正义先生认为，藏经洞的处理方式与佛教中的"装藏"仪式十分相似。一尊佛像或一座佛塔完成之后，一般会在内部装入一两部佛经，表示佛像或佛塔承载了佛法。麦积山的东崖大佛和张掖大佛寺的室内卧佛都发现了装藏的经书。在佛教徒看来，佛经的装藏等同于安置佛的舍利，符合佛教装藏或供养法物入藏的仪轨。

第五种是末法时代说。恩师沙武田先生认为，当时的人认为末法时代即将来临，人们害怕未来世界佛教遭受重创，无处寻求佛法，所以就在莫高窟的石室里预先藏下佛经，为末法时代的到来做准备。

虽然前辈学者们提出了各种假说，但我们终究无法回到藏经洞封闭的那一刻，目前也没有找到确凿的证据，所以它封闭的真正原因还不得而知。但自从发现的那天起，它被劫掠、被偷盗、被破坏的历史却历历在目。

藏经洞文物的流散

1907 年，英籍匈牙利人斯坦因到达莫高窟，用 14 块马蹄银从王道士手中骗走了 24 箱经书、5 箱绘画和丝织品。现大多藏于大英博物馆和大英图书馆以及印度。

1908 年，法国汉学家伯希来到敦煌。他精通汉语，直接进入藏经洞挑选文书，用极少的银两骗走 6500 卷写本和大量画卷。后来他将窃得的敦煌遗书在北京六国饭店公开展览时，中国学者才知道了藏经洞的发现。

1910 年，敦煌知县奉命移送莫高窟经卷到北京，此时大多数经卷已成为当地百姓"寻宝"的收获，剩下的文书在长途运输中又被大小官吏层层窃取。运到北京时，偌大的京城竟然腾不出存放这些国宝的房子，所以暂时放在押运官的家里。押运官挑选精美的经卷据为己有，因为怕被人发现，就把长卷撕成碎片充数，现大多藏于中国国家图书馆、台北故宫博物院等地。

1911 年，由橘瑞超和吉川小一郎组成的日本大谷光瑞探险队到达敦煌，"买"走了 400 多卷文书和 2 尊佛像。

1914 年，斯坦因再临莫高窟，又带走 5 大箱经卷。俄国人奥登堡率团至莫高窟，剥走一些壁画，拿走了几十身彩塑，还带走了莫高窟南北二区洞窟中清理发掘出来的各类文物，以及在当地收购的文物，装满了几大车。现藏于俄罗斯的敦煌遗书共计 1 万余件。

1924年，美国人华尔纳姗姗来迟。此时藏经洞中的国之重宝早已被瓜分得一干二净，他就用化学胶布粘取莫高窟第320、321、323、329、335等窟的唐代壁画，还劫走了第328窟彩塑供养菩萨像一尊，现藏于哈佛大学的福格艺术博物馆。今天我们走进这些洞窟的时候，壁画被粘走的痕迹仍然触目惊心。

至此，藏经洞的绝大部分文物都流失到了海外，陈寅恪先生因此发出了"敦煌者，吾国学术之伤心史也"的感慨。

1934年，为了了解流失到国外的藏经洞文物，北京图书馆专门派王重民和向达分别到巴黎和伦敦抄录藏经洞文献。为了抓紧时间抄录更多文献，两位先生甚至通过尽量少喝水来节省上卫生间的时间，中午仅靠面包充饥。他们抄录的资料成为国内敦煌学的起步基础。

后来，各国纷纷依托各自占有的藏经洞文书，掀起了敦煌研究的热潮，从而形成了一门国际显学"敦煌学"。由于日本在敦煌学的研究上起步很早，后来为了侵华的目的，积极推动中国古文献的研究，以至于学术界有了"敦煌在中国，敦煌学在日本"的传言。中国学者绝不能忍受这样的传言，怀着对藏经洞文物命运的悲痛，毅然埋头于敦煌学的研究之中。之后，敦煌研究院和中国敦煌吐鲁番学会成立，国内敦煌学人才纷纷涌现，成就了今天敦煌学的面貌。

世界上没有一个岩洞能抵得上它的丰富，然而，藏经洞里的文物却并不在中国。这是中华民族心灵的伤疤，人人痛心疾首，矛头直指王道士。

如何评价王道士

1931年，王道士死在莫高窟。从发现藏经洞以来，他从未离开过这里。一百年来，如何评价王道士一直是争论不休的话题。笔者想通过一个少年的成长过程，来看看他对王道士的评价。

"完全可以把愤怒的洪水向他倾泻。但是，他太卑微，太渺小，太愚昧，最大的倾泻也只是对牛弹琴，换得一个漠然的表情。"

教室里，语文老师讲着新学期的第一课《道士塔》。这是十四岁的少年第一次知道王道士的故事，他依稀记得上完那节课的感受，那是一种懵懂少年纯粹且深刻的恨，恨那个时代，恨掠夺者的奸诈，更恨王道士的无知。斯坦因24大箱、伯希和近6000卷、华尔纳12幅壁画，那些数字就像少年身上的肉，一点点被剥离的痛感，"卖国贼"是他对王道士的第一个评价。

少年渐渐长大，正是那种痛感让他保持了对敦煌磅礴的热爱。

二十三岁，少年成为敦煌研究院的一员。那种对王道士的恨，使他立刻投身到研究藏经洞的议题中。在戈壁里守窟三年，才发现，他曾痛恨的王道士只是一个被时代洪流裹挟的小人物而已。

就是那个小人物,来到莫高窟的第一件事就是把攒来的香火钱用来重修破旧的寺院和洞窟。他还发明了水渠运沙的方法,直到樊锦诗到来的时候人们还在使用这个方法清理洞窟里的积沙。他在敦煌招徒纳信,组织人员修建房屋、开垦荒地、种植树木。莫高窟从他开始进入了有人看管的阶段,不再沦为牧民的羊圈。他在莫高窟的生活设施建设,为常书鸿等第一批莫高窟守护者提供了基础物质条件。

其实在刚发现藏经洞时,王道士曾步行五十里,第一时间向县令汇报。县令嫌弃他送来的不是金条而是发黄了的废纸,王道士只好失望而归。仍不甘心的他雇了毛驴,顶着被土匪劫杀的危险,啃着干馍走了八百里,到酒泉拜见肃州道台。这位道台认为经卷上的书法比不过自己的,所以不再理会。多次上书无果的情况下,他只好凭一己之力,守着莫高窟。

斯坦因第一次来到藏经洞时,看到的是王道士安置的木门,而钥匙紧紧挂在王道士的裤腰带上。时任英国驻印度教育大臣的斯坦因非常聪明,得知王道士的偶像是玄奘,就骗他说自己是印度来的当代玄奘,想要取回玄奘当年从印度带到大唐的真经,来救度苦难的印度人民,并且愿意资助王道士修整莫高窟。王道士看着双手合十、满脸虔诚的斯坦因,觉得这是件功德,所以才同意斯坦因拿走经书。然而,印度的苦难就是英国人造成的,这是多么讽刺的一件事,但王道士不可能知道。他只知道这个英国人有甘肃官方开具的路引,一路受官兵的保护,他也没有能力拒绝。

意大利史学家克罗齐说:"一切历史都是当代史。"所以,当评价王道士的时候,我们首先要将他放置于他的历史时代中,而不能用我们今天的眼光、道德、法律去要求古人。当我们了解了那个小人物的全部细节,就会知道,在历史里的王道士,做了那个时代的凡人所能做到的最大的努力。把任何一个当时的小人物放在他的处境里,都不可能比他做得更好。这是少年看待王道士的第二个阶段。

有人说,在那个动荡的时代,连故宫的文物都是靠军队护送才能确保周全,藏经洞文物的命运却全部系于王道士一个人,这是那个时代的悲哀;外国人带走了藏经洞文书,也许正是它们能够保存至今的真正原因(其实,因为纸张技术不同的问题,最初保护得并不是很好)。但是,我们要回到一个最根本的问题:无论是在当时还是现在,王道士将这些国家宝藏给了斯坦因们,是做对了吗?这种行为显然是错的,无论王道士在那个时代多么辛苦和不容易,他做的事还是错的。

虽然人往往不能做超越自己时代的事,但总还要有"对错"的观念,要有在做一件事时的敬畏和自省,以期待对未来产生积极的影响。绝大多数人无法穿越历史的迷雾,但这种希望穿越的本心却从不应该消失。我们在对任何人或事做评价的时候,应该要面向未来,因为我们今天看待事物的方式,往往会成为下一代看待事物的基础。如果当孩子们阅读到这一章时，得出了王道士在他那个时代做了对的事的结论，孩子们也会认为只要在自己的环境中做了对的事就行了。少年小时候的村子里重男轻女、歧视女性，那么，那些一辈子也不出村的人就应该重男轻女、歧视女性吗？这没道理。这是少年评价王道士的第三个阶段。

至此，关于王道士的评价就可以画上句号了吗？随着少年在敦煌学研究中的不断深入，他发现自己始终无法对王道士盖棺定论，这其中有两个至关重要的原因。一是，随着学术研究的发展，那批由王道士打开的藏经洞宝藏在各个领域开始发挥新的价值，它们作为古代文化的一部分，在今天和未来的世界仍旧参与塑造着一代代人，只要这种塑造过程没有停止，我们就无法对王道士的影响做最后评价；二是，历史是层累的，每一个时代会产生新的道德和认知，与此同时，每个时代的人都会对王道士产生新的讨论，只要我们讨论一次，关于王道士的"这个雪球"就会向前滚动一次，我们今天对王道士所有的讨论也属于王道士的一部分，王道士的历史还远未结束。

在历史的长河中，我们每一个人都不可能担任终极审判者的角色，我们只是雪球划过历史这面山坡时，粘连其上的一片小小的雪花。所以，少年对于王道士的第四个阶段的评价也呼之欲出，那就是：不要轻易对历史做出盖棺定论的评价，历史还远未结束。

这个打开国家宝藏，一手将敦煌推到世界眼中的小人物，在送走一批批求经的外国人之后，仍旧守护着眼前的佛窟，日出而作，日入而息，直到生命的尽头。身后的那些骂名即使响彻天地，他也听不见了。

唯有经书和山川日月，知道那些日子里，道士的所思所想，所作所为。

1900年，在王道士发现藏经洞的两个月后，八国联军攻占了北京城，敦煌和中国的历史一同进入了最激荡的时刻。此后的半个世纪，中国发生了千年未有的巨变，一个新的国家即将在苦难中诞生。

在王道士仙逝六年之后，红军战士来到了敦煌石窟暂避风雨，而迎接他们的也是一位守窟的道士。

第十七章

另外一个道士的故事

郭元亨来到榆林窟

榆林窟是隐于戈壁深处的一颗明珠，在南山的怀抱里安然酣睡。清晨，道长楼里传来一声绵长的咳嗽声，榆林峡谷曲折而又粗粝的崖壁，能让老道长听到自己的三次回音。那个瘦弱的、黑色的背影，已经在榆林河畔守了半个世纪，他就是榆林窟的郭老道。

1896年，是王道士来到莫高窟的前一年，张掖市高台县南华乡一座破败的村庄里，有一个男婴出生。他本名叫郭永科，七岁时父亲就去世了，为了活下去，他只好去地主家当短工。1926年，刚刚成立的国民革命军开始北伐，冯玉祥为了响应北伐，在西北大量征兵。所谓征兵，其实就是抓壮丁。古代有俗语说"关西出将"，西北地区自古以来名将辈出。但在民国时期，有太多铁骨铮铮的西北汉子还没有摸过枪，就在战场上糊里糊涂地丧生了。笔者的太爷爷也曾被西北军抓过壮丁，听说本来要参加"中原大战"，后来不知什么原因被遣散，终于逃过一劫。郭永科也从军阀的搜捕中逃了出来，从此不敢回乡，只好一路向西。

幸好年轻的郭永科有一膀子力气，他一边逃难，一边打短工，一直逃到了踏实堡（今甘肃省瓜州县锁阳城镇）。榆林窟位于踏实堡的四十里处，此时的石窟由一位名叫马荣贵的道长看护，郭永科觉得当道士总比当短工强一点，为了更好的生活，他打算拜马荣贵为师。

当时道长收徒弟一般只收儿徒，就是自小跟着道长，培养如父子一样的感情，长大后给自己养老送终。马荣贵见此时的郭永科已经三十岁了，不愿意再收他，郭永科却十分坚持，常常在农闲时前来侍奉马道长。前后三年，郭永科都不改初心，马道长被他的坚持所感动，正式收他为徒，并赐道号"元亨"。

对比郭元亨与王圆箓的命运，同样是贫民的身份、家破人亡的遭遇、逃难的经历、当道士的选择和守护敦煌石窟，可以发现他们在四十岁之前是何其相似。甚至，两人或许也相遇过，因为莫高窟和榆林窟之间历来联系十分紧密，作为敦煌地区最有威望的道长，王道士是当地的道教首领，也可以说是郭道长的顶头上司。然而，两个人后来的命运和在历史上的评价却截然不同。

就在郭元亨成为道士的一年后，王道士仙逝，郭元亨是否跟着师父马荣贵前往敦煌吊唁，我们不得而知。此后的日子，郭元亨师徒几人住在榆林窟旁边平坦的蘑菇台子，种着几十亩薄田，安稳度日。

守护象牙佛

然而，马荣贵的内心其实从未安稳过，因为他怀揣着一个巨大的秘密。这个秘密关乎榆林窟前后几代道长守护在这里的意义，已经年迈的他十分担心自己一旦遇害，几代守窟人的心血将化为泡影。是时候选择一个新的继承人了。马荣贵看中了郭元亨，于是就在榆林窟道长楼的密室里给这个亲传弟子讲起了象牙佛的故事……

乾隆年间，额敏和卓返回新疆后，瓜州迁移进了各族人民，有位名叫吴根栋的喇嘛云游到了榆林窟。他见雪山之下、戈壁之中的榆林窟是修行的圣地，所以打算留在这里守护这座神圣的佛窟。此时的榆林窟已经废弃了三百余年，窟前的房屋衰破不堪。吴根栋四处化缘，终于筹得资金，雇来劳力清理洞窟里的积沙。就在清理出榆林窟第 5 窟唐代涅槃大佛的同时，在佛头位置发现了用黄绫层层包裹着的稀世珍宝象牙佛（图 26）。

传说，这件国宝是玄奘经过瓜州时，为感谢石槃陀等人帮助他取经的恩情而留在瓜州的。也许就是为了安置这件国宝和纪念玄奘取经的功劳，初唐的瓜州人在榆林河畔开凿了榆林窟。在明代嘉峪关封闭之后，供奉在榆林窟里的象牙佛也销声匿迹了。

直到吴根栋发现它之后，象牙佛才再次成为榆林窟的镇窟之宝。榆林窟发现象牙佛的消息成为整个河西地区宗教界的大事，百姓认为这是佛陀显灵，榆林窟从此香火旺盛。

1807 年，吴根栋在榆林窟圆寂。榆林窟第 4 窟前的土塔就是他的舍利塔，他的舍利后来存放在榆林窟第4窟和第5窟之间没有编号的洞窟内。在圆寂之前，他将象牙佛传到了杨元道长的手中。

1873年，被左宗棠从陕西赶走的当地武装头目白彦虎率众进犯瓜州。他们在经过河西走廊的时候听说了国宝象牙佛，就绑架了杨元道长，严刑逼问象牙佛的下落。杨元道长誓死不从，就被残忍地杀害于榆林窟西崖的木楼中，成为因保护象牙佛而牺牲的第一人。

杨元道长的弟子李教宽为了完成师父交给他的使命，怀揣着象牙佛，连夜离开了榆林窟，所有人都不知道他的去向。就在土匪们漫山遍野地寻找他时，左宗棠在嘉峪关内设肃州大营，王道士作为肃州士兵中的一员，或许参与过这次剿匪行动。虽然瓜州的土匪被迅速平定，但象牙佛和李教宽都不见了踪迹。

第三代榆林窟的主持道长严教荣是李教宽的师弟，为了寻找象牙佛，他一直苦苦打探着李教宽道长的去向，终于从一个金塔县来的老香客那里知道了李教宽后来的故事。

李教宽出走后，为了躲避土匪，一路化缘来到左宗棠主政的肃州。肃州兵营里的王圆箓就在此后不久出家当了道士，不知是否师承于李教宽。李教宽隐居在肃州南山，成为当地有名的隐士，死里逃生的他又在肃州染上了恶疾。李教宽觉得自己命不久矣，为了保护师父舍命守护的象牙佛，就将它托付给朋友盛居士。盛居士的同乡梁贡听闻此事，认为佛宝应该供奉于佛寺，所以力劝盛居士将象牙佛供养在金塔县的塔院寺。

1904年，当严教荣知道这件事的来龙去脉后，与同乡张荣、王祖英、温国民等24人组成迎国宝的工作组，走访瓜州各村各户进行募捐。百姓纷纷慷慨解囊，捐财捐物，前后历时三个月，花费了二百一十八两白银后，终于将象牙佛迎回了榆林窟。我们今天之所以能够知道这件事，是因为在榆林窟标志性建筑四合院里，保存有一块迎回象牙佛之后书写的匾额，完整记录了这件事情的经过。

花费大半生找回来的象牙佛，严教荣十分担心它再一次被人盯上，八十多岁的他已经没有精力保护它了，于是就把这个任务托付给了徒弟马荣贵。之后，抢夺象牙佛的惨剧又在戈壁里上演。严教荣收留的金客（瓜州金矿存量丰富，古代常有偷偷进山采矿的人，称金客）贪图象牙佛，拿刀逼问他象牙佛的所在，严教荣守口如瓶，金客一怒之下杀死了严教荣，抢走他身上的银两之后逃之夭夭。严教荣成为守护象牙佛牺牲的第二人。

守护象牙佛的重担落到了弟子马荣贵的肩上。清末的乱世之中，整个国家都面临着被蚕食的命运，慈禧连皇家的园林都无法保住，在匪徒横行的南山地区，榆林窟的道长们孤立无援。马道长深知"匹夫无罪，怀璧其罪"的道理，只要这件国宝还在榆林窟的峡谷里，招来的不仅仅是朝圣的信徒，更多的是窃宝的大盗。

于是，马荣贵大张旗鼓地向安西直隶州府报了案，谎称象牙佛已经被金客抢走。师父下葬的时候，他的悲痛之情令当地百姓动容。

收了弟子郭元亨之后，马荣贵觉得自己终于可以把肩头沉重的担子交给他了，就在榆林河畔详述了象牙佛的前世今生。马荣贵把象牙佛交给了郭元亨保管，并嘱托他："不到太平盛世，不可让象牙佛现世。"每一任榆林窟的道长将象牙佛传给自己的弟子时都于心不忍，因为死神的镰刀也会悬在最疼爱的弟子的头顶。污浊恶世之中，象牙佛就像是催命符。

觊觎国宝的土匪们依然贼心不死，他们在马荣贵前往昌马的路上截住他，逼他交出象牙佛。任凭马荣贵百般解释，土匪根本不为所动，马荣贵深知在劫难逃，趁土匪不注意，飞身跃下悬崖，成为守护象牙佛牺牲的第三人。

郭元亨闻知此事后悲痛欲绝，但他来不及伤感，赶紧在山里找到了一处高悬的老鹰窝，将象牙佛藏了起来。

马荣贵跳下山崖的时候，唯一的一个念头在脑袋里闪过：郭元亨能守住象牙佛吗？

死里逃生

郭道长后来找到了师父的尸骨，将他安葬之后，继续回来守护榆林窟。与此同时，中原大地上掀起了一场惊天动地的革命。

共产党领导的工农红军已在神州大地上燃起熊熊烈火，在第五次反"围剿"失败后，红军被迫走上长征的道路。历经艰难险阻，走了两万五千里的征程后，1936年10月，红一、二、四方面军于甘肃会宁胜利会师。三大主力会师后，中国共产党中央委员会、中央革命军事委员会按预定作战计划，命令红四方面军一部分先行西渡黄河，配合红一方面军共同发起宁夏战役。然而，国民党军胡宗南部提前打通了增援宁夏的道路，隔断了黄河两岸红军的联系，宁夏战役被迫中止。

为策应黄河以东红军的行动，红四方面军位于黄河西岸的两万余人按照中央部署组成红军西路军，由陈昌浩、徐向前率领，于1936年11月翻越乌鞘岭，挺进河西走廊。1937年3月，在与国民党军阀马步芳、马步青的部队艰苦作战四个多月后，历经了古浪、永昌、临泽、高台、倪家营子、康隆寺等大大小小七十多场敌众我寡、力量悬殊的战役后，红军西路军损失惨重。

为了躲避马家军的围剿，红军西路军左支队穿着单衣，脚踩着草鞋，钻进了白雪皑皑的祁连山。经过43天的艰苦跋涉，终于走出雪山，此时部队人数由西进时的两万人变成了八百多人。他们在石包城的牧民诺尔布藏木的引领下，沿着榆林河，来到了郭元亨修道的蘑菇台。

1937年4月22日，郭道长晨起锻炼，望见河滩上有人爬上来，一个个面黄肌瘦，眼睛因长期缺盐而泛着绿光。郭道长以为这是从原始森林里跑出来的"野人"，吓得他急忙关上了院门。从门缝里偷偷观察的时候，院门外的一幕让他惊呆了。他看到一群瘦弱的年轻娃娃，整齐地排列在荒滩上，像一排榆林窟前的胡杨；他看到灰色的军服被西北风撕裂成一条条的碎布，风中的战士却安静得像磐石。

郭道长被乱兵散勇折磨怕了,尽管这支部队看起来与众不同,但他却不敢有任何造次,他战战兢兢地请敲门的战士进屋,奉茶作揖,谦卑至极。连长见状连忙扶起郭道长,向他讲明了他们的来历。郭道长这才知道这支队伍的名字叫"红军",它的红,就像正在凛冽的西风里飘扬的那面红旗,散发着磅礴的生机。

饱受军阀、兵痞、土匪凌辱欺负的郭道长,第一次见到这样秋毫不犯的士兵,看到这样的队伍,他觉得师父所说的太平盛世即将到来,象牙佛出世也有望了。其实,郭道长与红军的缘分颇深,如果他在故乡抓壮丁的时候没有逃走,或许会被冯玉祥编入响应北伐的队伍中,也将会和后来的红军将领们提前相遇。

老道长握着程世才将军的手激动不已,连忙吩咐徒弟搬出道观里的存粮,几乎是倾其所有。他支援了左支队小麦二石四斗(折合960斤)、黄米六斗(折合250斤)、面粉二百余斤、胡麻油三十斤、硝盐四口袋以及羊二十只。他看到红军连驮这些物资的牲口都没有,不忍红军将士背着沉重的口粮穿越前方的战火,就将平时耕地的两头牛和自己平时骑的一匹马献给了红军西路军。

红军西路军将士被郭道长的热情深深触动,程世才将军请参谋将郭道长所赠之物一一记录下来,写成一张欠条,并署了自己的姓名。同时他告诉郭道长,不管未来局势怎样,也不管这一路自己能否存活下来,只要红军西路军有一人逃出生天,只要革命火种不灭,未来就一定会有革命队伍再次来到这里,到时只要出示这张欠条，人民的军队一定会帮助他。

在郭道长道观的磨坊里，红军西路军召开了西征以来的最后一场会议，计划攻下安西县城（今甘肃省瓜州县）之后，逐步撤到新疆境内。但因为情报有误，再加上马家军拥有河西走廊优良的军马，他们迅速驰援，导致红军西路军攻打安西县城的战役付出了惨痛代价。红军西路军只好又跑进山里，从王家屯突围，经过白墩子（玄奘取经时的驿站）和红柳园的血战，最后到达入疆门户星星峡时，只剩下四百多人。这是红军西路军的最后一战。

新疆不再是马家军的地盘，他们回军之后，沿河西走廊一路搜捕流散在乡间的红军西路军战士。当他们听说郭道长曾援助过红军西路军时，便发兵包围了蘑菇台。程军长万万没有想到的是，写给郭道长的借条反而差点害死他。

马步康的兵痞们搜出了借条，将借条撕成碎屑后，开始严刑拷打郭道长。而且，这群人在安西县城就听闻榆林窟藏有绝世瑰宝象牙佛。他们先是当着郭道长的面残忍杀害了他的弟子，见郭道长仍然不吐露象牙佛的所在，就扒光他的衣服，把他捆绑在红军乘凉过的榆树上，马鞭一次次在干瘦的肉身上溅出血花。一次次昏死过去，一遍遍又用凉水浇醒。他们本来想用盐水泡过的马鞭抽打，可却找不见一块盐巴，正是那些献给红军的盐救了老道长的性命。

在非人的拷打之下，郭道长也没有交代象牙佛的事。兵痞们觉得一个平凡老百姓肯定受不了这个苦，看来这里真的没有象牙佛。眼看着这个老道士奄奄一息,兵痞们就把他扔在了河滩上。他们将蘑菇台仅剩的一点粮食和钱财搜刮一空后,又在榆林窟损毁若干精美的壁画,然后扬长而去。

也是郭道长命不该绝,乡民王登贵经过蘑菇台的时候来找道长讨口水喝,见到了满身血污的郭道长。他发觉郭道长鼻息尚存,就赶紧驾车飞奔回踏实乡接来了郭道长的好友梁克仁大夫。此时郭道长的身上已经爬满了啃食烂肉的蛆虫,梁大夫用土法为郭道长做了清除和包扎之后,剩下的只能听天由命。也许是守护象牙佛的责任还没有完成,郭道长在强大的生命意志下终于活了下来。然而,活过来的郭道长的后背肌肉大部分僵死,生殖器也脱落了,左胳膊萎缩残废,身上更是不见一处完整的肌肤。

劫后余生,郭道长并没有因担心自己的性命而离开榆林窟,而是依旧进入了守窟的日常,耕田除草,诵经悟道。

也许因为见过了红军西路军,郭道长对自己帮助过的这支军队怀有坚定的信心,他一直在茫茫戈壁的无人区里等待着程将军和共产党军队的再次到来。

重见天日

1941年,是郭道长伤愈的一年后,荒凉的戈壁里,终于有个人来陪他说说话。这个人就是张大千。

自五四运动之后,中国的仁人志士发起了对中国文化和艺术的重新思考。在艺术领域，正值现代主义美术思潮在欧洲风起云涌，印象派、野兽派、立体主义画派横空出世，给西方传统绘画带来巨大冲击。以徐悲鸿为代表的绝大多数艺术家批判晚清以来的残山剩水，主张向西方学习。就在画家们从西方全盘引进现代主义美术的同时，张大千决定到敦煌去。

张大千也来到了榆林窟，当他见识到榆林窟中唐第25窟和西夏第2窟等洞窟的壁画之后，惊为神来之笔。张大千在醉心于精妙壁画艺术的同时，也不忘从郭道长处打听牙佛的消息。张大千提出愿用两千块大洋买下象牙佛，郭道长深知象牙佛是榆林窟历代守窟道人用生命守护的至宝，绝不仅仅是自己的收藏，他连死都不惧，白银当然打动不了他的心。他婉言谢绝了张大千的提议，并一再表示自己从未见过象牙佛，张大千只好作罢。不久，国民党创党元老、时任国民党监察院院长的于右任在张大千的陪同下来榆林窟视察，他以国家的名义向郭道长打听象牙佛的踪迹，郭道长仍然用回答张大千的话回复了他。

自红军走后，郭道长等了十年，河西走廊依旧是军阀当道、土匪横行。更令他焦虑的是经历酷刑之后的身体一天不如一天了，他的弟子已经被土匪杀害，所以急需物色一个新的弟子来继续守护象牙佛的秘密。但因为人人都知道郭道长的惨痛经历，周边的乡民都不愿意让自己的孩子因为当郭道长的弟子而招来杀身之祸。郭道长只好独自一个人守着榆林窟。

他本以为自己只能带着象牙佛的秘密入土，而他期待的红军将士终归没让他失望。1949年9月28日，人民解放军接管了安西县城，开始组建新的安西县政府。郭道长听说安西县城里现在是共产党的军队，人民解放军不久就迅速解放了全中国，他感到师父说的太平盛世就要到来了，象牙佛也该到了现身的时刻了。

1950年3月的一天，是郭道长饱经沧桑的心最激动的时刻。他从榆林河里打来清水，好好洗了一个热水澡。当他抚过沟壑纵横、血痂无数的后背时，不禁放声大哭。自从师父被人杀害之后，他孤身一人在榆林窟咬着牙坚守了近二十年，这一刻，他终于可以放下重担了。他的哭声久久地在榆林峡谷里回荡，好似龙吟，又似万佛峡（榆林窟也称万佛峡）里的佛陀投来的悲悯。洗完澡之后，他穿上珍藏多年的新衣，拄杖徒步到踏实乡政府，报告了自己埋藏象牙佛的事。政府派了两名工作人员，跟随郭道长取回深埋地下的象牙佛。

3月的榆林窟依然寒风刺骨，郭道长带着两人终于来到了秘藏国宝的鹰窝旁。郭道长颤颤巍巍地刨开鹰窝里的砂石，从里面取出一个锈迹斑斑的铁盒，他小心翼翼地揭起铺满盒子的黄绸一角，一尊精美绝伦的象牙佛在晨光中泛着圣洁的光泽。

象牙佛出世之后，由于安西县没有专门的博物馆，所以当地短暂保存之后，在1954年转交给了甘肃省文物管理委员会。1956年，象牙佛收藏于甘肃省博物馆，1958年又被移交到今天的国家博物馆（原中国历史博物馆）。直至今日，象牙佛作为国家禁止出境文物，一直保存在国家博物馆的文物库房里。

上交完象牙佛之后，郭道长的故事还没有结束。他因救助红军西路军及守护国宝象牙佛而被推选为安西县人民委员会委员、甘肃省人民代表大会代表、政协甘肃省委员会委员。还俗后成为敦煌文物研究所（敦煌研究院前身）的文物保管员，继续守护着全国第一批重点文物保护单位——榆林窟。

1976年，八十岁的郭道长守护榆林窟的时间刚好整整五十年，7月18日，他在榆林窟溘然长逝。笔者的前辈同事们遵照他的遗嘱，把他的遗体葬在救命恩人梁克仁大夫的墓旁。他的墓就在今天锁阳城遗址的东侧，他的精魂仍旧守护着瓜州城。

最后，我们可以对比一下守护敦煌石窟的两位道士。

王道士守护莫高窟，他在莫高窟的一系列开创性的活动，不仅使莫高窟进入了有人看管的历史，也使莫高窟有了基本的生存条件，为后来的国立敦煌艺术研究所奠定了物质基础。但是，他发现藏经洞之后，各国探险家纷纷来到敦煌，造成中国文物的巨大损失。自此，王道士的功过之争在历史上纷纷扬扬，难有定论。

郭道长守护榆林窟，他虽然与当地道教领袖王道士有同样的生活经历，但在后来的人生轨迹上却大相径庭。同样是守护石窟和国宝，他用一生坚守自己的责任，即使多次面对濒临死亡的绝境，依然不向匪寇低头，用生命守住了象牙佛。他对红军西路军慷慨解囊，冒着被马家军残杀的风险援助了困境中的红军战士。郭道长用他的一生，为国家文物、敦煌石窟和革命事业作出了巨大贡献，但他的故事却鲜有人知，就如同他守护的榆林窟一样，安然地隐于戈壁深处。

榆林窟作为我国的文化瑰宝，至今仍然保存如此完整，与一代代的守窟人有莫大的关系。从喇嘛吴根栋到达榆林窟开始，弃置在戈壁中数百年的榆林窟，开始了有人看护的历史。直到1976年郭道长仙逝，榆林窟历经一位喇嘛和五位道长的守护，整整一百七十年。这在那个动荡的年代里，是文物保护界的奇迹。其中，三位道长为护国宝而牺牲，郭道长也遭受酷刑，这种守护精神成了敦煌石窟珍贵的精神财富。

1943年，张大千再临榆林窟，他每次来几乎都拜托郭道长为他准备饭菜。这次做饭时，有一个名叫常书鸿的中年人给他打下手，后来两人从做菜的伙伴变成了守护石窟的战友。郭道长仙逝之后，常书鸿不仅派人接管了榆林窟，也继承了一百七十年的守护精神，发展到了今天，成就了敦煌研究院的"莫高精神"。

第十八章

守窟人的日常

敦煌守护神常书鸿

1927年，当郭元亨来到榆林窟的时候，常书鸿去了法国。

民国时期的中国艺术界掀起了用西方美术改造中国传统美术的思潮，以徐悲鸿为代表的艺术家们开始积极向西方现代艺术学习，纷纷出国留学。杭州因为靠近上海，西学的风气也最早影响到这里，西子湖畔出生的常书鸿打算也去徐悲鸿所在的法国。他终于考上了里昂中法大学，后来，又转到巴黎高等美术学校继续深造。在法国留学的十年间，他的绘画技艺突飞猛进，并取得了卓越的成就，许多油画作品获金奖或被国家博物馆收藏。在法国的常书鸿备受艺术界的赏识和尊重，他完全可以像一位法国绅士一样，在风景如画的塞纳河畔摇晃着红酒杯，香榭丽舍大道上传来鸢尾花的香气，巴黎生活优雅得像一幅油画。

1935年秋的一天，常书鸿悠闲地在塞纳河畔逛街，在一个旧书摊上，他偶然看到伯希和编辑的名为《敦煌图录》的画册。看到祖国的书籍让他倍感亲切，随便翻开之后，伯希和拍摄的 400 幅关于敦煌壁画和塑像的照片让他十分震惊。第一次，他知道了祖国还有这样一座艺术宝库，从此种下了一个念头：到敦煌去！

他从伯希和那里得知藏经洞文物流失的情况之后，十分担忧敦煌石窟的命运，所以加紧了回国的准备。1936 年秋，他终于回到北平任教。常书鸿还没来得及安定下来，卢沟桥事变就在第二年爆发了。自此，他跟着西南联大的师生开始了大半个中国的奔波。在躲避战乱的时候，他一直挂念着敦煌，梦想早日前往莫高窟。

1943 年，就在斯坦因去世的这一年，常书鸿终于来到了他梦寐已久的敦煌。此时，在于右任的提议下，国民政府决定成立敦煌艺术研究所。于右任本打算让张大千出任所长，张大千以闲云野鹤惯了，拒绝了留在敦煌的想法，并推荐常书鸿担任第一任所长。为了让常书鸿能够在贫苦的敦煌生存下去，张大千在临走之前交给常书鸿一幅莫高窟的蘑菇地图，没有粮食了可以找这些蘑菇充饥。莫高窟之所以有这些救命的耕地和蘑菇，则全赖王道士在莫高窟四十年的苦苦经营。

曾经住在塞纳河畔的常书鸿一家，来到了莫高窟的宕泉河畔，他们的生活发生了巨变。常书鸿一家四口住在莫高窟破败的上寺（今敦煌研究院院史陈列馆），桌、椅、床都是用土砖堆成的；饮用水取自宕泉河，碱性很大，让他们拉了好几回肚子之后才适应过来。冬天是最惨的，敦煌最冷可以到零下二十几摄氏度，只能把宕泉河的冰面砸碎了取水。房子里也不可能有暖气，煤炭紧缺的时候，只好把烧热的砖放在被窝里取暖。冬天更不可能有什么菜，储存的野菜吃完了，就在咸水煮出来的面条里滴几滴醋来掩盖咸涩的味道。

更令人恐惧的是充盈天地的孤寂，莫高窟被戈壁和荒漠包围，没有交通工具的他们，走一天路才能到敦煌城。在莫高窟的生活恰似一场没有期限的疫情隔离或荒野生存。好在还有壁画，常书鸿乐此不疲。但在巴黎生活过的妻子陈芝秀实在无法承受这种艰苦和寂寥，在莫高窟生活一年多之后弃家出走。常书鸿发现后，赶紧向玉门方向追去，他在途中精疲力竭后昏死在戈壁中，幸亏被玉门油矿工人发现才救回一命。

被送回莫高窟之后，他还没有从家庭破裂的痛苦中走出来，紧接着又收到国民政府撤销艺术研究所的命令。一切的努力转眼化为泡影。此时，他完全可以遵命返回重庆，成为国民政府的要员，但一想到失去保护的敦煌将会重遭破坏的厄运，他决心留下来。

与此同时，他的接班人正在兰州等他。

守窟人的赓续

1944年，张大千从敦煌回到家乡之后，在四川举办了敦煌壁画临摹品展览。正在成都国立艺专学习的段文杰看到这些作品之后激动异常，由此萌生了去敦煌临摹的想法。第二年，刚刚毕业的段文杰本打算去绵阳老家看一下自己的妻子和两岁的儿子。但对遥远敦煌的热情一下子覆盖了乡愁，他计划到敦煌画一年就回来。

汽车一路上翻越难于上青天的蜀道，还遭遇了一次翻车，段文杰差点丧生。就在他到达兰州的时候，还没来得及欢庆抗日战争的胜利，就听到了一个令人沮丧的消息：国立敦煌艺术研究所被撤销了。段文杰不能相信这是真的，在兰州等待的时候，他见到了行色匆匆的常书鸿。常书鸿决定去重庆找教育部斡旋，申请保留研究所，让段文杰在兰州等他的好消息。等了一天又一天，与段文杰结伴而来的三个同学已经不抱任何希望，离开了兰州另寻出路。段文杰无依无靠，只好做文书维持生计。一年后，他终于等到了从重庆回来的常书鸿。

常书鸿的努力终究没有白费，不仅敦煌艺术研究所可以继续办下去，而且莫高窟也多了一个段文杰。段院长后来回忆自己初到莫高窟时的情景：放下行李，做的第一件事就是奔向洞窟，激动得"像一头饿牛闯进了菜园子"。

在洞窟里，段文杰总会忘记自己究竟看了多长的时间，以至于常常错过了午饭，就算身体已经发出了饥饿的信号，他还以为那是自己想看更多的壁画而发出的贪婪的响声。面对近五百个精美洞窟，他欣喜若狂，壁画原作可比张大千的临摹品更加撼人心魄。但是，他也看到因为自然的风化脱落和人为的烟熏火燎、手划刀刻，这些称绝一时的壁画满身伤痕。

几乎每个敦煌人都是这样，来到敦煌之后，本来计划看看就走，可一旦进入洞窟里，脚底下就生了根，逐渐长成莫高窟前对抗风沙的树。受两位先生的影响，从1947年开始，来到莫高窟的年轻人越来越多。

1956年，为响应国家建设大西北的号召，正读高二的李云鹤从山东出发，原本打算前往新疆，途经敦煌时到莫高窟探望舅舅。没想到常书鸿先生看中了这个高个子的年轻后生，让他留在莫高窟工作。转正后，常书鸿让李云鹤从事壁画彩塑的保护工作，从此他成为新中国第一位壁画医生。一切都是从零开始，有人笑话他是泥瓦匠，他就先从敦煌壁画的泥土入手，一点点摸索，一干就是六十多年。他研制出了大量的修复工具和修复技术，很多获得国家专利，并成为行业标准。如今，年逾九十岁的李云鹤仍然在修复壁画的第一线。作为同事，我们几乎每天都可以在栈道上相遇，老先生爬十几米高的台阶从来不让我扶。闲暇之余，我俩就在榆树下晒太阳，阳光洒在脸上，温暖和煦。

1961年，施萍婷从兰州艺术学院调到莫高窟工作。她原是解放军战士，后来又作为志愿军的一员参加了抗美援朝战争。战争结束后，1956年进入兰州大学历史系学习。进入敦煌文物研究所之后，她先后从事文献研究和考古工作。军人出身的她延续了部队的作风，在学术上极其严格，大大推进了国内敦煌学研究的进展。

在杭州时，每逢施老师生日，笔者和冯培红先生都在西子湖畔陪她度过。敦煌在西北，她在东南，对敦煌的思念成为她晚年生活的全部内容。一听我是从敦煌来的，就激动地握着我的手说："你是千佛洞来的吗？我当年去的时候跟你一样年轻哦！"年事已高的她已经记不得很多事了，但莫高窟的事桩桩件件都记得。她总说："少年我是解放军战士，青年我是抗美援朝战士，中年我是文物战士。"

1963年，北京大学历史系考古学专业毕业的樊锦诗再次来到莫高窟。就在一年前，经学校安排，她和另外三名同学到敦煌文物研究所实习。那次实习的经历让年轻的樊锦诗对敦煌产生了浓厚的兴趣，毕业分配工作时，她选择再到敦煌去。

然而，此时的樊锦诗已经与考古学家彭金章相爱，彭先生被分配到了武汉大学，两人必须做好异地恋的准备。她曾笑着跟我们说："这是我和老彭的一次战斗，最后还是老彭败下阵来。"1986年，彭先生放弃了他在武汉大学的事业，调到敦煌研究院工作，两人分居19年后终于再次团聚。

在莫高窟，年轻同事们从来不叫她"樊院长"，而是亲切地称呼她"樊奶奶"。即使退休了，她依旧心系敦煌，几乎每年大年三十都会到敦煌，与大家一起吃一顿饺子，照一张全家福。

这些后辈来到莫高窟之后，常书鸿不再孤单了。他就像一位大家长，守护莫高窟的同时，也守护着每一个来到这里的年轻人。

他深知这些年轻人才是敦煌的希望，因为守护敦煌不能仅靠他一个人，他需要和榆林窟的历代道长们一样找到接班人。常书鸿以他的艰苦卓绝的创业精神感召了一代又一代的新敦煌人，使敦煌石窟保护、研究、弘扬的队伍不断扩大，成为守护敦煌的中坚力量，因此，常先生被称为"敦煌的守护神"。

自常书鸿先生之后，敦煌研究院又经过了段文杰、樊锦诗、王旭东等为代表的几代守护人。直至今日，敦煌研究院已成长为国内石窟保护的最大群体，而关于守护石窟的故事仍在继续。

所有的日子终将归于日常，最后，我们以今天敦煌一个小人物的日常结束本书。

守窟人的一天

"喔……喔……喔……"

东崖下的鸡鸣，扰乱了守窟人舒缓的鼾声。他昨夜梦中手持三尺重剑，正要去阻拦莫高窟第285窟的五百强盗，但就是这一声鸡鸣，惊碎了身后雄壮的冰河铁马，只化作一口寒气，将榆林窟零下二十三摄氏度的清晨又吹冷了一分。

他从薄薄的三合床板上起身，再从高架床的二层跳下来的时候，发现这个支撑过三位守窟人的铁家伙越发老态龙钟，四根床腿在宿舍里打着战，像极了忘记从山下带秋裤的自己。

他揭开锈成咖啡色的煤炭炉子，昨夜丢进去的小半桶煤，早已燃尽。没有了取暖设施的小屋，像一台质量不错的冰箱。"今天又没有留下火星，算了，不点了吧。"反正白天也不回宿舍，他索性就不点这个炉子了。

在冬天的榆林窟，洗漱是一件很刺激的事。水是昨天提好的，只见水面上已经泛出薄薄的冰丝，他用一只红色的瓢舀上水，倒进老张夫妻结婚时用过的那只红色的鸳鸯盆里。窗外漏进来的光散布在水面上，冰丝把它们反射得波光粼粼，好似微缩的西湖美景，那两只长着翠绿色翅膀的鸳鸯也似乎游动了起来，像极了老张的爱情。清晨睡眼惺忪，他看到这样的情景有些恍惚，一把水掬到脸上，幻象和困意立时全无，一下子就进入了工作状态。

洗漱已毕，把洗脸水往房前的树根下一泼，榆林窟的一天正式开始。第一件事，是把办公室的那只长相稍微好看些的煤炭炉子给点着（宿舍里的炉子只是自己看，办公室里的炉子铁锈少一些，要招待远方来客）。这样那些下了山的同事回来的时候，一进办公室就有洋洋的暖意。办公室里的桌子、板凳擦一遍，犄角旮旯扫一遍，再把半山腰的大铁门打开，就可以迎接八方游客了。

第一波来到榆林窟的，往往是昨夜下山与家人团聚的同事，他们给他带来了在城里代买的方便面，还有一摞新蒸出来的大饼。他在钢盆里泡好面，再从煤炭炉子里摸出一颗刚刚烤熟的土豆，掰碎了浸在面汤里。一口下肚，仿佛把炽热的火炭灌进肚子里，轻易地就能抵御住榆林峡谷底传来的寒。

早饭吃罢，正拿起那本翻破了的《中国建筑史》，第一个游客已经叩响了接待部的玻璃窗。先把人让进来，在火炉旁驱一驱寒。闲聊时得知是来自上海的远行客，在城市丛林中终于挤出一点时间，就独自来西北走一遭。待身子热起来，再喝过一杯热水，他就带着游客上了东崖。

洞窟上的铁门正在褪去昨夜的薄霜，洞窟里并没有传说中的冬暖夏凉，只是稍高温度中带着山洞里特有的寒。然而，这么孤零零的两个人全然忘却了这里的寒意，墙壁上绚丽的丹青散发出大唐的光，一个讲，一个听，忘记了时间的流逝。最后一个洞窟讲完，告别这位游客后，他的灵魂似乎又从壁画上抽离，安静地坐到书桌前，继续啃食剩下的章节。

下午的时间往往过得很快，冬日的榆林窟就是这样，一整天也没有多少人来。阳光均匀地洒在东崖上，像是一只肥猫，慵懒而温和。他在办公桌前一看就是一个下午，直到峡谷全部暗起来。

傍晚，从食堂的赵师傅那里领到四个包子，和着一碗蛋汤咽下，就去监控室值班。

那时候（2017年），榆林窟的人员紧缺得厉害，每一个时段只有一个人值班。河岸边的值班小屋，跟笔直的榆林峡比起来，真像一个柴窝。尤其是在23点17分的时候，榆林河的水声被岩壁烘托得越来越大，仿佛是那一只噩梦里的猛兽，将要一口吞下这个瘦弱的小屋。他提了一根橡胶棍出来，就像壁画里的石槃陀，要跟狂狷的榆林河搏斗似的，显得英勇而悲壮。其实，他只是打算在河对岸再巡视一次，从而完成今天的值班任务。

接班的同事在零点之前赶来,他可以回到宿舍休息了。在宿舍里,好不容易把火炉子再次点着,煤炭的热气还没有散发出来的时候,他开始写下生活的诗。

他的生活

他的生活,像一棵成熟的花椒树
密密麻麻

凌晨写诗、跑步
乘通勤车去单位、领钥匙、与玄奘对视

中午在河边的食堂里吃了十分钟的饭
奔回接待处

下午把高处洞窟前的栈道爬了四遍,那是东崖
半月板呼喊时,烈日正浓

傍晚回城,揪住木制楼梯,爬到五楼的住处
做熟一碗浆水面

深夜里写书、洗脚、瑜伽

再不济时，就把音乐声调大

哎！他多么笨啊！
连这点生活也没办法填满

灯熄了
就想你了

  明天又是守窟的一天，他一边想着，一边缓缓进入梦乡。后来，那声鸡鸣再也没有按时响起，因为那只鸡已经成年，成为守窟人抵御寒气的一道美食。后来，榆林窟有了标准化食堂，守窟人不用再养鸡、种菜、喝河水，在新宿舍的暖气里，十分容易孕育出困意。

  当然，没有鸡鸣，他也能按时起床，按季生长。

附录一 敦煌大历史年表

时间	敦煌事件	中国事件	世界事件
舜时代	三苗人来到了三危山	大禹开始治水	米诺斯文明刚刚开始
公元前967年	周穆王对河西地区的犬戎发起征伐		这一年前后,所罗门王在耶路撒冷修建了犹太教神殿
公元前771年	犬戎入侵中原,攻破西周的国都镐京,春秋时代开始		公元前776年,希腊召开了第一次奥林匹克运动会,古希腊文明进入了兴盛时期
公元前205年—202年	冒顿进攻月氏,占领敦煌	楚汉争霸,刘邦最终获得胜利	第二次布匿战争(前218年—前202年)结束,罗马称霸西地中海地区
公元前121年	霍去病获得河西之战的胜利,敦煌第一次纳入到中原王朝的版图		罗马格拉古兄弟改革(前133年—前121年)宣告失败
公元前111年	敦煌建郡	汉武帝平定南越和东越地区	罗马元老院向北非朱古达国王宣战,史称"朱古达战争"(前111年—前105年)
公元前100年	解忧公主前往乌孙和亲,从敦煌出关	苏武和常惠出使匈奴	盖乌斯·马略多次当选罗马执政官,开始了马略改革(前107年—前86年)
5年	《四时月令五十条》写在了悬泉置的墙壁上	王莽称帝,西汉历史即将结束	盖乌斯·屋大维(前63年—14年)在罗马帝国的统治到达顶峰,元首制由他确立
102年	班超进入玉门关	四年后,汉和帝逝世,东汉从此衰落	公元1世纪后半期,由月氏后裔建立的贵霜帝国开始强大起来
192年	草圣张芝逝世	董卓被杀,东汉末年的诸侯争霸开始	公元2世纪末期,康居、大宛、花剌子模纷纷脱离贵霜,贵霜帝国开始衰落

年份	敦煌事件	中国事件	世界事件
303 年	索靖在镇压八王之乱中逝世	八王之乱后，中原北方进入十六国时期	贵霜帝国已分裂为若干小国；罗马皇帝戴克里先（284 年—305 年在位）开启"四帝共治"
353 年	敦煌第一个洞窟（仙岩寺）开凿	王羲之举办兰亭雅集	君士坦提乌斯二世短暂统一罗马帝国
366 年	乐僔开创莫高窟	前秦苻坚开始了统一北方的计划	此时笈多王朝统一了北印度
400 年	李暠在敦煌建立西凉国；法显路过敦煌，受到李暠的资助	398 年，鲜卑族慕容德正式称帝，建立南燕	395 年罗马帝国分裂；在超日王（380 年—415 年在位）的统治下，笈多王朝达到鼎盛
439 年	北魏太武帝灭北凉	北魏统一北方，凉州僧人昙曜前往平城	汪达尔王国在北非地区建立，开始从海上袭击西罗马帝国
525 年	北魏宗室元荣出任瓜州刺史	元荣在敦煌任职期间，北魏分裂为东魏和西魏	嚈哒人占领了印度大部分领土，笈多王朝即将灭亡
565 年—576 年	于义担任瓜州刺史	北周武帝发动灭佛，并统一北方	萨珊王朝和拜占庭帝国战争频发
609 年	隋炀帝西征	玄奘第一次进入寺院	拜占廷帝国的希腊化即将开始
627 年	玄奘来到瓜州	这一年是唐太宗贞观元年，贞观之治开始	拜占庭帝国希拉克略重创波斯军队，萨珊王朝衰落；穆罕默德守住了麦地那，阿拉伯帝国开始形成
645 年	玄奘回国，榆林窟在此后开凿	唐太宗第一次出征高句丽	阿拉伯帝国打败了拜占庭帝国和萨珊帝国，并占领埃及
733 年	张守珪打败吐蕃，保住了瓜州	张守珪遇上安禄山	732 年，哈里发的军队被法兰克王国击败，阿拉伯帝国的大规模征服运动落下帷幕
786 年	吐蕃占领敦煌	韩滉运米，解京师粮荒	拜占庭帝国发生圣像破坏运动
848 年	张议潮起义	唐武宗和朗达玛赞普灭佛运动结束，吐蕃王朝分裂	圣像破坏运动被中止；阿拉伯帝国开始分裂成多个王朝
910 年	张承奉在敦煌建立西汉金山国	三年前，唐朝灭亡	911 年，加洛林王朝在东法兰克王国的统治终止
1036 年	党项人占领敦煌	两年后，李元昊建立西夏	1035 年，克努特大帝去世，北海帝国开始解体
1227 年	蒙古人占领敦煌	成吉思汗逝世	1228 年，十字军开始第六次"东征"
1524 年	嘉峪关封闭，敦煌被明朝抛弃	朝廷停止海上贸易；	1522 年，麦哲伦船队完成环球航行
1836 年	敦煌石窟最后一个纪年洞窟——榆林窟第 43 窟开凿	1840 年，鸦片战争爆发	法国巴黎凯旋门建成；英国宪章运动开始
1900 年	王道士发现藏经洞	袁世凯镇压山东义和团	八国联军侵华战争爆发

1931 年	王道士于莫高窟逝世	"九一八"事变爆发，拉开了日本侵华战争的序幕	世界正在经历经济大萧条
1937 年	郭元亨救助红军西路军	七七事变爆发，全面抗日战争开始	德、意、日三国结成法西斯集团
1941 年	张大千来到敦煌	我国进入抗日战争中期	日军偷袭珍珠港
1943 年	常书鸿来到敦煌	抗日战争进入后期	斯大林格勒战役结束，是第二次世界大战的转折点

附录 2

敦煌、瓜州历史古迹一览

名称	始建年代	位置
西千佛洞	北朝	敦煌市西南 35 公里
汉长城	汉代	敦煌市西北 80 公里
阳关	汉代	敦煌市西南 70 公里
玉门关	汉代	敦煌市西北 80 公里
大方盘城	汉代	敦煌市西北 60 公里
敦煌古城	汉代	敦煌城西
白马塔	北朝	敦煌市古城南部
莫高窟	前秦	敦煌市城东南 25 公里
西晋墓	西晋	敦煌市城东 6 公里
悬泉置	汉代	敦煌市东 64 公里
六工古城	汉代	瓜州县西 22 公里
破城子	汉代	瓜州县城东南 35 公里
踏实大墓	汉代	瓜州县城东南 40 公里
锁阳城	汉代	瓜州县城东南 70 公里
榆林窟	唐代	瓜州县城南 70 公里
东千佛洞	唐代	瓜州县城东南 86 公里